全国导游人员资格考试系列教材

山东导游服务能力

SHANDONG DAOYOU FUWU NENGLI

山东现场导游考试教材编写组 ⊙ 编

北京·旅游教育出版社

策　　划：安颖侠
责任编辑：安颖侠

图书在版编目（CIP）数据

山东导游服务能力 / 山东现场导游考试教材编写组编. -- 北京：旅游教育出版社，2018.6
ISBN 978-7-5637-3761-1

Ⅰ.①山… Ⅱ.①山… Ⅲ.①导游—旅游服务—山东—资格考试—教材 Ⅳ.①F590.63

中国版本图书馆CIP数据核字(2018)第128980号

山东导游服务能力

山东现场导游考试教材编写组　编

出版单位	旅游教育出版社
地　　址	北京市朝阳区定福庄南里1号
邮　　编	100024
发行电话	（010）65778403　65728372　65767462（传真）
本社网址	www.tepcb.com
E - mail	tepfx@163.com
排版单位	北京旅教文化传播有限公司
印刷单位	北京泰锐印刷有限公司
经销单位	新华书店
开　　本	710毫米×1000毫米　1/16
印　　张	16.25
字　　数	241千字
版　　次	2018年6月第1版
印　　次	2018年6月第1次印刷
定　　价	36.00元

（图书如有装订差错请与发行部联系）

编者简介

主　编

肖树青，山东青年政治学院旅游管理专业负责人，副教授，山东省省级精品课程负责人，曾担任示范院校建设专业负责人、旅游管理专业带头人、山东职业教育旅游管理专业教学指导委员会委员。负责教材提纲拟定、统稿工作，并承担第一章、第四章和第三章第八节的编著工作以及第三章第七节部分编著工作。

李红岩，山东商业职业技术学院旅游管理专业部副主任，讲师，济南市"星耀泉城"导游大赛优秀指导老师。负责第三章第二节、第三节编著工作。

副主编

韩颖，威海职业学院旅游与酒店管理系副主任，副教授，威海市职业教育优秀教师，威海职业学院教学名师。负责第二章的编著工作。

万蕾，副教授，青岛酒店管理职业技术学院。"神州视景杯"第四届全国旅游院校服务技能（导游服务）大赛一等奖优秀辅导教师。第三届亚洲沙滩运动会优秀培训讲师。首届全国大学生礼仪大赛优秀指导教师。负责第三章第四节和第五章编著工作。

邹敏，山东省潍坊商校高级讲师，潍坊市优秀教师、教学能手、潍坊名师，连续三年指导学生获得国赛一等奖。负责第四章部分编写工作。

参　编

范丽，蓬莱阁景区管理处导游管理部部长、中级导游，国家旅游局名导进课堂工程师资库成员,国家旅游局金牌导游培养项目人才,山东省三八红旗手,山东省好客导游,山东省最受游客喜爱导游员等。承担第三章第一节编著工作。

鲁珊珊,刘公岛北洋旅游发展有限公司讲解部主任,山东省第六届讲解员大赛一等奖、山东省十佳讲解员、威海市青年岗位能手。承担第三章第五节编写工作。

张超,中宣部讲好"中国故事"文明旅游师资,全国青年岗位能手,国家金牌导游。烟台工贸技师学院、烟台市导游大师工作室负责人,中级导游。承担第三章第一节、第六节编著任务。

尤荣涛,山东省台儿庄古城旅游集团有限公司讲解部主管,枣庄市十佳导游员,台儿庄区优秀讲解员。承担第三章第七节编著工作。

沙宁,青州市旅游局游客接待服务中心主任,2017年第五届山东省导游技能电视大赛二等奖、"山东省青年岗位能手"。负责第三章第十节的编著工作。

姜文娟,华夏文化旅游集团威海事业部办公室主任。宋芹芹,华夏文化旅游集团威海事业部导游部副经理。负责第三章第十一节编著工作。

张君陶、张玉欣,山东省旅游行业协会导游分会工作人员。参加了教材编写的部分组织工作。

特约审稿

刘镁,山东省旅游行业协会导游分会会长。

前　言

为了帮助参加全国导游资格考试的山东考区考生提高备考效率，顺利通过科目五"导游服务能力"的考试，我们组织编写了《山东导游服务能力》。

本教材主要具备以下特点：

一、名导参与，双师编写。本教材编写组由省内5A景区知名导游和高等院校旅游专业骨干教师搭配组合而成，按属地进行分工。比如国家金牌导游、烟台市导游大师工作室负责人张超负责编写烟台南山旅游区导游词编写。刘公岛北洋旅游发展有限公司讲解部主任、山东省第六届讲解员大赛一等奖获得者鲁珊珊负责刘公岛风景名胜区导游词编写。

二、一手素材，权威可靠。11个5A景区导游词的一手素材多由景区官方提供，是景区正在使用的最新官方导游词。我们根据导游考试需要对这些最新的权威素材进行了必要的简化、加工和完善，以适应导游考试的需要。

三、图文并茂、可读性强。我们为每个景区均配套一张景区导览图，为景区包含的绝大多数景观配套一张实景图片，这些图片绝大多数由我们的作者现场考察、亲手拍摄，帮助考生实现图、文搭配，提高教材的可读性，力图让考生实现不在现场、如在现场的感觉。

四、重点突出，兼顾完整。每个景区精选15个左右景观，同时用☆☆☆、☆☆、☆分别表示十分重要、比较重要、一般掌握三个等级，方便大家掌握重点、提高效率。我们把每篇导游词字数控制在1.5万左右，既力图简洁，又适当兼顾完整性。

五、服务考试，兼顾实用。充分考虑导游考试考生作为初学者的应试需要和导游工作实用性，对相关内容进行了适当精简，回避偏难、生僻的内容，避免大量数字罗列等，以方便学生记忆掌握。

六、创新内容形式,提升学习效果。难点注释主要是对一些考生可能不懂但导游词又必须使用的、涉及宗教、建筑、考古等学科的专用名词进行解释。资源拓展则是对导游词中考生有必要进一步了解的知识点加以拓展,也包括部分未列入重点掌握的导游词,以兼顾导游词的完整性。

本教材主要供参加导游资格考试的考生使用,也可作为相关院校旅游管理等专业的《现场导游》或《模拟导游》课程教材,同时也可作为旅游爱好者的旅游读物。

本教材的编写得到了山东省导游协会、山东各大5A景区的热忱指导和无私帮助,体现了集体智慧,在此一并表示感谢。对旅游教育出版社编辑给予的不吝指导深表谢意。盼望广大读者和同行把在教材使用中发现的不足之处及时反馈给我们,以便今后修订时及时改进。

《山东导游服务能力》教材编写组

2018年6月

目 录

第一章 导游服务能力考试概述 ··· 1

第二章 山东省情概况 ·· 7
  第一节 山东省情讲解 ·· 7
  第二节 山东综合知识 ·· 9

第三章 山东 5A 景区讲解 ·· 14
  第一节 蓬莱阁景区 ·· 14
  第二节 "三孔"景区 ·· 39
  第三节 泰山风景名胜区 ·· 51
  第四节 崂山风景名胜区 ·· 64
  第五节 刘公岛风景名胜区 ··· 79
  第六节 南山旅游区 ·· 106
  第七节 台儿庄古城景区 ·· 127
  第八节 天下第一泉景区 ·· 147
  第九节 沂蒙山旅游区 ·· 169
  第十节 青州古城旅游区 ·· 189
  第十一节 威海华夏城景区 ··· 207

第四章 导游规范 ·· 229
  第一节 团队导游服务的程序与标准 ··· 229

第二节　散客导游服务的程序与标准 …………………………… 234

　　第三节　旅游事故的防范和处理标准 …………………………… 236

第五章　导游应变能力 ……………………………………………… 242

　　第一节　导游带团服务中常见问题处理技巧 …………………… 242

　　第二节　导游带团服务中突发问题处理技巧 …………………… 246

　　第三节　导游带团服务中的个性化服务技能 …………………… 249

第一章
导游服务能力考试概述

一、关于导游资格考试

(一)考试性质

全国导游资格考试是依据《中华人民共和国旅游法》,为国家和社会选拔合格导游人才的全国统一的准入类职业资格考试。考试遵循公平、公正的原则,目的是检验考生是否具备从事导游职业的基本素养、基础知识和基本技能。

(二)考试科目、语种与要求

全国导游资格考试科目包括:

科目一"政策与法律法规"、科目二"导游业务"、科目三"全国导游基础知识"、科目四"地方导游基础知识"、科目五"导游服务能力"。

考试语种分为中文和外语两种,其中外语类包括英语、日语、俄语、法语、德语、西班牙语、朝鲜语、泰语等。

上述科目内容,分别从了解、熟悉、掌握等三个层次对考生进行考察。

(三)考试方式

考试形式分笔试与现场考试两种,科目一、科目二、科目三、科目四为笔试,科目五为现场考试。

笔试实行全国统一的计算机考试。现场考试以模拟考试方式进行,由省级考试单位根据考试大纲和《全国导游资格考试现场考试工作标准(试行)》组织。

科目一、科目二合并为1张试卷进行测试,其中科目一、科目二分值所占比例各为50%;科目三、科目四合并为1张试卷进行测试。考试题型包括判断题、单项选择题、多项选择题。每张试卷考试时间为90分钟,含165题,共100分,其中判断题40题,每题0.5分,共20分;单项选择题90题,每题0.5分,共

45 分；多项选择题 35 题，每题 1 分，共 35 分。

科目五考试中文类考生每人不少于 15 分钟，备考旅游景区不少于 12 个；外语类考生每人不少于 25 分钟，备考旅游景区不少于 5 个。考试成绩采用百分制，中文类分值比例为：礼貌礼仪占 5%，语言表达占 20%，景点讲解占 45%，导游服务规范占 10%，应变能力占 10%，综合知识占 10%；外语类分值比例为：礼貌礼仪占 5%，语言表达占 25%，景点讲解占 30%，导游服务规范占 10%，应变能力占 5%，综合知识占 5%，口译占 20%。

二、导游服务能力考试试题结构及评分标准

"导游服务能力"是导游资格考试的科目五，采取现场考试的形式进行。

（一）"中文类"考生考试试题

共包括"景点讲解"（礼貌礼仪、语言表达）"导游规范""应变能力"和"综合知识"四部分，共 5 道题。其中：

第一部分："景点讲解"，共 2 题，总分值 70 分；"山东省情"分值 20 分；"5A 级景区讲解"总分值 50 分；评分要点详见表 1。

第二部分："导游规范"，共 1 题，总分值 10 分；第三部分："应变能力"，共 1 题，总分值 10 分；第四部分："综合知识"，共 1 题，总分值 10 分。以上第二、第三、第四部分均根据参考答案要点判分。

表 1　中文类景点讲解评分表

	项目	内容	分值	总分
省情讲解	讲解内容	全面，结构完整，准确，紧扣主题，重点突出	10	20
	讲解策略	表达准确自然，符合我省实际，语言流畅、生动，感染力强	5	
	语音语调	普通话标准，语调富有变化，语速与音量控制合理，节奏合理	5	
5A景点讲解	讲解内容	结构完整，内容健康、准确，主题鲜明，信息完整，有内涵	15	50
	讲解结构	结构合理，层次分明、详略得当、逻辑性强，符合导游规范	10	
	讲解策略	角度新颖、通俗易懂、生动幽默、富有感染力、亲和力	5	
	语音语调	普通话标准，语调自然，音量和语速适中，节奏合理	10	
	表达能力	口齿清楚，语法正确，表达自然流畅	10	

（注：以 2017 年考试为例）

(二)"外语类"考生考试试题

"景点讲解"(礼貌礼仪、语言表达)"导游规范""应变能力""综合知识"和"口译"五部分,共7道题。其中:

第一部分:"景点讲解",共2题,总分值60分;"山东省情"总分值10分;"5A级景区讲解"总分值50分;评分要点详见表2。

第二部分:"导游规范",共1题,总分值10分;第三部分:"应变能力",共1题,总分值5分;第四部分:"综合知识",共1题,总分值5分;第五部分为"口译",共2题。(中译外和外译中各1题),每题10分,总分值20分。第二至第五部分均根据给定的参考答案要点判分。

表2 外语类试题景点讲解评分表

	项目	内容	分值	总分
省情讲解	讲解内容	全面,结构完整,表达准确,紧扣主题,符合我省实际,重点突出	5	10
	讲解策略	语言流畅、生动,感染力强,语速与音量控制合理	5	10
5A景点讲解	讲解内容	结构完整,内容健康、准确,主题鲜明,信息完整,有内涵	15	50
	讲解结构	结构合理、层次分明、详略得当、逻辑性强,符合导游规范	10	
	讲解策略	角度新颖、通俗易懂、生动幽默、富有感染力、亲和力	5	
	语音语调	发音标准,语调自然,音量和语速适中,节奏合理	10	
	表达能力	口齿清楚,语法正确,表达自然流畅	10	

(注:以2017年考试为例)

三、2018年《导游服务能力》考试大纲(山东省)

(一)考试目的

《导游服务能力》考试是根据导游应具备的基本能力和素质要求,以模拟讲解的方式对考生进行现场考试。通过模拟讲解,检查考生从事导游工作、语种服务相对应的语言能力。考查考生对山东省景区知识的掌握和应用;考查考生对导游规范服务及工作程序的掌握和应用;考查考生对旅游接待服务中突发事件和特殊问题的处理能力;考查考生的仪表仪容和对礼节、礼仪的运用等。

外语类考生要求全程使用所报考的外语语种应试和讲解,并具备中外文互译能力。

（二）考试内容

中文类考生现场考试内容包括：景点讲解（含景点知识问答）、导游规范、应变能力、综合知识。

外语类考生现场考试内容包括：用所考语种进行景点讲解（含景点知识问答）、导游规范、应变能力、综合知识和口译测试（包括"中译外""外译中"）。

1. 景点讲解

（1）考试目的

考察考生对山东省情概况和景点讲解的准确性、全面性、条理性，讲解是否详略得当、重点突出，具有一定讲解技巧，考生导游讲解是否符合规范程序，以及回答景点问题的准确性。

（2）考试内容

包括山东省情概况、5A级景区讲解和景点知识问答。

山东省情概况的讲解，应掌握下列基本要素：地理位置、地形特征、气候类型、主要河流、面积人口、行政区划、历史沿革、省情特点、风物特产、旅游资源等。在讲清这些基本要素的基础上，力求有深度、有创意并能掌握与之相关的其他知识点。

5A级景区的景点讲解和景点知识问答主要围绕景区的概况和景区主要景点介绍。考生考试时随机抽取其中1个进行讲解，并回答景点相关知识问题。

中文类考生景点讲解范围包括：

山东省情概况和11个5A级景区讲解（蓬莱阁景区、"三孔"景区、泰山风景名胜区、崂山风景区、刘公岛风景名胜区、南山旅游区、台儿庄古城景区、天下第一泉景区、沂蒙山旅游区、青州古城旅游区、华夏城景区）。

外语类考生讲解范围包括：山东省情概况和5个5A级景区讲解（蓬莱阁景区、"三孔"景区、泰山风景名胜区、崂山风景区、天下第一泉景区）。

2. 导游规范

（1）考试目的

通过随机抽取问题，检查考生对导游服务的程序、标准和旅游事故防范和处理程序、标准的掌握和运用程度。

（2）考试内容

团队导游服务的程序与标准；散客导游服务的程序与标准；旅游事故的防范和处理标准。

3. 应变能力

（1）考试目的

通过随机抽取问题，检查考生对带团服务中处理问题时的灵活反应能力及处理技巧的掌握程度。

（2）考试内容

导游带团服务中常见问题处理技巧；导游带团服务中突发问题处理技巧；导游带团服务中的个性化服务技能。

4. 综合知识

（1）考试目的

通过随机抽取问题，检查考生对导游应知应会的山东基础知识的了解、熟悉和掌握程度。

（2）考试内容

山东的历史文化知识；山东省的社会经济发展状况；山东省的行政区划、民族、人口、交通、生态环境、科技等方面的情况。

5. 口译测试

（1）考试目的

通过模拟口译，主要考察外语类考生在中文和外语之间口头互译的能力。

（2）考试内容

随机选取短文，范围涵盖山东旅游、时事热点、旅游新闻、综合文化知识等。

三、导游服务能力考试的基本流程

山东省导游服务能力考试（现场考试）自2017年起采用机考方式，即考试在机房内进行，考生按准考证上的日期和时间参加考试，考试时考生按电脑随机抽选的试题进行景点讲解和问题回答。考生的讲解声音由电脑通过考生的头戴式麦克风进行采集并存储，同时，电脑摄像头会采集考生的若干照片。

每位考生的全部景点讲解、导游规范、应变能力、综合知识等考试项目的录音片段是后期评委评分的依据。图片资料则是供评委对考生的礼仪和形象加以评判。

（一）考试程序

（1）考生在指定时间到考试签到处签到。

（2）考生进入考场，将准考证、身份证交监考人员进行身份核实。

（3）开始考试。

（4）根据电脑抽选分别进行景点讲解、导游规范、应变能力、综合知识试题的回答。

（5）考试结束，考生取回准考证、身份证，退出考场。

（6）省旅发委对现场考试实行集中统一阅卷。

（二）考试纪律

（1）考试区域内，禁止喧哗、吸烟等，考生要听从工作人员的安排准备考试。

（2）考生进场后，须关闭手机等电子通讯设备，除有效身份证件、准考证外，其余随身物品根据考官的要求放置在物品存放处。

（3）主考官查验考生准考证、身份证，如发现他人冒名代替参加考试，此考生现场考试成绩将按零分处理。

（4）电脑抽选考试题目后，考生不得要求或擅自更换题目。遇到设备故障等问题，应及时向现场工作人员求助。

（5）在考试过程中如发现考生使用电子通讯设备等舞弊行为，此考生现场考试成绩按零分处理。

（6）严重违纪行为将按照有关法律法规予以惩处。

第二章
山东省情概况

第一节 山东省情讲解

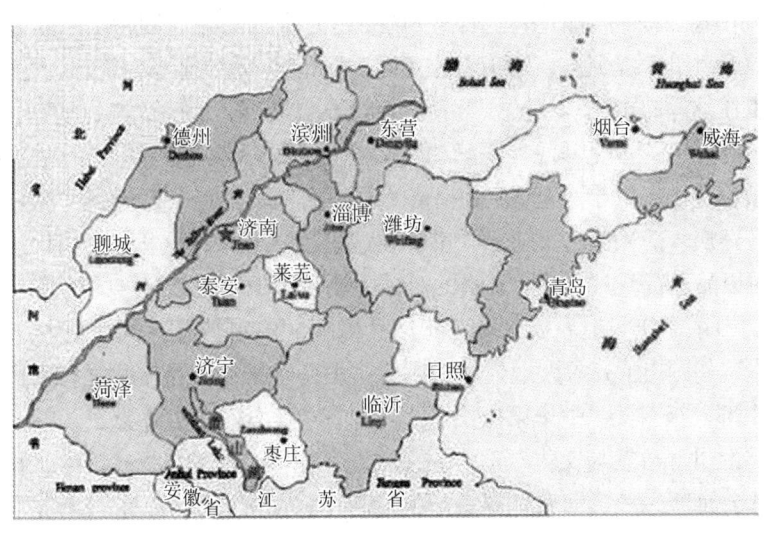

图 2.1.1　山东省地理位置与行政区划

朋友们，欢迎来到"文化胜地，度假天堂"——山东做客！欢迎大家来到山东随我一起看山、转水、品文化。

来到山东，您将亲身体会到"齐鲁大地"厚重的历史文化底蕴。这里是中华文明的重要发祥地之一。四五千年前大汶口文化和龙山文化在此兴盛，出现了精美的石器、玉器、薄如蛋壳的陶器和最原始的文字；这里是东夷文化的中心，是人文始祖、东夷领袖太昊、黄帝、蚩尤和尧舜的故乡，历史上就有仓颉创字的记载；这里是儒家文化的发祥地，至圣先师孔子将他博大精深的儒家文化带给世人，经过不断丰富和发展，仁义礼智孝的思想不仅深深植根于齐鲁大地，也为全国人民所推崇；世界上第一所官方举办、私家主持的高等学府——稷下学宫也诞生在这里。无论您是在"世界文化遗产——"孔子故里曲阜"三孔"，还是在齐国故都临淄，或是在"道教圣地"崂山，或是在好汉故里"水浒城"，庙宇楼阁、建筑遗址、史料书籍中都充满了厚厚的文化。

难点注释：

稷下学宫，又称稷下之学，战国时期田齐的官办高等学府，始建于齐桓公田午。位于齐国国都临淄（今山东省淄博市）稷门附近。

"稷"是齐国国都临淄城（今山东省淄博市）一处城门的名称。"稷下"即齐都临淄城的稷门附近，齐国君主在此设立学宫。故因学宫地处稷门附近而得名为"稷下学宫"。

来到山东，您将与诸多先贤来一场穿越时空的对话。因为山东素来是中国人思想文化上的"圣地"，素有"孔孟之乡"的美誉。"至圣"孔子，"亚圣"孟子，诞生在这里；"述圣"子思，"宗圣"曾子，"复圣"颜子，"兵圣"孙子，"科圣"墨子，"农圣"贾思勰，"工圣"鲁班，"书圣"王羲之，"算圣"刘洪，"智圣"诸葛亮被称为山东的十大圣人；庄子、荀子、孙膑、扁鹊、颜真卿、张择端、李清照、辛弃疾、蒲松龄等文化巨人都曾在这里生息。来到这里，您可以访圣人故里，亦可以品圣贤智慧，在与圣贤的对话中体味咱中华民族精神的精髓。

来到山东，您将欣赏到一幅"海岱胜境"的山水画卷。这幅画中，"一山二水一海岸"勾画出了齐鲁大地的主轮廓。一山，首推的就是五岳之首泰山，它雄峙山东中部，被誉为"中华第一山"，自古有"泰山安，四海皆安"的说法，是全球知名的世界自然与文化双遗产，它展现了齐鲁大地的风骨；二水，指中华民族的"母亲河"——黄河和世界最长的运河——京杭大运河，它孕育了齐鲁大地的文明，山东运河两岸被誉为"镌刻着历史的文化长廊"；"一海岸"，就是占全国1/6的海岸线，诸多多姿多彩、别具一格的滩、湾、岛、礁好似一颗颗珍珠串成了美丽的"仙境海岸"线，"帆船之都"青岛、"宜居之城"威海、"人间仙境"蓬莱、"阳光海岸"日照等滨海旅游城市群享誉海内外。

难点注释

海岱：海岱是今山东省渤海至泰山之间的地带。海，渤海；岱，泰山。

来到山东，您会得到心灵境界的升华。这里被称为"红色圣地"，这里是沂蒙精神的诞生地，这里有着光荣的革命传统，在战争年代留下了无数可歌可泣的英雄故事和珍贵文物。全省共有不可移动革命文物931处，时间跨度超过100年，完整反映了中国近代以来的革命进程。刘公岛、台儿庄、孟良崮，为我们呈现了一幅幅可歌可泣的革命历史画面。从滨海到内陆，红嫂的故事、铁道游击队的故事、地雷战的故事、乳娘的故事，都在山东大地上传颂。

来到山东，您将收到"好客山东"的品牌礼包。东方圣地、仙境海岸、平安泰山、泉城济南、齐国故都、鲁风运河、水浒故里、黄河入海、亲情沂蒙、鸢都龙城，这十大文化旅游目的地品牌让你无论游走在齐鲁大地的哪一座城市，都能全方位感受到厚重的文化，美丽的景致，淳朴的民风。这期间，更有国际孔子文化节、青岛国际啤酒节、泰山登山节、潍坊国际风筝会、菏泽牡丹花会等重大节会为您的山东之行锦上添花。

"有朋自远方来，不亦乐乎？""好客山东"欢迎大家来做客！

第二节　山东综合知识

山东省，简称"鲁"，省会济南，因居太行山以东而得名"山东"，先秦时期隶属齐国、鲁国，故而别名齐鲁。截至2016年12月31日，山东省辖济南、青岛、淄博、枣庄、东营、烟台、潍坊、济宁、泰安、威海、日照、莱芜、临沂、德州、聊城、滨州、菏泽17个地级市，县级单位137个。

一、地理环境

山东地理位置重要。地处黄河下游，西连内陆，北接京津冀，隔渤海海峡与辽东半岛相对，南临长三角，内陆部分自北而南与河北、河南、安徽、江苏4省接壤，东与韩国、日本隔海相望，陆地面积15.79万平方千米，大陆海岸线3345千米，占全国大陆海岸线总长度的1/6。

山东省境内中部山地突起，西南、西北低洼平坦，东部缓丘起伏，形成以山地丘陵为骨架、平原盆地交错环列其间的地形大势，"山水林田湖"自然禀赋得天独厚。平原面积占全省面积的65.56%，主要分布在鲁西北地区和鲁西南局部地区。台地面积占全省面积4.46%，主要分布在东部地区。丘陵面积占全省面积15.39%，主要分布在东部、鲁西南局部地区。山地面积占全省面积14.59%，主要分布在鲁中地区和鲁西南局部地区，绝对高度在700米以上、面积150平方千米以上的有泰山、蒙山、崂山、鲁山、沂山、徂徕山、昆嵛山、九顶山、大泽山等，其中泰山雄踞中部，主峰海拔1532.7米，为山东省最高点。

山东省的气候属暖温带季风气候类型。降水集中，雨热同季，春秋短暂，冬夏较长。年平均气温11℃~14℃，山东省气温地区差异东西大于南北。全年无霜期由东北沿海向西南递增，鲁北和胶东一般为180天，鲁西南地区可达220天。

山东省光照资源充足，光照时数年均2290~2890小时，热量条件可满足农作物一年两作的需要。年平均降水量一般在550~950毫米之间，由东南向西北递减。水资源主要来源于大气降水，多年平均降水量为676.5毫米，降水季节分布很不均衡，全年降水量有60%~70%集中于夏季，易形成涝灾，冬、春及晚秋易发生旱象，对农业生产影响最大。

二、自然资源

山东省分属于黄、淮、海三大流域，境内主要河流除黄河横贯东西、大运河纵穿南北外，其余中小河流密布山东省，主要湖泊有南四湖、东平湖、白云湖、青沙湖、麻大湖等。黄河水是山东主要可以利用的客水资源，长江水是南水北调东线工程建成后山东省可以利用的另一主要客水资源。

海洋资源丰富。近海海域占渤海和黄海总面积的37%，滩涂面积占全国的15%。近海栖息和洄游的鱼虾类达260多种，主要经济鱼类有40多种，经济价值较高、有一定产量的虾蟹类近20种，浅海滩涂贝类百种以上，经济价值较高的有20多种。其中，对虾、扇贝、鲍鱼、刺参、海胆等海珍品的产量均居全国首位。有藻类131种，经济价值较高的近50种，其中，海带、裙带菜、石花菜为重要的养殖品种。山东是全国四大海盐产地之一，丰富的地下卤水资源为山东盐业、盐化工业的发展提供了得天独厚的条件。此外，山东还有可供养殖的内陆水域面积26.7万公顷，淡水植物40多种，淡水鱼虾类70多种，其中主要经济鱼虾类20多种。

矿产资源丰富。资源储量在全国占有重要的地位。列全国前5位的有44种，列全国前10位的69种，以非金属矿产居多。金、铪、自然硫、石膏、菱镁矿、金刚石、石油、钴、锆等储量在全国位列前茅。

生物资源丰富。境内有各种植物3100余种，以北温带针、阔叶树种为主，各种果树90种，素有"北方落叶果树的王国"之称。中药材800多种，其中植物类700多种；是全国粮食作物和经济作物重点产区，素有"粮棉油之库，水果水产之乡"之称。小麦、玉米、地瓜、大豆、谷子、高粱、棉花、花生、烤烟、麻类产量都很大，在全国占有重要地位；动物物种多，境内动物中属国家一、二类保护的珍稀动物有71种，其中国家一类保护动物有16种。

三、文化发展

山东是文化大省。山东历史悠久，文化灿烂，是中国古代文化的发源地之一，也是古代文化的中心。这里有中国最早的文字和最早的讲坛，有中国最早的城邦和最古老的长城，这里还是陶瓷和丝绸的发源地。

山东是名仕辈出的地方。在学术思想方面，有孔子、孟子、颜子、曾子、墨子、荀子、庄子、郑玄、仲长统等；在政治军事方面，有管仲、晏婴、司马穰苴、孙武、吴起、孙膑、诸葛亮、戚继光等；在历史学方面，有左丘明、华峤、崔鸿、马骕等；在文学方面，有东方朔、孔融、王粲、徐干、左思、鲍照、刘勰、王禹偁、李清照、辛弃疾、张养浩、冯惟敏、李开先、李攀龙、蒲松龄、孔尚任、王士禛等；在艺术方面有王羲之、颜真卿、李成、张择端、高凤翰等；在科学技术方面，有鲁班、甘德、刘洪、何承天、王朴、氾胜之、贾思勰、王祯、燕肃等；在医学方面，有扁鹊、淳于意、王叔和等。他们的思想、理论、智慧和学术成就，构成了中国传统文化的重要内容，对中华民族文化的发展产生了广泛而深远的影响。

山东的戏曲艺术历史悠久，品类繁多。被戏剧界称为"南昆北弋东柳西梆"四大古老剧种之一的"东柳"，即为流行山东已达500余年的"柳子戏"。山东的说唱艺术有"曲山书海"之美誉。齐鲁礼乐为中国古老音乐舞蹈之精品，《诗经》中的"齐风""曹风""鲁颂"，记述了山东古老歌乐之风采。山东民间广为流传的鼓子秧歌、胶州秧歌、海阳秧歌，统称为"山东三大秧歌"，在汉族舞蹈中占有重要地位。

民间美术方面，以造型夸张、对比强烈而著称的潍县杨家埠木版年画，是中国三大民间年画之一。

山东的杂技艺术源远流长，因而山东被称为"杂技之乡"。济南无影山出土的西汉杂技陶俑和沂南等地出土的汉代画像石刻，对山东古老的杂技艺术有着生动的表现和描绘。

山东光辉的文化传统和精湛璀璨的艺术珍宝，体现了山东人民高度的创造精神、辛勤的劳动、卓越的艺术才能，在中华民族绚丽的历史画卷和多姿多彩的艺术画廊中占有重要地位。截至2018年1月，全省有世界级文化遗产4处，联合国教科文组织认定的"人类非遗代表作名录"项目8个，国家级名录173项，省级名录751项，市级名录2990项，县级名录9369项，有国家级传承人51名，省级传承人296名，市级传承人2063名，县级传承人5916名。

四、经济发展

历史上，山东地区素以发达的农业和手工业著称于世。秦汉时期，今山东地区号称"膏壤千里"，农业经济发达；山东的冶铁业起源很早，春秋初年，齐国已使用铁制农具；山东的纺织手工业举世闻名。战国时期，齐国即号称"冠带衣履天下"。临淄、定陶、亢父（今济宁）是汉代三大纺织中心，当时山东地区是"丝绸之路"的主要源头之一。

如今，山东省作为我国的经济大省，改革开放以来，经济总量稳居全国前三名，是我国环渤海经济圈的重要组成部分。

近年来，新经济规模不断发展壮大。据2017年山东省国民经济和社会发展统计公报数据显示：山东省经济社会呈现提质增效、稳中向好态势，转型发展加快推进，民生保障持续增强，社会事业全面进步，生态环境显著改善，经济文化强省建设迈出坚实步伐。实体经济效益进一步改善。

2017年，全省实现生产总值（GDP）72 678.2亿元，按可比价格计算，比上年增长7.4%。其中，第一产业增加值4876.7亿元，增长3.5%；第二产业增加值32 925.1亿元，增长6.3%；第三产业增加值34 876.3亿元，增长9.1%。三次产业构成为6.7：45.3：48.0。人均生产总值72 851元，按年均汇率折算为10 790美元。

2017年，全省规模以上工业企业主营业务收入比上年增长6.8%，实现利润增长11.5%，主营业务收入利润率为5.8%，比上年提高0.3个百分点。规模以上服务业企业营业收入增长14.3%，营业利润增长21.7%，营业收入利润率为14.3%，比上年提高0.2个百分点。高新技术产业产值占规模以上工业的比重为35.0%，比上年提高1.2个百分点。工业机器人、城市轨道车辆、服务器、新能源汽车等高技术产品产量分别增长60.7%、80.2%、16.3%、3.0倍。软件业业务收入4933.1亿元，增长14.3%；软件业务出口16.1亿美元，增长10.9%。

2017年全省公路通车里程27.1万千米，比上年增加4813千米。其中，高速公路通车里程5821千米，增加111千米。高速铁路通车里程1240千米，石济客专山东段和龙烟铁路等重大项目建成使用。沿海港口生产型泊位581个，其中万吨级以上深水泊位297个。

2018年，山东吹响了"全面展开新旧动能转换重大工程"的号角，加快提升济南、青岛、烟台核心地位，形成三核引领、区域融合互动的动能转换总体格局，山东经济开启了在新时代再次腾飞的模式。到2022年，山东要基本形成新动能主导经济发展的新格局，"四新"（即新技术、新产业、新业态、新模式）经济增加值占比达到30%。到2028年，基本完成这一轮新旧动能转换。到2035

年，在基本实现社会主义现代化进程中走在前列。

知识问答

1. 请列出山东省的十大文化旅游目的地品牌。

答：东方圣地、仙境海岸、平安泰山、泉城济南、齐国故都、鲁风运河、水浒故里、黄河入海、亲情沂蒙、鸢都龙城。

2. 请问山东的"一山、一水、一圣人"分别是指什么？

答：一山是指泰山，一水是指黄河，一圣人是指孔子。

3. 请问"仙境海岸"是指山东的哪几座城市？

答：青岛、烟台、威海、日照。

4. 请问世界第一长跨海大桥是哪座桥？长度是多少？

答：胶州湾跨海大桥，大桥全长36.48千米。

5. 请问山东境内现有几处世界级文化遗产？分别是什么？

答：4处。分别指泰山、三孔、齐长城、大运河山东段。

6. 请问"东方圣地"是指山东的哪个城市？

答：济宁。

7. 请问"亲情沂蒙"文化旅游目的地包括哪几个城市？

答案：临沂、枣庄、淄博、潍坊、莱芜。

8. 请问"鲁风运河"文化旅游目的地包括哪几个城市？

答：枣庄、济宁、泰安、聊城、德州。

9. 请问"水浒故里"文化旅游目的地包括哪几个城市？

答：菏泽、济宁、泰安、聊城。

10. 请问山东海岸线占全国大陆海岸线总长度的几分之几？省内哪个地级市拥有近千千米的海岸线？

答：1/6。威海市。

11. 请问"山东三大秧歌"是指哪三种秧歌？

答：鼓子秧歌、胶州秧歌、海阳秧歌。

12. 请问我省新旧动能转换中的"三核"是指哪三座城市？

答：济南、青岛、烟台。

13. 山东为什么被称为"齐鲁之邦"？

答：春秋战国时期著名的齐、鲁两国是西周在今山东境内最大的诸侯国，由于齐、鲁两国发达的经济、政治、文化在中国历史上的重大影响，所以山东又称"齐鲁之邦"。

第三章
山东 5A 景区讲解

第一节 蓬莱阁景区

导学

蓬莱阁景区是国家级风景名胜区,也是我国首批 5A 级景区。景区面积为 5.8 平方千米,共包括九大景点。今天我们主要游览的是蓬莱阁古建筑群。

推荐游览路线:城墙—登瀛桥—人间蓬莱坊—弥陀寺—万民感德碑—丹崖仙境坊—显灵门—龙王宫—子孙殿—天后宫(戏楼—坤爻石—虎字—福字—寿字—唐槐—天后宫正殿)—碧海丹心刻石—蓬莱阁主阁—避风亭—主阁后面的刻石—卧碑亭—苏公祠—宾日楼—普照楼—观澜亭(俯视蓬莱水城)—吕祖殿—三清殿—白云宫门—仙阁凌空—水门—炮台—太平楼—戚继光塑像

导览图

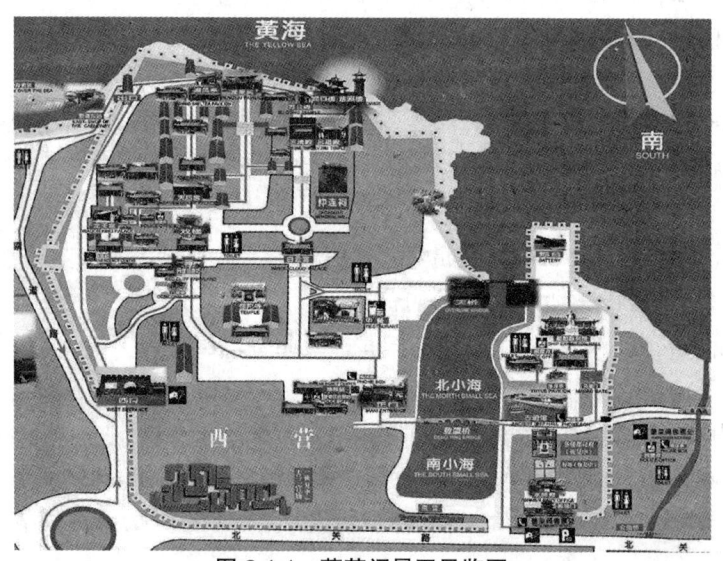

图 3.1.1 蓬莱阁景区导览图

一、蓬莱阁景区概况 ☆☆☆

蓬莱阁位于山东省烟台市下属的蓬莱市,是中国古代四大名楼之一,是一处凝聚着中国古代劳动人民智慧和艺术结晶的古建群。蓬莱阁的主体建筑建于宋朝嘉祐六年(1061年),素以"人间仙境"著称于世,其"八仙过海"传说和"海市蜃楼"奇观享誉海内外。

图3.1.2 "人间蓬莱"坊

蓬莱阁历经风雨沧桑,如今已发展成为以古建筑群为中轴,蓬莱水城和田横山为两翼,四种文化(神仙文化、精武文化、港口文化、海洋文化)为底蕴,山(丹崖山)、海(黄渤二海)、城(蓬莱水城)、阁(蓬莱阁)为格局,登州博物馆、古船博物馆、田横山、合海亭及黄渤海分界坐标等20余处景点为点缀,融自然风光、历史名胜、人文景观、休闲娱乐于一体的风景名胜区和休闲度假胜地。

现在我们看到的这段古朴凝重的城墙,是自明代保留下来的蓬莱水城的东城墙。进入城门,我们便进入了蓬莱阁景区。

走过登瀛桥,现在您看到的是"人间蓬莱"坊,是通往仙境之门。上面"人间蓬莱"四个鎏金大字是北宋著名文学家苏东坡的手迹。内外两边柱子上分别镌刻着书画名家刘海粟题写的"神奇壮观蓬莱阁,气势雄峻丹崖山"和费新我题写的"碧海仙槎心神飞跃,丹崖琼阁步履逍遥"楹联。这两副楹联,一副描述了千年古建蓬莱仙阁的巍峨壮观,另一副则惟妙惟肖地抒发了来仙境游历后,梦幻逍遥般的感受。

现在我们进入的就是蓬莱阁古建筑群的范围,蓬莱阁古建筑群始建于唐代,经过宋元明清几代不断的扩建和改建,整个建筑群建筑面积为18 900平方米,占地面积为32 800平方米,分为弥陀寺、龙王宫、天后宫、蓬莱阁主阁、吕祖殿、三清殿六大建筑单体,共有100多间,整个古建筑群坐落在临海的丹崖山上,楼台殿阁分布得宜,寺庙园林交相辉映,1982年被国务院公布为全国重点文物保护单位。

二、弥陀寺 ☆☆

弥陀寺始建于唐代,是蓬莱阁景区内唯一的佛教寺庙。弥陀,是号称西方三圣之一的阿弥陀佛的简称。弥陀寺，是供奉阿弥陀佛的寺庙。

这里曾是香火极盛的佛教传播基地。但是到了唐武宗时，武宗李炎发动了禁佛运动。他勒令在全国范围内拆毁佛教大寺近5000座，拆除小寺4万多座，还俗佛教徒26万多人，使佛教受到严重打击。弥陀寺也未能幸免，虽然没有遭到拆除之灾，也一度僧尼还俗，门庭冷落。

明万历十一年（1583年），佛教名僧憨山德清来山东崂山传教，他的儒、释、道三教合一的思想在崂山以及胶东地区的佛教界影响很深，使弥陀寺得到了复兴。

图3.1.3 弥陀寺

这里是弥陀寺的前殿，东边是密迹金刚，西边是那罗延金刚，两位金刚各手持宝杵，护卫寺院。

东厢是关公殿，中间主尊为关公。旁边供奉的是关公手下的几员大将，分别是关平、王甫、周仓和赵累。

西厢是祖师殿，中间主尊为慧远法师。他的右侧为刘遗民、桓伊，左侧为陶渊明、慧然。

弥陀寺的正殿，供奉的是西方三圣和十八罗汉。正中供奉的是阿弥陀佛。左协侍为观世音菩萨，右协侍为大势至菩萨。阿弥陀佛是西方极乐世界的教主，他能够接引念佛的人前往西方极乐世界，所以又称为"接引佛"，是净土宗敬奉的主要对象。据专门叙述阿弥陀佛及西方极乐世界的汉译佛经《无量寿经》记载，阿弥陀佛在极乐净土中，高站于莲台上，左右分别有观世音菩萨和大势至菩萨为协侍，构成"西方三圣"的组像。阿弥陀佛胸前有一"卍"（万）字，是古印度宗教的吉祥标志，象征太阳与火，在佛教中用来表示佛的智慧与慈悲无限。旁边供奉的是十八罗汉，是佛的一群高足弟子。

难点注释：

罗汉是梵文阿罗汉的简称。和尚经修行，取得正果后，便可以成为罗汉。他们是奉佛祖之命到世间拯救众生的，常住世间不入涅槃，也就是不进行生死轮回。我们中国佛教中经常提到的有十六罗汉、十八罗汉以及五百罗汉等。

资源拓展：

出弥陀寺，沿石阶前行，在石阶左侧的就是万民感德碑亭，清朝康熙皇帝曾降旨普免田赋一年，登州官吏以百姓感恩的名义，建起了这座碑亭。（原碑早已毁坏，只剩下碑座，这座石碑是1995年重立的。）

三、丹崖仙境坊 ☆

图 3.1.4　丹崖仙境坊

原来叫"丹崖胜境坊"，木质结构。清光绪末年被毁坏，民国初年修复后，改名"丹崖仙境坊"，后又被毁坏，这是1981年下半年修复的。"丹崖仙境"四个字，是董必武副主席1964年来蓬莱阁时题写的。因为蓬莱阁坐落在丹崖山上，这里的石头是红褐色的，所以称为"丹崖"。这个牌坊是蓬莱阁上标志性比较强的一个建筑物，当地老人这样讲：牌坊下面站一站，无灾无难保平安，仙境里面走一走，一生多福又多寿。

资源拓展：

丹崖仙境坊正对面是显灵门，显灵门是通往天后宫的山门，蓬莱阁的天后宫为北宋崇宁年间（1102—1106年）皇帝颁旨所建，并亲赐额书"灵祥"，宣和四年（1122年）落成，距今已有近千年的历史了。清道光十六年（1836年），曾不慎被香火烧毁，道光十七年（1837年）重建，并改额书为"显灵"。

按照最佳游览路线，我们先往西走，先参观龙王宫。

四、龙王宫 ☆☆

龙王宫是蓬莱阁建筑群中最西端的一个单体。这里供奉的是

图 3.1.5　龙王宫

传说中的四海龙王之首——东海龙王敖广。唐代，渔民们在丹崖极顶（即如今建主阁的地方）建起了龙王庙。北宋嘉祐六年（1061年），登州郡守朱处约见这丹崖山凭海临风，景致很美，没有一座蓬莱阁实在是太可惜了，便把龙王宫西迁到现在这个地方，在龙王宫原址修建起巍峨壮观的蓬莱阁供州人游览。为了不与渔民的信仰相悖，在建阁时朱处约还耍了一点心计，他在《蓬莱阁记》中说，五谷丰登，非人力所及，而是海神的恩赐，由于原庙址地势高峻，祭祀有所不便，所以将龙王宫迁到如今这个地方。

龙王宫的占地面积为2177平方米。这里是龙王宫的前殿，里边供奉的是龙王的两位守门大将，东为定海将军，西为靖海将军。

传说龙王能潜入海底，腾于天空，兴云布雨，因而最先尊崇龙王的正是那些出没风浪里的渔民和漂洋过海的船家。蓬莱沿海有个民俗，农历正月十三为渔灯节，直到今天每年的农历正月十三渔民们都敲锣打鼓、鸣放鞭炮、载歌载舞，到海边为龙王送灯。

这里是龙王宫的正殿。请看这副楹联："龙酬丹崖所期和风甘雨，王应东坡之祷翠阜重楼。"上联是说渔民们在丹崖山上供奉龙王，期望能得到它的保佑，海无飓风、渔民平安、风调雨顺。下联是说苏东坡曾到登州任过知州，因看不到海市蜃楼而感到十分遗憾。于是向东海龙王做了祈祷，龙王体念苏东坡的心情，终于显灵，第二天苏东坡果然见到了海市。

请看中间端坐的就是四海龙王之首——东海龙王敖广，龙王身边站立的是8位站官。东边第一位是巡海夜叉，他负责夜间在海上巡逻，发现情况，就及时向龙王汇报。大家请看，第二位的眼睛特别大，他便是千里眼，顾名思义，他一眼能望到千里之外。后面两位是我们熟悉的雷公和电母。西边第一位站官是赶鱼郎，他负责把海中的鱼赶到一起供渔民捕获。第二位是顺风耳，与对面的千里眼是兄弟俩。第三位是风神婆，肩背风口袋，手一松便能狂风大作。第四位是雨神，只要他用柳树枝蘸一下葫芦里的水洒向人间，便会下起绵绵细雨。8名站官分工明确，各负其责，听命于龙王的调遣。

后面还有龙王宫的后殿，里面供奉着龙王和他的两位夫人，他们身边站立的是8名侍女。

资源拓展：

子孙殿：位于龙王宫和天后宫之间，这是古时候求子求孙的地方，子孙殿门上的匾额"熊罴赐梦"，取自《诗经小雅·斯干》篇，篇中有这样的句子："吉梦维何，维熊维罴"，"维熊维罴，男子之祥"，意思是：什么是吉梦？是熊是罴，只有熊黑才象征着男子的吉祥。熊黑是凶猛的野兽,象征着勇敢的武士。因此,"熊梦"和"熊黑入梦"是祝人生子的吉祥语。

这里主要供奉的是送子娘娘。送子娘娘身边还供奉着眼光娘娘和疹子娘娘,她们是保佑您的孩子心明眼亮、身体健康的。

五、天后宫 ☆☆☆

天后宫里供奉的是海峡两岸人民虔诚信奉的海神——妈祖。蓬莱阁的天后宫为北宋崇宁年间(1102—1106)皇帝颁旨所建,宣和四年(1122年)落成,距今已有近千年的历史了。天后宫是蓬莱阁建筑群中规模最大的建筑单体,占地面积为3000多平方米。

图 3.1.6　蓬莱阁天后宫

(一)戏楼

这个建筑是戏楼,每年的正月十六是天后宫庙会,人们在这里演戏,向海神娘娘感恩,祈祷娘娘保佑平安。戏楼两侧台柱上刻有对联,上联为:"乐奏钧天,潮汐声中喧岛屿"。意思是这里的钧天广乐演奏起来,像潮涨潮落的涛声在岛屿中喧闹。("钧天"是"钧天广乐"的省说)下联为:"宫开碣石,笙歌队里彻蓬瀛"。意思是面对着天后宫的绝佳戏楼,笙竹管弦之声响彻了蓬莱、瀛洲仙境。

戏楼上有一横额,上写"观止矣",即"叹为观止"。意思是看了这里的

图 3.1.7　天后宫戏楼

戏,别处的戏就不需要再看了。

难点注释：

"观止"二字取自《左传》。据记载，鲁襄公二十九年，吴王季札去鲁国访问，要求欣赏一下鲁国歌舞。鲁王答应了他的请求，演出了各种音乐舞蹈给他看，当季札看完一个舞蹈以后，对陪同的人说："观止矣，若有它乐，吾不敢请矣。"意思是说，我已经欣赏到最高境界的艺术了，虽然有别的舞蹈，我也不敢提出要看了。从此，"观止矣"一词便流传下来。

（二）坤爻石

图3.1.8　坤爻石

戏楼两侧各有红褐色巨石三尊，两两相对，排列的形式像天上的三台星座。《晋书·天文志》云："三台天星，两两而居，西二星曰上台，次二星曰中台，东二星曰下台。"为此，清代大学者阮元命名此石为三台石，刻石嵌于天后宫前殿外壁上。后来，知府张猷因六石排列形式像易经中的八卦之———坤卦，所以称它为"坤爻石"。蓬莱阁是一处山体园林，"石为园之骨，水为园之脉"。丹崖山上没有天然水源，伴在一侧的大海却弥补了这一缺憾。作为"园之骨"的丹崖石，却是浑然天成的。这几块"坤爻石"，是当年劈山建阁时特意留下作为点缀的。

现在我们即将步入天后宫的前殿，在前殿内的这两位门神，一是嘉应，一是嘉佑，是保护天后的神将，传说他们都是天后在莆田湄洲降伏的妖怪。

难点注释：

（1）阮元在清代官至湖广、云南总督，精于书法，善于金石，但他的墨迹传世不多，因而此隶书刻石极为珍贵。

（2）"爻"是易卦的基本符号，八卦的变化取决于爻的变化。

资源拓展：

各位一定都知道"门当户对"这个成语，那么，这个成语是怎么来的呢？其实"门当"指的是门两边的石鼓，人们之所以会用石鼓做门当是因为人们认为鼓声宏阔威严，厉如雷震，有镇宅的作用。"户对"指的是门楣上方或者是两边的砖雕或是木雕。在古代，人们会在这门当户对上面雕刻符合宅第主人身份的精致图案，比如说商贾之家雕刻牡丹，代表着富贵吉祥，而"门当"的大小和"户对"的多少又标志着宅第主人的财势大小，所以说门当户对不仅有镇宅装饰的作用，还是宅第主人身份、家境以及财势的重要标志。因此，"门当户对"这个词就逐渐演变成社会观念中人们衡量男女婚嫁条件的一个成语了。

（三）虎、福、寿字石刻

"虎"字石刻：这是一笔"虎"字，传说是清末四川提督、蓬莱人宋庆写的，这个草书"虎"字，笔力遒劲，字形端庄，但它看起来有点像"篾"字。宋庆的后人来到蓬莱时，认为也许虎字上面不是一个"竹"字头，而是象征着一对翅膀，意为如虎添翼。

"福"字石刻：这是一个花体"福"字，是五代宋初道士陈抟写的。"福"字是由田、给、于三字组成，意为种好田地、给人幸福。我们当地称它为狗头福，多摹写在映壁上。

"寿"字石刻：这里一个草书"寿"字，也是五代道士陈抟写的。后人考证，这个"寿"字就是由"富""弗""林"三个字组成。"寿"被列为五福之首，从古至今，文人雅士都喜欢写寿字，而且都将其写的瘦瘦长长，意为长寿！陈抟老祖当时写这个寿字的用意我们已经无从考证，但后人根据我国的现今国策赋予它这样一个新的说法，那就是：植好林木，富足长寿。这块石碑是清代时蓬莱地方官吕周玉按他从华山带来的拓片摹刻的。

图 3.1.9　虎、福、寿字石刻

难点注释：

陈抟是河南鹿邑县人，生于晚唐，是五代末北宋初的道家老祖。传说八仙之首吕洞宾传授他一套锁鼻术，吸一口气能够睡八百多年，所以被称为"睡仙"。他还曾与宋太祖赵匡胤在华山对弈赢得华山，又被称为"华山老祖"。他屡试不第，从此无意功名，先隐武当山九宫岩，服气辟谷，20年后移隐西岳华山云台观，宋初曾觐见宋太宗赵光义，被赐号希夷先生。著有《无极图》《先天图》。元代马致远的杂剧《泰华山陈抟高卧》，开始使其神化，成为道教真人。

（四）正殿

蓬莱阁的天后宫是我国北方最大的天后宫庙宇之一。正殿主要供奉的是天后，再塑金身。天后是海峡两岸人民虔诚信奉的海神，北方人称她是海神娘娘。在她的家乡福建莆田一带，人们亲昵地称她为"妈祖"，因此许多地方奉祀她的宫庙叫"妈祖宫"。天后姓林，名默，福建莆田湄州湾贤良港人。生于北宋建隆元年（960年）三月二十三，卒于雍熙四年（987年）九月初九，时

图3.1.10　天后宫正殿

年28岁，终身未嫁。林默的父亲林维悫（原名林源，因重其六世祖名而更名），宋朝初期为福建莆田巡检，母亲王氏，共生了一男六女，林默最小。传说林默出生之时，红光满室，异气飘香，林默出生后，直到满月都不哭不笑，默默无声。所以她父亲给她起名为"默"。据《福建通志》记载：林默8岁随老师读书，10余岁喜欢诵经礼佛，并受到老道士玄通的点化，能驱邪救世。传说，有一年村中发生疫病，死了很多人。默娘指出病源在村中水井里，后来人们果然在井中掏出致病的死鼠，因此民间称她是"灵女"。她还常乘席飘行海上，救助海上遇险船舶，人们又称她为"龙女"。

林默死后，历代疆吏大臣奏请皇帝褒封，他们往往故神其说，说她能祷雨防旱，拯救饥馑；又能降伏妖魔，消灾灭疫；还能协助漕运，助战破寇；并能在狂风怒涛中指引海舟，化险为夷，是位法力无边的女神。所以她死后不久，奉祀她的宫庙就应运而生，皇帝赐的封号步步升级。从宋宣和四年（1122年）首次封为"顺济夫人"开始，至清道光十九年（1839年）封为"天上圣母"止，历代帝王共褒封了41次，御祭亦数十次。宋代多次封为夫人和妃爵，成为人间

宫廷女官的神化名位。元代为了当时南粮北调漕运的需要，5次封褒为天妃，以天上的官职来绥靖四海。明代，出使频繁，屡下西洋，而且为抵御海上外来入侵，在沿海有庞大军队设防，随时在海上出击。为绥靖海面，保证航海安全，同样以天妃作为海上保护神屡屡加封。清朝廷为了统一江山，镇压农民起义，对林默的褒封达到了高峰。康熙、乾隆封"天后"，道光封"天上圣母"，嘉庆封号达30个字："护国庇民妙灵昭应弘仁普济福佑群生诚感咸孚显神赞顺垂慈笃佑天后"。

天后身边站的是4名侍女，东西两侧有8名站官，其中有4位海龙王。东边的4位有2个海龙王、2名文官，1名文官手持圣旨，下达天帝旨意。另一位手持万法归宗，如果海中的鱼鳖虾蟹兴风作浪，他都记到这上面，属于哪个海的，就交给哪个海龙王处置。西侧也有2个海龙王，2名文官，1名文官手持环海司命，为海神娘娘发布命令。另一位手持印盒，管理行文盖章。

后殿是天后的卧室。门上的匾额"福锡丹崖"四个字是我国著名书法家费新我先生题写的，（锡通赐）意为天后娘娘把福气赐给每一位来到丹崖山上的人。东西两间设有天后床铺。

另外，在这个寝宫的院落里，有一个极特别的地方，那就是在东西厢房的屋檐下藏着四句诗。大家感兴趣的话不妨找找看。这是清朝乾隆时登州知府陈葆光写的一首诗的前四句："直上蓬莱阁，人间第一楼。云山千里目，海岛四时秋。"想那古代，承建者在那砖坯上一一雕刻，而后入窑烧制成砖，再运到这里分别砌于四处檐下，两两相对，文序不乱，其独特之匠心，由此可见一斑。

资源拓展：

天后宫正殿院内这棵古老的唐槐，距今已有1000多年了。传说当年八仙中的铁拐李与吕洞宾在这里下棋，烈日当头，为了遮阴，铁拐李从他那宝葫芦里取出一粒树种，撒在地下，霎时间便长出了这棵大树。因为是仙人种的仙树，所以长盛不衰。此树树心虽然已空，但枝叶仍十分茂盛。清道光年间，天后宫失火，一夜之间烧毁房屋30余间，唯独这棵槐树幸免，不能不令人感到神奇。

六、碧海丹心刻石☆☆

"碧海丹心"四个字是国民党爱国将领冯玉祥先生写的。"九·一八"事变后，冯将军公开反对蒋介石的不抵抗政策，主张抗日救国，因而受到蒋介石的压制和排斥。他悲愤交加，于1934年5月，偕其老友，国民党元老李烈钧来到蓬莱。李烈钧也对蒋心怀不满，力主冯玉祥再度出山，挽救民族危亡。他们在蓬

图 3.1.11　碧海丹心刻石

莱期间积极宣传群众,大声疾呼"抗战存,不战则亡",还曾到蓬莱文会中学为师生讲演,不厌其烦地解答学生提出的问题,使当地群众深受鼓舞。在游览蓬莱阁时,李烈钧书就一联:"攻错若石,同具丹心扶社稷;江山如画,全凭赤手挽乾坤",并请冯将军题写横批,冯玉祥略一思索,信笔写下"碧海丹心"四个大字,抒发了他忠心报国的情怀。后人难忘冯将军的爱国豪情,就把"碧海丹心"单独刻石存留。

资源拓展:

　　冯玉祥与李烈钧还在蓬莱阁上对仗书联,冯对上联:"备倭城头畅谈抗日";李烈钧对下联:"避风亭内策划兴邦"。这副对联浅显易懂,而教育意义深刻。此联刻在长条形木板上,原挂在正阁下层明柱上,今已不存。冯玉祥还在戚继光祠堂送了一联:"先哲捍宗邦,民族光荣垂万世;后生驱劲敌,愚忱惨淡继前贤。"表达了他继前贤挽乾坤,捍卫祖国大好河山的赤胆忠心。也为蓬莱留下了一段令人难忘的佳话。

七、蓬莱阁主阁 ☆☆☆

　　俗话说"山不在高,有仙则名;水不在深,有龙则灵"。这丹崖山并不高,但是因为它有了仙人的传说和仙境的美称,便名扬天下了。蓬莱阁始建于北宋嘉祐六年(1061年),至今已有近千年的历史了。1987年,国家邮电部发行了"中国古代四大名楼"纪念邮票一套,蓬莱阁与岳阳楼、黄鹤楼、滕王阁并列为四大名楼。如果大家看过那三大名楼的话,可能会感觉到蓬莱阁在建筑规模上比它们逊色很多,其实这恰恰体现出了造阁者的巧妙构思。那三大名楼均地处江湖之滨,地势比较平缓,因而建筑必须高大巍峨才能彰显气势,而

图 3.1.12　蓬莱阁主阁

蓬莱阁坐落在丹崖山上,山体本身已有了高度,如果建筑物过于高大,反而显得不协调。它以庄重古朴、自然本真的建筑风格与整个园林相得益彰。而且值得注意的是,蓬莱阁是这几大名楼当中唯一保持原貌、没有经过重建的一座。历经900多年的风雨洗礼,仍屹立于丹崖山巅。传说当年八仙就是在阁上喝醉了酒以后漂洋过海的。

(一)二楼

现在请大家随我一起"登阁成仙"。阁的四周环以明廊,是观海赏景、俯瞰古城的最佳场所。在这里举目远望,可谓海阔天空,一片苍茫。人们常说江海的宽广,可以涤俗欲,洗肺肠,在这里你才会深信不疑。著名的蓬莱籍作家杨朔在他的散文名篇《海市》中有这样一段描述:"你倚在阁上,一望那海天茫茫,空明澄碧的景色,真可以把你的五脏六腑都洗得干干净净。"这充满了诗情画意的描绘,真实地表达了作者的切身感受。凭栏远眺,各位可以看到,如今的蓬莱古城已经成为一座现代化的海滨风景旅游城市。

阁内是醉八仙的群雕,同时还悬挂着清代书法名家铁保手书的"蓬莱阁"匾额,字体雄健浑厚。这些名胜历经浩劫得以幸免,非常珍贵。西侧墙壁悬挂着国家副主席董必武同志1964年游览蓬莱阁时的题诗:"来游此地恰当时,海国秋风暑气吹,没有仙人有仙境,蓬莱阁上好题诗。"另有叶剑英元帅1960年的题联:"蓬莱士女勤劳动;繁荣生活即神仙。"1984年,越南友人黄文欢游览蓬莱阁,曾题写过"八仙过海,传闻如此多奇;万事由人,风景这边独好"。

图 3.1.13 蓬莱阁醉八仙群雕

八仙的传说流传到今天已不再是简单的民间传说,而是形成了一种文化现象。在我们的生活中就经常会见到以八仙命名的八仙桌、八仙宴、八仙秧歌、八仙健身法等,雕刻有八仙图案的花瓶、香炉、铜镜、建筑也是比比皆是,表现手法更是千变万化,足以表现出人们对八仙的敬仰和喜爱。

资源拓展：

八仙过海：八仙的传说在我国流传久远，影响深广。早在隋唐时期的诗词、杂记中就有八仙之说。宋代的《太平广记》中也有对八仙的记载，元代，随着元曲的盛行，八仙的传说借助各种戏曲或说唱形式被广为流传。这八位仙人，有着不同的身份、不同的性格、不同的年龄，代表着社会的各个阶层。他们既不受玉皇大帝的管束，也不受道家老祖太上老君的调遣，天马行空，独来独往，常年云游于人间，除恶扬善、济世救贫，正好符合了广大老百姓长期受压迫，希望能通过仙人的庇护过上安定生活的美好愿望，因而受到了广泛的崇拜。

八仙过海是千百年来脍炙人口的民间故事。当年八位仙人在这蓬莱阁上喝醉了酒，便漂洋过海。为了比试法力，他们过海都不乘船，以自己随身的宝器作为渡海工具。

只见八位仙人纷纷跃入海中、各显其能。汉钟离袒胸露腹仰躺在浮于海面的大芭蕉扇上，何仙姑端坐在红光万道的荷花之上，铁拐李骑葫芦，张果老踏渔鼓，吕洞宾持宝剑，蓝采和提花篮，韩湘子吹洞箫，曹国舅执笏板，一时间，海面波涛翻滚、霞光四射，八位仙人在海中乘风破浪，漂洋过海。所以就引出了"八仙过海、各显其能"的典故。现在我们看到的就是八仙醉酒的情景。八仙中最丑的一个算是铁拐李，他的宝器是葫芦，传说他葫芦里装的是灵丹妙药，能治百病。可我们现在看来，他的药只能治内科病，不能治外伤，要不他自己的瘸腿怎么到现在还没有治好呢？铁拐李名叫李玄，原来也是相貌堂堂，一表人才。传说他得道后的一天，心情特别好，就让灵魂出窍，找太上老君下棋去了，把肉体放在一个山洞里，不想来了一只吊睛白额的饿虎把他的肉体三口两口给吃掉了。等他的灵魂回来后，再也找不到肉体了，无奈他的灵魂只好在空中飘游，飘着飘着，忽然发现在山脚下躺着一个瘸乞丐的尸体，他就把灵魂扑到瘸乞丐的尸体上，便成了如今这副丑模样。八仙中年纪最大的是张果老，他的宝器是渔鼓和纸驴。据《明皇杂志》记载："果乘一白驴，日行数万里，休则折叠之，其厚如纸，置于巾箱中；乘则以巽水之，还成驴矣。"民间有张果老倒骑驴的传说。张果老为什么要倒骑驴呢？有这样四句话可作回答："访过多少人，不如这老汉，不是倒骑驴，万事回头看。"何仙姑是唯一的一位女仙，她的宝器是手中的荷花。过海时，她随手抛出荷花，花大如磨盘，红光耀眼，清香四溢，仙姑站在花上亭亭玉立，随波漂荡。八仙之首是中间端坐的吕洞宾，他的宝器是宝剑。韩湘子传说是韩愈的侄孙，他的宝器是洞箫。坦胸露腹、高举酒碗的这位是汉钟离，他的宝器是手中的扇子，过海时，他把扇子一抛，扇子刹那便大如蒲席浮于海面，他跃身卧在上面，向远方飘去。曹国舅的宝器是云板。年纪最小的是蓝采和，他的宝器是花篮，相传他成仙的时候只有14岁，现在已经不胜酒力醉倒了。八仙过海，究竟到哪里去了，说法不一。有的说到了长岛县的庙岛，有的说东渡日本了，还有人说去给王母娘娘拜寿了。但"八仙过海，各显其能"的典故，就是从这里得来的。

（二）一楼

在主阁的一楼，现在您欣赏到的是八仙瓯塑浮雕壁画。

现在展示在您面前的这幅作品是由我国著名工艺美术大师、著名瓯塑家周锦云先生与30余位瓯塑艺术家历时8个月制作完成的。目前，瓯塑艺术已被列为"非物质文化遗产"，而我们蓬莱阁的"八仙传说"也是我国重要的非物质文化遗产，这两者的有机结合，可谓珠联璧合，相得益彰。

整个浮雕分为六幅画面。

第一幅：八仙蓬莱阁赏牡丹

第二幅：八仙为百姓造桥

第三幅：苏东坡访八仙

第四幅：八仙过海

第五幅：八仙战龙王

第六幅：八仙祝寿

千百年来，八仙的传说始终是蓬莱众多的神话传说中最亮丽的一笔。正是因为有了蓬莱阁，才有了八仙的驻足停留，而正是因为有了八仙，才使蓬莱仙阁名甲天下，并使蓬莱享有了东方神话之都的美誉。

难点注释：

（1）八仙浮雕壁画，采用的是我国民间特有的一种工艺美术技法——瓯塑。瓯塑兼有绘画与浮雕的双重特点，因而又被称为"彩色浮雕"。瓯塑起源于汉代，它是以漆、桐油、陶土等合成原料，运用堆塑技艺制作而成，具有配色自由、细腻坚韧、不易剥蚀、经久耐用的优点，曾被周恩来总理指定为人民大会堂的装饰壁画。

（2）"八仙祝寿"的故事，在民间广为流传。相传每逢农历三月初三，王母娘娘寿辰时，都会在瑶池举办蟠桃寿宴。玉皇大帝、天上诸神、诸仙，都来贺寿。在众多的贺寿礼品中，王母娘娘唯独对八仙的贺寿云轴情有独钟。这云轴每两个字组成一句诗，并暗喻一位仙人。写的是："钟离点石把扇摇，果老骑驴走赵桥。国舅手执云杨板，湘子瑶池品玉箫。洞宾背剑青风客，拐李提葫得道高。仙姑敬奉长生酒，采和花篮献蟠桃。"

图 3.1.14　蓬莱阁八仙浮雕壁画

八、避风亭☆☆☆

避风亭是蓬莱阁上最神奇的地方，明正德八年（1513年）知府严泰修建。亭子坐南朝北、面向大海，却专避北风，任凭室外狂风怒吼、浊浪滔天，室内也是烛火不惊、纹风不动。为此，著名书画家欧阳中石先生来避风亭时题写了

图 3.1.15　避风亭

这样一副楹联："面北当风，风力虽狂绝不入；开轩秉烛，烛光故小竟长明。"避风亭为什么有如此神奇的避风效果呢？原因有二：一是由于避风亭的特殊建筑构造。大家请看，避风亭三面都是墙壁，仅在北面有门，空气不能对流，因此形成了气流的死角；二是海风的风速虽然很快，但是当它遇到建筑物的时候，气流就会上升越过建筑物，同时风速也会逐渐地减弱。避风亭下是万仞绝壁，亭门前几米处有弧形城墙遮护，无形中形成了一道特殊的屏障，阻止了风的前进速度，使得风不断向上升起，越过了避风亭，产生了令人惊异的避风效果。过去人们传说这里有避风珠，而实际上是人工建筑与自然环境的一种巧妙结合。

避风亭原名叫海市亭，是官员名士题写吟咏或观看海市的地方，所以亭内石刻多与描写海市有关。亭内嵌有石刻25方，其中以明代袁可立的《观海市》诗，

描述海市最为真实得体。袁可立是明万历进士,官至兵部尚书,曾任登州军事首脑。墨迹为明朝著名书画家董其昌所书,圆润苍劲,俊逸飘洒。石刻为一代高手温如玉的杰作,其技艺已达到出神入化的境界,所以董其昌在跋语中称赞其"勒石得法","可敌长公(苏轼)之笔"。此九方刻石,算得上珠联璧合之作,堪称三绝,为书坛之瑰宝。

九、海不扬波刻石 ☆☆

"海不扬波"四个字是清朝山东巡抚托浑布书写的。大家稍有留意就可以发现,这四个字中的"不"字是经过修补的。这是有一些来历的。1840年,鸦片战争爆发,山东巡抚托浑布来到蓬莱督办海防。当他登上蓬莱阁,面对一望无际的大海,无限感慨,挥笔写下了"海不扬波"四个字,表达了他希望万里海疆平安无事的心境。可是历史却偏偏与他开了一个玩笑。50年后的1894年,甲午战争爆发,战火蔓延到了蓬莱。1895年1月18日,日舰炮击蓬莱城,一颗炮弹不偏不倚正好击中这方石刻,幸好是一颗哑弹,只是穿墙而过把大半个不字打飞但没有爆炸,也许是有楼上八仙保佑的原因吧,主阁得以幸免,但是"海不扬波"石刻却从此变成了"海扬波"。事实证明,没有强盛的国家和强大的海防,"海不扬波"的愿望只能是一种幻想。"海不扬波"左右两边的两方石刻:"碧海清风"和"寰海镜清",分别是清代书法家鲁琪光和裕德的墨宝,也都十分珍贵。

图 3.1.16 海不扬波刻石

十、卧碑亭 ☆☆

卧碑亭是以这块别致的石碑而得名,经专家鉴定,这块卧碑是北宋大文学家苏东坡的手迹,因而吸引了无数文人学者前来观赏品味。请看,它刚开始字小而正规、刚劲清秀,逐渐挥洒豪放,到后来可以说是笔走龙蛇、非常洒脱。俗话说,字如其人,的确不假。这篇诗文的题目为《书吴道子画后》,苏东坡赞颂的是唐代画圣吴道子的画。诗中有这样的句子:"道子画人物,如以灯取影、逆来顺往、旁现侧出、横斜平直、各相乘除,得自然之数,不差毫末,盖古今一人而已"。从《书吴道子画后》一文看,元丰八年(1085年)的年款署于文中,是不合情理的,后续碑文书风也明显差异。原来,石碑原为刻制《海市诗》,刻成之后,又在背面勒文,由于《书吴道子画后》一文字幅少于《海市诗》,尚有一块空白,为此,在文后续上了苏轼的另一篇文章《跋吴道子地狱变相》的开头几句,借以填满碑面。虽不是一气呵成,但苏轼的书法风格却得到了充分的体现。此卧碑是蓬莱阁内珍贵碑刻之一,有着重要的历史资料价值和书法艺术价值。亭内还有清朝人龚保琛题的联语:"海市蜃楼皆幻影,忠臣孝子即神仙。"劝诫人们对国家要尽忠,对父母要尽孝。

图 3.1.17 卧碑亭

十一、苏公祠☆☆☆

这里是为了纪念苏东坡而建,祠内正中是苏东坡的肖像刻石拓本,西侧墙壁上就是清代大书法家翁方纲临苏东坡的《海市诗》楷书刻石。

大家都知道,岳阳楼、黄鹤楼、滕王阁分别有范仲淹、崔颢、王勃的大手笔增色,那蓬莱阁的镇楼传世之文是什么呢?一代文宗苏东坡的《海市诗》,堪称蓬莱阁的点睛之笔,整首诗苏东坡借物咏怀,直抒胸臆,描绘了一幅神山海市的绝妙画卷。这世代传颂佳作给我们蓬莱增添了浓墨重彩的一笔。

苏东坡一生仕途坎坷,于北宋元丰八年(1085年)被皇帝调到登州任知州。就在他任登州知州前的1079年,刚刚经历了一场牢狱之灾。有人诬告他作诗诽谤朝廷,从湖州知州任上被捕入狱,第二年被贬往黄州。至元丰八年(1085年)

宋哲宗继位,他的境况才略有好转,六月接到诰命:复朝奉郎,起知登州军州事。这就是恢复"朝奉郎"的官职(正六品官职),派往登州任知州,军政兼管。

他水陆兼程来赴任,于十月十五日到了蓬莱。上任五天后,于十月二十日,又接到诰命:召还京城任礼部郎中。他来到这里才只有短短的几天,不愿马上离去,便又流连数日,十一月初才起程西上。他回京以后,根据在登州的考察,向皇帝呈了两本奏折:一是《登州召还议水军状》,建议加强登州海防建设,抗御外患入侵;二是《乞罢登莱榷盐状》,当时官府不允许百姓自己烧盐,而从大连、营口运盐卖给当地百姓,由于水路运输费用高,所以盐价非常昂贵,由于恶劣天气运输中断,百姓也常吃不到盐,不法盐贩子趁机加价,百姓吃盐愈加困难。苏东坡写的《乞罢登莱榷盐状》,建议撤销食盐入官专卖,允许沿海百姓从灶户手中买盐,减轻百姓负担。皇帝准其所奏,从此登州百姓不必再食官盐,这种制度一直延续到清末。百姓感激苏东坡,便于公元1578年建祠纪念。至今,我们当地还流传着这样一句话:"五日登州府,千载苏公祠。"

图 3.1.18　苏公祠

资源拓展:

(1)海市诗(眉山作,苏东坡是四川眉山人)。

余闻登州海市久矣,父老云:"常见于春夏,今岁晚不复出也,余到官五日而去,以不见为恨,祷于海神广德王之祠,明日见焉,乃作是诗。"

"东方云海空复空,群仙出没空明中。荡摇浮世生万象,岂有贝阙藏珠宫。心知所见皆幻影,敢以耳目烦神工。岁寒水冷天地闭,为我起蛰鞭鱼龙。重楼翠阜出霜晓,异事惊倒百岁翁。"

"人间所得容力取,世外无物谁为雄。率然有请不我拒,信我人厄非天穷。潮阳太守南迁归,喜见石廪堆祝融。自言正直动山鬼,不知造物哀龙钟。"

"信眉一笑岂易得,神之报汝亦已丰。斜阳万里孤鸟没,但见碧海磨青铜。新诗祈语易安用,相与变灭随东风。"

(2)宾日楼:宾日楼建于宋代。它是八角双层十六柱木质结构建筑,面临大海。登楼远望,视野开阔,是观看日出的好地方。20世纪60年代初期,北京电影制片厂拍摄的大型历史舞蹈史诗《东方红》,曾选择这里作为背景,该片开头日出的画面就是在这里拍摄的。

(3)普照楼:普照楼,也叫灯楼。最初是清同治七年(1868年)修建的,是为夜间行船用的航标灯塔。田横山灯塔启用后,这里就失去了导航功能。

十二、蓬莱水城 ☆☆☆

在观澜亭俯视蓬莱水城:这里是观澜亭,在这里,我们可以俯瞰中国最早的古代军港——蓬莱水城。蓬莱水城,作为中国建筑最早、保存最完整的古代军港,1982年被国务院公布为全国重点文物保护单位。蓬莱水城是我国目前保存最完好的古代海军基地,面积为25万平方米,明代著名的民族英雄戚继光曾在这里操练水师、抗击倭寇。

蓬莱水城古称登州港,位于山东半岛的最北端。由于地理位置的特殊,自古以来就是对外经济文化交流的窗口,也是防御外患入侵的战略要地。早在隋唐时期,古登州港就与明州、泉州、扬州并称为四大通商口岸,是东渡日本的主要出海口。许多日本、朝鲜的遣唐使多是由此登陆,前往唐都长安。当时的登州港,呈现出"日出千杆旗,日落万盏灯"的繁荣景象。

北宋时期,为了防御北方契丹族的入侵,宋朝廷在此建起了"刀鱼寨"。明朝洪武九年(1376年),为了抵御倭寇的侵扰,在宋朝刀鱼寨的基础上建起了码头、土城墙、炮台等建筑,正式得名为"蓬莱水城"。明代著名的民族英雄戚继光就曾在此操练水军,抗击倭寇。(到了明代后期,登州府的管辖范围非常大,包括了9个县,1个州,大致相当于现在威海和烟台两市的范围,在当时流传着"金复海盖,辽阳在外"的说法,即现在辽宁省的金州、复州、海城和盖州都属于当时登州的管辖范围。)

清朝咸丰八年(1858年)签订的中英《天津条约》中,曾把登州港作为对外通商口岸,但由于登州港水位较浅,泥沙淤积比较严重,不能停泊大型机动船只,因而改辟芝罘(烟台)。自此,胶东半岛的政治、经济、文化中心逐渐东移。

水城布局基本保持的是明代风格。水城有南北两门,南门振扬门,与陆路相连；北门水门，是出入水城的海上咽喉；城中的小海面积为7万平方米，是停泊船只的港湾。1984年小海清淤，挖掘出一艘元代木制舰船和一部分文物，现陈列在古船馆里。

整个水城的建筑布局巧妙，结构合理，充分体现出了古代劳动人民的聪明才智。整体建筑主要分为两大部分，一是海港建筑，包括以小海为中心的水门、防波堤、平浪台等；二是军事建筑，包括炮台、护城河等。其中设计最为巧妙的当属平浪台。各位可以看到。迎着水门南岸突起的部分便是平浪台，它迎水门而立，巍峨挺拔。南北长100米，东西宽60米，当海浪由水门涌入，经平浪台迎面阻挡，便减缓势头，折向西去，所以即使是港外浊浪滔天，港内小海仍平静安宁。同时，平浪台还能遮挡来自水门以外的海上的视线，敌人难以窥视港内的秘密，如果在战争中遇到紧急情况，平浪台又是支援水门和东西两炮台的后备基地，真可谓一举数得。

图3.1.19　蓬莱水城

十三、吕祖殿 ☆

过去这里有吕公亭，亭内有吕洞宾像碑，后来亭子毁坏，吕祖像移到三清殿东侧偏北，重建吕祖像碑亭。清光绪三年（1877年），知府贾瑚、总兵王正起在亭子南面建起吕祖殿。殿中祀奉八仙之一的吕洞宾。吕洞宾姓李，名琼，字伯玉，山西人。生于唐德宗贞元十四年（798年）。武宗会昌年间，参加了两次科举考试，都没有考中，便浪迹江湖，曾隐居庐山、九峰山等地。吕祖当年因父辈受官府迫害，遭到株连，便携其妻子入终南山，跟钟离权学道，遂埋名更姓为双口吕。官府闻讯追至终南山后，吕祖又到泰山后石坞岩石洞中修道。夫妻二人久居岩洞，相敬如宾，故名"吕洞宾"，亦称吕岩，又称"回道人"。后来夫人去世，吕洞宾大哭一场，即迁到岱阳王母池畔炼丹，故号"纯阳子"。

图 3.1.20　吕祖殿

十四、三清殿 ☆

三清殿里供奉的是三位道教始祖。三清殿始建于唐代开元年间，明代隆庆年间曾重修过，保持的是明朝建筑风格。

这里是三清殿的前殿，供奉的是两位守门将军，哼哈二将。左为哼将陈奇，右为哈将郑伦。

这里是三清殿正殿，供奉的是三位道教始祖。中间是玉清元始天尊，手拿红珠，象征洪元世纪；东边是上清灵宝道君，又被称为通天教主，手拿太极图，象征混元世纪；西为太清太上老君，手持扇子，象征太初世纪。事实上，太上老君便是被神化了的老子，道教认为，宇宙经过了洪元、混元、太初这三个世纪的演变才产生了生灵万物。道教宣扬道是万物的本源，是宇宙万物中最核心的东西，由此生成元气、阴阳两仪、四时乃至万物。正如老子《道德经》中有这样一句话："道生一、一生二、二生三、三生万物。"

图 3.1.21　三清殿

难点注释：

众所周知，佛教是外来宗教，而道教是中国汉族土生土长的宗教，它的前身是东汉末年由张道陵在四川青城山倡导的"五斗米道"，因教徒入教须交五斗米而得名。直到南北朝时期，才渐渐被明确称为"道教"。

道教创立经魏晋南北朝成熟而定型，到隋唐时期到达顶峰，宋元时期又有了新的发展趋势，分为全真和正一两大派别。全真派是王重阳在山东创立的，他主张修身养性，并制定了严格的清规戒律，而正一派是江南道教的统一命名，他们崇尚的是画符念咒，驱鬼降妖，清规戒律也不如全真派严格。

道教还有许多吉用名称，如教徒称为道士或道人，居住的寺庙称为道观，所住的院宇称为道院，诵经、行道的场所称为道场等。道教是多神教，道教里诸多的神可分为三大类，第一类是尊神系统，包括三清、六御、五老天君、三官大帝等。其中三清是道教的最高天神，也就是这座大殿里供奉的这三位。第二类是俗神系统，原来流传于民间，有雷公、门神、财神、药王等。第三类是神仙系统，大多是凡界的人物得道成仙者。如：八仙、王母娘娘、北五祖、北七真等。

资源拓展：

出三清殿，古建筑群最后出口为白云宫门：白云宫门，相传是七仙女下凡的地方。在《天仙配》中，七仙女有一句唱词，"我家本住蓬莱村"。所以，出了这白云宫门，就算又回到了凡间。

离开古建筑群，依次还会看到：

（1）仙阁凌空。从天桥口以西观看蓬莱阁，角度非常好，许多宣传蓬莱阁的图片都是选择这一角度拍摄的。

（2）水门。为了军事需要，水城原来只设了两个门——南门和北门，东面原来是没有门的，却备有一架大梯子供人们从城墙上进出。南门称振扬门，因与陆地相通所以俗称土门；北门称天桥口，又叫关门口，因是与大海的通道，被俗称为水门。水门南面的水域称为小海，也就是登州古港。古港里的水是由水门随外海的潮汐吐纳而形成的。水门外面有挡浪堤，里面有平浪台，在大风狂浪的情况下，可以对海浪的入城起到缓冲作用，还可以减少泥沙淤积，印证了我们先人在港航建设中的聪明才智。

（3）炮台。这座炮台上原来有一座涌月亭，后来为了防御倭寇的海上侵袭，改成了炮台。涌月亭已改变方位，复建于太平楼的东南侧。炮台上面原设有古铜白炮一尊，曾因对敌舰作战有功而被称为"大将军"，但遗憾的是在"七·七"事变后被毁坏。现在摆放的是从别处移过来的一尊铁炮,是清代山东巡抚托浑布监制的。

(4)明城墙遗址。明洪武九年(公元1376年)设立登州卫,因备倭而在这里设立了帅府,水城也被称为备倭城。城周围约三华里,城墙高三丈五尺,厚一丈一尺,外层用砖石砌成,城墙的东、西、北三面筑有敌台。旧城墙在20世纪五六十年代遭到严重破坏,剩下的残垣断壁已不多了,这是在对旧城墙重新修复后留下的一点遗迹。

(5)太平楼。原建于明代,重建后辟为中国船舶发展陈列馆。陈列馆共设古代船舶和现代船舶两个展厅,陈列面积240平方米。

十五、戚继光雕像 ☆

戚继光是一位著名的民族英雄。蓬莱人,出身将门,袭登州卫指挥佥事,升为署都指挥佥事,最后被任命为蓟州镇总兵。他的主要功绩有四个方面:首先,他是抗击倭寇的一代名将。在中国历史上,人们所知道的英雄人物,多是在中华民族内部民族之间的矛盾斗争中产生的,而戚继光则可称为我国历史上中华民族反对外来侵略压迫的第一位光辉典范。他在保卫祖国海防的斗争中立下了不可磨灭

图 3.1.22　戚继光雕像

的功勋。正是有了他和他所领导的"戚家军",才把长期为害东南沿海的倭寇扫平,使广大人民的生命财产和社会生产的发展有了保障。其次,他是一位戍守边关的优秀统帅。他在蓟州总理四镇军务期间,训练士兵,修筑城防,边塞守军达到16万,完成了长达1000多千米的城防工程,使边塞内出现了长期未有的太平景象。第三,他是一位杰出的军事理论家。在我国古代军事史上,著名将领多无兵书,能写兵书的又非名将。从秦汉到明朝的2000多年间,著名将领而又有著名兵书的只有戚继光一人。他的军事思想和军事理论,为我国军事科学的发展做出了突出的贡献。第四,他是一位出类拔萃的将帅诗人。他戎马一生,身经百战,以其卓越的功勋彪炳史册。同时,在繁忙紧张的军务之余,他孜孜不倦地从事诗文写作,留下了诗文集《止止堂集》五卷,丰富了我国的文学遗产宝

库,被人们誉为文武兼备的儒将。

知识问答:

1. 避风亭具有避风效果的原因是什么?

答:亭子三面无窗,室内空气不能对流,形成了气流死角;亭子前面有齿状短城墙筑在弧形绝壁上,当北风从海面扑来时,就从绝壁上升,从亭檐吹过,所以室内无风可进,烛火不惊。

2. 蓬莱阁古建筑群的六大单体建筑依次是什么?其中,规模最大的是哪个?

答:弥陀寺、龙王宫、天后宫、蓬莱阁主阁、吕祖殿、三清殿。规模最大的是天后宫

3. 观世音菩萨为什么后来成为观音菩萨?

答:为了避唐太宗李世民的讳。

4. 海市蜃楼是如何形成的?

答:这是一种大气现象。在日照充足的季节,接近海面的空气呈现高密度低温的状态中,空气密度自上而下陡然减少,光线透过这些不同密度的空气层时,便会发生折射或全反射,使远处的景物显示在空气中或海面上,又由于空气层动荡不定,致使景观时大时小,时断时进,忽隐忽现,变幻莫测,更增加了神秘感,人们称之为"海市蜃楼"

5. 道教中的八仙是指谁?

答:铁拐李、吕洞宾、汉钟离、蓝采和、张果老、何仙姑、韩湘子、曹国舅。

6. 蓬莱驰名中外的原因是什么?

答:原因有三:

(1)这里有中国现存的古代四大名楼之一的蓬莱阁;

(2)这里与八仙过海这一流传甚广、家喻户晓的神话故事紧紧连在一起;

(3)最重要的一点是,蓬莱城北海面上常出现神奇变幻的海市蜃楼。

7. 蓬莱阁景区"人间蓬莱"坊内外两边柱子上镌刻着两副楹联,一副描述了千年古建筑蓬莱仙阁的巍峨壮观,另一副抒发了来仙境游历后,梦幻逍遥般的感受。请说出两副楹联。

答:一副是刘海粟题写的"神奇壮观蓬莱阁,气势雄峻丹崖山";另一副是费新我题写的"碧海仙槎心神飞跃,丹崖琼阁步履逍遥"。

8. 弥陀寺正殿叫什么?分别供奉的是谁?

答:大雄宝殿,中间为阿弥陀佛,左边是观世音菩萨,右边为大势至菩萨,左右两侧各有九尊罗汉,共称十八罗汉。

9. 丹崖山上的三座山门分别是什么？

答：龙王宫、显灵门、白云宫。

10. "碧海丹心"出自谁手？是为哪副对联题写的横批？

答：爱国将领冯玉祥将军。"攻错若石，同具丹心扶社稷；江山如画，全凭赤手挽乾坤。"

11. 苏东坡只任五日，却给皇上上何书文？解除了百姓榷盐之苦，后人留下什么诗句去称颂他？

答：苏东坡写了《讫罢登莱榷盐状》。后人以"五日登州府，千载苏公祠"来称颂他。

12. 天后宫后殿东西厢房的屋檐下藏着四句诗是什么？

答：是清乾隆年间的登州知府陈葆光写的"直上蓬莱阁、人间第一楼；云山千里目，海岛四时秋"。

13. 蓬莱水城始建朝代？曾用名？

答：明朝；刀鱼寨。

14. 海市蜃楼出现的基本条件是什么？

答：春夏之交的午后，雨过天晴阳光灿烂，北风2~3级，能见度良好，站在适当的角度。

15. 天后宫中有6块当年劈山建阁时留下的丹崖巨石，他们得排列形式像八卦中的什么卦？八卦的其他七卦是什么？

答：坤卦。乾、艮、震、离、坎、兑、巽。

16. 传说的海上三仙山分别是什么？秦始皇三次东巡的时间分别是什么？

答：蓬莱、瀛洲、方丈，公元前219、公元前217、公元前210年。

17. 观世音菩萨的全称是什么？

答：大慈大悲救苦救难观世音菩萨。

18. 中国古代四大名楼是什么？

答：山东蓬莱阁、湖南岳阳楼、湖北黄鹤楼、江西滕王阁。

19. "丹崖仙境"四字的作者和年代是什么？

答："丹崖仙境"四个字，是董必武副主席1964年来蓬莱阁时题写的。

20. 蓬莱阁主阁一楼瓯塑壁画的内容是什么？

答：第一幅：八仙蓬莱阁赏牡丹；第二幅：八仙为百姓造桥；第三幅：苏东坡访八仙；第四幅：八仙过海；第五幅：八仙战龙王；第六幅：八仙祝寿。

第二节 "三孔"景区

导学

曲阜市位于山东省中部,我国历史文化名城之一。公元前11世纪春秋战国时期鲁国的都城,是儒家学派始祖孔子的故乡。曲阜的孔府、孔庙、孔林,统称"三孔"。曲阜"三孔"景区是中国历代纪念孔子,推崇儒学的表征,有着丰厚的文化积淀、悠久的历史、丰富的文物珍藏,具有极高的科学艺术价值。

一、"三孔"景区概况

孔子曰"有朋自远方来,不亦乐乎"。欢迎您来到孔子的故乡济宁曲阜参观游览。位于曲阜明故城内的孔府、孔庙、孔林,统称"三孔",为首批全国重点文物保护单位,中国旅游胜地四十佳,世界文化遗产,全国爱国主义教育示范基地,全国廉政教育基地,首批国家5A级旅游景区。孔庙,是祭祀孔子的庙宇,是儒家文化最具代表性的古典建筑群,以"建筑时间最久远、保存最完整"著称于世,被誉为"天下第一庙",与北京故宫、承德避暑山庄并称中国三大古建筑群。孔庙主体建筑大成殿为"东方三大殿"之一。孔府,本名"衍圣公府",是孔子嫡裔子孙世代居住的官邸,是世界上保存最完整、历史最悠久的"衙宅合一"的典型贵族庄园,充分体现了中国传统建筑风格和东方民居特色,被誉为"天下第一家"。孔林,是孔子及其家族的专用墓地,也是世界上规模最大、延时最久、墓葬最多、保存最完整的家族墓地,被誉为"天下第一林"。

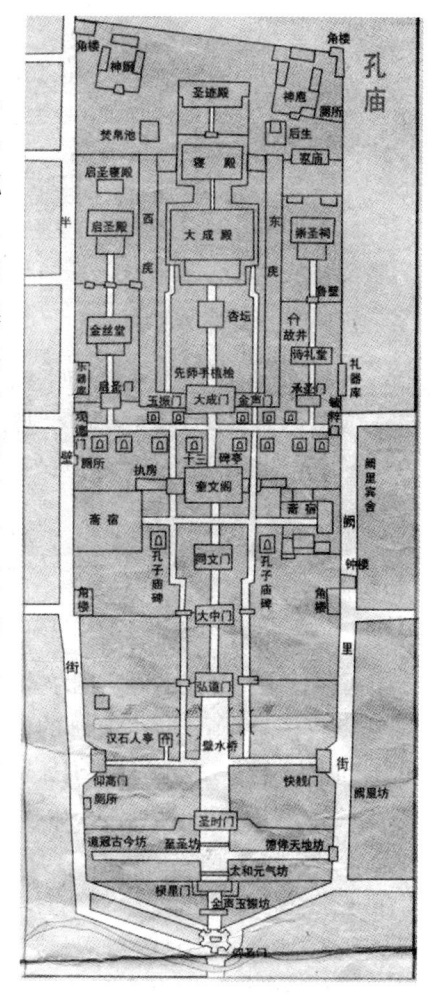

图 3.2.1　孔庙导览图

二、孔庙概况 ☆☆☆

孔庙又称至圣庙,是祭祀我国春秋末期著名思想家、政治家、教育家、儒家学派创始人孔子的庙宇。孔子所创立的儒家学说在封建社会里一直被奉为正统思想,并曾影响了朝鲜、日本、越南等许多国家。全世界有众多祭祀孔子的庙堂,但曲阜孔庙是规模最大、最为古老的,与北京故宫、承德避暑山庄并称为中国三大古建筑群。孔子殁后第二年,鲁哀公将其生前所居之堂立为庙,"岁时奉祀"。当时只有庙屋三间,历经2000多年历朝历代近百次增修扩建,至明清时形成现在的规模。现在我们看到的孔庙平面呈长方形,南北长约1300多米,东西宽150多米,占地14万平方米。左中右三路布局,前后九进院落,主体建筑中贯轴线,左右对称,布局严谨,疏密有致,气势壮丽。主要建筑有:棂星门、圣时门、奎文阁、杏坛、大成殿、圣迹堂、诗礼堂等。

三、万仞宫墙 ☆☆

现在我们来到的是曲阜明故城的正南门,也叫仰圣门,城门的正上方有"万仞宫墙"四个大字。这四个字源于《论语·子张》。据记载,孔子一生弟子三千,贤者七十二。在孔子晚年的时候,他的许多弟子在社会上已经非常有名气,子贡就是其中一位。鲁国大夫在朝廷上夸赞子贡说:"子贡的学问深,比他的老师孔子还要强些。"

图3.2.2 万仞宫墙

子贡听说后就打个比方说"人的学问好比宫墙,我的这道墙高不及肩,谁都可以看见院子里的美好;而我老师的那道墙,就像皇宫的宫墙,有好几仞高,如果找不到大门走进去,就看不到那宗庙的雄伟、房屋的多种多样。""仞"是古代的计量单位,一仞约等于周制8尺,汉制7尺,相当于现在的1.6米左右。子贡以数仞来比喻孔子的学问,到了后来,人们认为"夫子之墙数仞",仍不能体现出孔子思想的伟大之处,遂把它扩大数千倍,成了"万仞"。这就是"万仞宫墙"的来历。其实,无论是"数仞",还是"万仞",都是人们对孔子的赞扬和尊敬,体现了孔子思想的博大精深。为了表达对孔子的敬仰,明代山东巡抚胡缵(音,

zuǎn）宗就写了"万仞宫墙"四个大字镶在城门上，到了清代，乾隆皇帝到曲阜来，为了显示他对孔子的崇敬，把胡碑取下，换上了自己亲笔书写的同样四个字。现在看到的"万仞宫墙"四个大字，即乾隆皇帝的御笔题写。

四、金声玉振坊 ☆☆

图 3.2.3　金声玉振坊

现在我们看到的这道石质门坊是孔庙的第一道门坊——金声玉振坊。它高 5.6 米，阔 13.5 米，是三间四柱冲天式石质牌坊，柱顶有圆雕鳞甲独角兽"辟邪"。此坊建于明嘉靖十七年（1538 年）。石坊上"金声玉振"四个大字是明代大书法家胡缵宗手书。取自《孟子·万章下》"孔子之谓集大成。集大成者，金声而玉振之也"。古乐是以敲钟开始，击磬告终，借用孟子的语意，表达了孔子的学问精湛而完美，如同奏乐的全过程，自始至终完整无缺。

难点注释：

"万仞宫墙"溯源

《论语·子张》："子贡曰：譬之宫墙，赐之墙也及肩，窥见室家之好。夫子之墙数仞。不得其门而入，不见宗庙之美，百官之富也。"

五、棂星门 ☆

现在来到了棂（音，líng）星门。古人祭天，先要祭祀棂星。孔庙设有棂星门，意为孔子为天上星宿下凡，尊孔如同尊天。这座门是明代所建，1754 年重修，"棂星门"三个字是乾隆皇帝御笔。

图 3.2.4　棂星门

六、圣时门☆

圣时门始建于明永乐十三年（1415年），当时为孔庙大门。"圣时门"名字的来历有一段典故：孟子曾把孔子与伯夷、伊尹、柳下惠等几位先贤先圣做了比较，说孔子是集古今先贤之大成，是圣人中最适合于时代的。清朝雍正皇帝钦定此门为圣时门。

七、奎文阁☆☆☆

奎文阁，原名"藏书楼"，是收藏帝王所赠书籍、字画之处。始建于宋天禧二年（公元1018年），金明昌二年（1191年）扩建改为奎文阁。古代奎星为二十八星宿之一，《孝经》中记"奎主文章"，古人把孔子比作天上奎星，意思就是说孔子是天上管理文化的星。"奎文阁"三个字同样出自清乾隆皇帝之手。奎文阁高23.35米，面阔7间，进深5间，黄瓦歇山顶，三重飞檐，四层斗拱。奎文阁异常坚固，自明朝弘治十七年（1504年）重修以来，经受了几百年的风雨侵蚀和多次地震的摇撼，岿然不动。据记载清康熙年间大地震使曲阜"人间房屋倾者九，存者一"，而奎文阁安然无恙，不愧为我国著

图3.2.5　圣时门

图3.2.6　奎文阁

名的古代木结构建筑之一。

八、十三碑亭☆☆☆

过了奎文阁之后，现在我们来到了十三碑亭院了，是孔庙的第六进院落。院中有著名的十三碑亭，是专为保存封建皇帝御制石碑而建的，俗称"御碑亭"。亭内保存的有唐、宋、金、元、明、清及民国时期所立的石碑57块。内容多是记录了历代皇帝对孔子追谥加封的、亲自祭祀或派官员祭祀以及整修庙宇的情

况。文字为汉文、满文、八思巴文等。北面的5座碑亭建于康熙、雍正、乾隆年间，南面的这8座碑中，4座为金、元所建，4座位清代所建。十三碑亭不仅是中国古代书法艺术的宝库，还是研究封建统治思想的珍贵史料。

图3.2.7 十三碑亭

九、杏坛 ☆☆☆

杏坛是为纪念孔子讲学建的地方。孔子杏坛设教最早见于《庄子·渔父篇》，记载了孔子在杏坛上设教讲学的事，宋天禧二年（1018年）孔子四十五代孙孔道辅监修孔庙时，将正殿往后移并扩建，在正殿原址上建坛，并种植了杏树，起名为杏坛。金代又在坛上建亭，"杏坛"二字由当时著名文人党怀英篆书题写。

图3.2.8 杏坛

杏坛内现有石碑两幢，这块背东面西的石碑，上面刻有"杏坛"二字，是金代著名文人党怀英篆书的，面南的石碑，一面写有《杏坛赞》，是乾隆皇帝第一次来曲阜时写的，这个字体是楷书体，这也是乾隆皇帝为数不多的留世字体；另一面上写的是"重来又值灿开时，几树东风簇绛枝。岂是人间凡卉比，文明终古共春熙。"这是乾隆皇帝第二次来曲阜时的手书，是行书字体。

十、大成殿 ☆☆☆

现在来到了孔庙的主体建筑——大成殿。这是祭祀孔子的中心场所。大成殿与北京故宫太和殿、泰安岱庙天贶殿并称为东方三大殿。始建于宋代天禧二年（1018年），宋徽宗为了尊崇孔子的"集古先贤之大成"，改称为大成殿，并御书匾额。后来又有几次重修，现在所见到的是清雍正二年（1724年）遭雷击后重建的。大殿高24.8米，东西宽45.78米，南北深24.89米。重檐九脊，周绕回廊，雕梁画栋，宏伟壮观。

大殿四周廊下环立28根雕龙石柱均以整石刻成。柱高5.98米,直径0.8米,最早是明弘治十三年(1500年)由徽州工匠雕制的。雍正二年大火后重刻。两山墙及后檐的18根为浅浮雕八棱石柱,上雕有云龙,每面九条,每柱72条,总共1296条,前檐的10根深浮雕石柱,每柱有二龙对翔,争戏宝珠,龙周遍刻云朵,柱脚缀以山石,衬以波涛,雕刻玲珑剔透,是我国稀有的石刻艺术珍品。

大殿内供奉的是孔子的塑像,坐高3.35米。头戴十二旒(音,liú)冠冕,身穿十二章王服,手捧镇圭,是古代天子的打扮,可见其地位之高。塑像前面牌位上书"至圣先师孔子神位"。两侧有4个神龛,供奉颜子、曾子、子思、孟子,称为"四配",其后还有6对神龛,供奉十二"仁哲"塑像。殿上高悬清代康熙皇帝题书的"万世师表"、雍正皇帝题书的"生民未有"和光绪皇帝题书的"斯文在兹"匾额。孔子像旁的对联是乾隆皇帝手书的:"气备四时与天地鬼神日月合其德,教垂万世继尧舜禹汤文武作之师"。这些都是对孔子的高度赞颂和评价。

图3.2.9 大成殿

孔 府

十一、孔府概况 ☆☆☆

孔府,位于孔庙东侧,为孔子嫡系长子长孙居住的府第。汉元帝封孔子十三代孙孔霸为"关内侯,食邑八百户,赐金二百斤,宅一区"。这是封建帝王赐孔子后裔府第的最早记载。宋至和二年（1055年）封孔子四十六代孙孔宗愿为"衍圣公"，宋徽宗时封为世袭"衍圣公"，孔府也就称"衍圣公府"。随着孔子后世官位的升迁和爵位的提高，孔府建筑不断扩大，成为我国现存规模最大、建筑最豪华的封建官僚贵族府第，号称"天下第一家"。现存孔府院落建于明朝洪武十年（1377年），分前后九进院落，中、东、西三路布局，有古建筑480间，加上后花园，共占地240亩。

孔府内还藏有自明嘉靖十三年（1534年）至1948年的文书档案，是世界上持续年代最久、范围最广、保存最完整的私家档案。还有大批历史文物及明清的衣冠等。因而孔府不仅是我国的首批重点文物保护单位，而且还于1994年被世界教科文组织列为世界文化遗产。

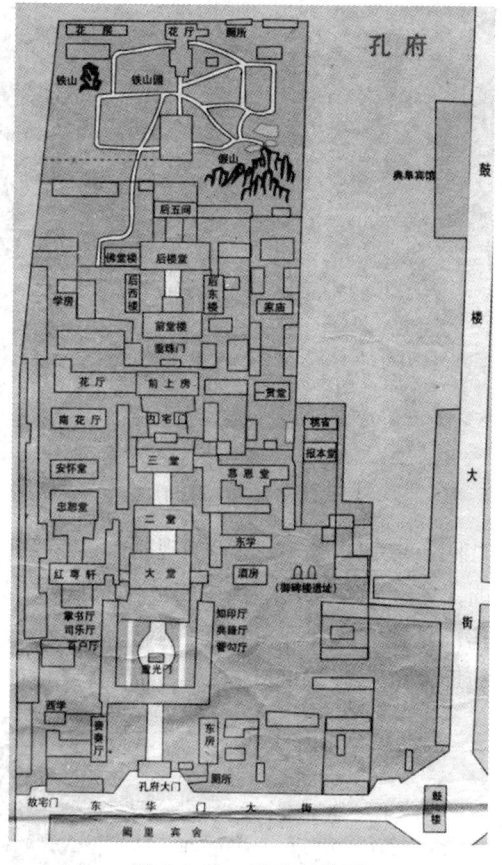

图3.2.10 孔府导览图

十二、孔府大门及重光门 ☆☆

各位游客，我们面前的大门正中高悬的是"圣府"金字匾额。再来看门两旁明柱上的对联，上联是"与国咸休安富尊荣公府第"，写的是孔府安富尊荣，富荣同国盛大，气魄非凡；下联是"同天并老文章道德圣人家"，赞孔子的文章流传千古，与天齐老。这副对联概括出千百年来"圣人家"的气派。这副对联是清代文人纪昀手书。细心的游人会发现上联中的"富"少一点，下联中的"章"字成了破"日"之状。这是什么缘故呢？下联的"章"字下面的笔画通了上去，意思是孔府的文章可以通天下。相传，孔子第四十二代孙孔光嗣娶亲之日，有神仙前来指点，碰到写"富"字的影壁，把"富"字去了点，并告知孔家"富"字有点不吉利。此后，孔府凡书写"富"字都没有上面的点。缺了一点，就是"富"字无头，寓意孔府的富贵世代相传，永无止境。又传说乾隆时，纪昀为孔府书写

图 3.2.11 孔府大门

门联,写到"章"字时数遍皆不中意,遂弃笔安歇,睡梦中见一老翁在他写的"章"字上划了一笔,成了破"日"之状,醒后挥笔而书,果然气势不凡。这叫"文章通天"。

进入孔府大门后,现在我们看到的是孔府的二门,大家看迎面有一座周围不接垣墙的门楼,门上匾额上写着"恩赐重光",是明朝皇帝朱厚熜(音,cōng)所颁,因此叫"重光门"。按照清朝规制,只有帝王大典、迎接圣旨或进行重大祭祀活动时,才在十三响礼炮声中将此门打开,所以又称"仪门"或"塞门"。两侧的廊房,是孔府的管理机构仿照封建王朝六部而设的六厅,即:管勾厅、百户厅、典籍厅、司乐厅、知印厅、掌书厅。各厅长官,由正七品或正六品担任。

十三、孔府大堂☆

孔府大堂是当年衍圣公宣读圣旨、接见官员、审理重大案件以及节日、寿辰举行仪式的地方,里面陈列的是正一品爵位使用的公案桌、仪仗等。北面靠墙的那些红底金字的牌子,是封爵和特权的象征,俗称"十八块云牌銮架"。历代衍圣公持着这些牌子进京,可以畅行无阻。

图 3.2.12 孔府大堂

十四、孔府内宅门及戒贪图☆

现在我们来到的是内宅门。此门为明代建筑,高6.54米,长11.8米,宽6.10米,有典型的明代建筑风格。这里是官衙与内宅的分界线。从此处,我们开始进入孔府的内宅。

过去此门戒备森严,任何人不得擅自入内。在封建社会,"男女授受不亲"

是观念很强的"戒律",即内外有别。孔府又是中国最为著名的书香府第,所以对内宅的控制特别严格,任何人不得擅自逾越。旧时,乾隆皇帝所赐的虎尾棍、燕翅镗(tāng)、金头玉棍三对仪仗,排列于门前的两边,有不遵令擅入者严惩不贷。为了保持与外界联系,在内宅门还专设两种差役:一种称差弁,一种名内传事,共有三班人役轮番在耳房内值班守门。传事向内传话,差弁向外传话,分工明确。内宅门东侧上方挂有七十六代孙、衍圣公孔令贻的手谕,详述了内宅的有关规定。

门的西侧有一个特制的水槽——石流,是挑水夫倒水的地方。因是内宅重地,成年男子不能随便进入,所以挑水夫只能把挑来的水倒入石流,隔墙流入内宅的水缸,然后再由佣人分布到各用水的地方。挑夫是府内的一种专项职业,只负责孔府内宅的用水。中国古代的家庭传统在这里被体现得淋漓尽致。

图 3.2.13　狻壁

孔府内宅门内壁上面有一幅状似麒麟的动物,名叫"狻"。传说是天界的神兽,怪诞凶恶,生性饕餮,能吞金银财宝。尽管在它的脚下和周围全是宝物,连"八仙"的宝贝都为它所有,但它并不满足,还想吃掉太阳,真可谓贪得无厌了。过去官宦人家常将此画绘在容易看到的地方,借以提醒自己,引以为戒。孔府将"狻"画在此处,一出门即可看到,是告诫子孙不要贪赃卖法,也算作是一条重要的家训吧。

十五、孔府前堂楼 ☆☆☆

现存的前堂楼是清朝光绪十二年(1886年)重建,为七间二层阁楼,是孔子第七十六代孙,衍圣公孔令贻及其夫人的住室。从这里,你可以看到中国最典型的王公贵族的起居室。现复原陈列为清末民初七十六代衍圣公孔令贻生活居住的场景。二层原是收藏珍贵物品的储藏室,现已清理,存放在孔府文物档案馆。

孔令贻清末民国初年人,先后娶孙、陶、丰、王氏为妻。孙氏早逝,娶陶氏;陶氏未生养,娶丰氏。丰氏又过早病逝,于是孔令贻将丫鬟出身的王氏纳为姜,先后生了两个女儿,一个儿子。儿子孔德成于2008年去世。大他3岁的姐姐孔德懋(音,mào)还健在。

图 3.2.14 前堂楼

堂中间设明代一铜制暖炉,为当年取暖的用具。正面上方悬挂孔令贻书写的"松筠永春"巨匾,意为孔氏家族长盛不衰,永远保持旺盛的生命活力。匾的下面有一副对联:"天下文章莫大乎是;一时贤者皆从之游"。是著名书法家冯恕写给孔令贻的,体现了儒家文化的博大精深。冯、孔两家是亲家,孔令贻的长女孔德齐嫁给了冯恕的儿子。

孔　林

十六、孔林概况☆☆☆

孔林是孔子及其家庭的专用墓地,也是世界上延时最久、规模最大的家庭墓地,位于曲阜城北泗水之上,占地3000余亩,周围垣墙高3米,厚1.5米,长14.5华里(约7.2千米)。在这里既可考春秋之葬,证秦汉之墓,又可研究我国历代政治、经济、文化的发展和丧葬风俗的演变历史。孔林也是目前我国最大的人造园林。相传孔子死后,"弟子各以四方奇木来植,故多异树"。林内有

图 3.2.15　孔林概览图

各种树木10万多株,数百种植物。在万木掩映之中,碑石林立,石像成群,除一批著名的汉碑移入孔庙保护外,林内尚有唐、宋、金、元、明、清各代石碑3600多块,又称得上名副其实的碑林。

十七、孔林墓甬道☆

洙水桥北迎面绿瓦三楹的高台大门,叫"档墓门"。过此门即是孔子墓甬道。甬道有四对巨型石雕,名曰:华表、文豹、角端、翁仲。华表又称"望柱",是进"天门"的标志。文豹形象似豹,腋下喷火,温顺善良。角端传说日行一万八千

里，通四方语言，明外方幽远之事。文豹、角端都是想象中的怪兽。翁仲，传说为秦代骁将，威震边塞，后为对称，雕文、武两像，用以守墓。

甬道尽头大殿是祭祀孔子设香坛的享殿。解放战争时，朱德总司令曾在此召开过军事会议，所以又成为革命历史文物。

图 3.2.16　孔林墓甬道

资源拓展：

翁仲

翁仲，原本指的是匈奴的祭天神像，大约在秦汉时代就被汉人引入关内，当作宫殿的装饰物。初为铜制，号曰"金人""铜人""金狄""长狄""遐狄"，但后来却专指陵墓前面及神道两侧的文武官员石像，成为中国两千年来上层社会墓葬及祭祀活动重要的代表物件。

十八、孔子墓 ☆☆☆

我们走过享殿之后，眼前的红色墙院内就是孔子及其儿、孙三代的墓地。孔子墓似一隆起的马背，称"马鬣封"，是一种特殊尊贵的筑墓形式。墓前石碑篆刻"大成至圣文宣王墓"是明正统八年（1443年）黄养正书。孔子于公元前479年去世，当时鲁国国君称他为"尼父"。这是有别于封号的最尊贵的称号。孔子有封号始于公元元年，汉平帝追封孔子为公爵，称"褒成宣尼公"。此后帝王纷纷给孔子封号，至唐开元二十七年（739年）唐玄宗李隆基给孔子谥号"文宣"，始称"文宣王"。到元武帝于大德十一年（1007年）加封为"大成至圣文宣王"后又称"至圣先师""大成至圣先师"

图 3.2.17　孔子墓

等。历代王朝都为孔子的封号选择了最高的赞誉之词，可见孔子思想学说，对历代统治是何等重要。

孔子墓东为其子孔鲤墓，南为其孙孔伋墓。这种墓葬布局为"携子抱孙"以示人衍兴旺。

知识问答：

1. 东方三大殿指的是？

答：孔庙大成殿与故宫太和殿，岱庙天贶殿并称东方三大殿。

2. 大成殿的长宽高是多少？

答：大成殿高24.8米，宽45.78米，深24.89米，规模仅次于故宫太和殿。

3. 大成殿的神龛共有多少？都是谁？

答：在孔子塑像前两侧有四个神龛，东侧供奉的是：复圣颜回和述圣孔伋，西侧供奉的是宗圣曾参和亚圣孟轲，称为"四配"。再两侧是"十二哲"塑像，除宋朱熹外，其余11人均为孔子弟子。

4. 孔子像附近的题字内容及作者？

答：殿正中"万世师表"和"斯文在兹"匾额分别是由康熙皇帝和光绪皇帝题写的。

5. 大成殿石柱有什么特点？

答：大殿周围的28根雕龙石柱，都是用整石刻成的，高5.98米，直径0.81米。最早是明代弘治年间由徽州工匠刻制的，雍正二年大火后重刻。两山墙及后檐的18根为浅浮雕八棱石柱，上雕有云龙，每面九条，每柱72条，总共1296条，前檐的10根为深浮雕，柱上雕的是双龙戏珠图案，周围有云焰。

6. 万仞宫墙上的题字是谁写的？有什么典故？

答："万仞宫墙"四个大字是清乾隆皇帝御笔。它来源于孔子弟子子贡，有一天在朝廷上，有人提出子贡的学问博大精深，可与孔子相提并论。在场的子贡马上说：我不敢和我的老师孔子相比，人的学问如一堵墙，我这道墙只有肩头高，人们一眼就可看到墙内的一切；我老师孔子的墙有数仞高（一仞等于八尺），只有找到他的门，走进去，才能看到老师的文化博大精深。后人为形容孔子学问的博大精深，就把"万仞宫墙"四个字刻上了这座城楼。

7. 金声玉振坊上的题字和典故是什么？

答：孔庙的第一座石坊叫"金声玉振坊"。孟子对孔子曾有这样的评价，他说："孔子之谓集大成。集大成者金声玉振之也"。"金声""玉振"表示奏乐的全过程，以击钟（金声）开始，以击磬（玉振）告终，比喻孔子思想集古圣先贤之大成"金声玉振"四个大字是明代书法家胡缵(zuǎn)宗题写。

8. 同文门的含义是什么?

答:"同文"二字出自《礼记》,"书同文,行同伦",意为把思想、文化、语言及整个人类思想统一到孔子的思想上来。匾额是乾隆十二年题写的。

9. 圣时门的含义是什么?

答:"圣时门"名字的来历有一段典故:孟子曾把孔子与伯夷、伊尹、柳下惠等几位先贤先圣做了比较,说孔子是集古今先贤之大成,是圣人中最适合于时代的。雍正皇帝钦定此门为圣时门。此门建于明朝永乐年间,原有3间,弘治年间扩为5间,很气派。

10. 太和元气坊的含义是什么?

答:"太和"指天地、日月、阴阳会合;"元气"原意为形成世界的原始物质,后来指"金、木、水、火、土"。"太和元气"赞扬孔子的思想有如太空宇宙哺育万物。此坊是明代所建。"太和元气"四个字为当时山东巡抚曾铣(xiǎn)手书。

11. 孔府最高建筑规制的建筑物是什么?

答:重光门。

12. 孔府大门的对联是什么?

答:上联是"与国咸休安富尊荣公府第",下联是"同天并老文章道德圣人家"。

13. 孔庙里的圣迹殿是谁主持建造的?

答:巡按使何出光。

14. 十三碑亭里最早的两幢碑是哪些?

答:一幢是立于唐高宗总章元年的"大唐赠泰师鲁先圣孔宣尼碑",一幢是立于唐玄宗开元七年的"鲁孔夫子庙碑"。

15. 孔子墓的筑墓形式是什么?

答:携子抱孙式。

16. 孔子墓甬道旁的石雕有哪些?

答:华表、文豹、甪端、翁仲。

第三节　泰山风景名胜区

导学

泰山,位于山东省中部,隶属于泰安市,绵亘于泰安、济南、淄博三市之间,总面积24 200公顷。主峰玉皇顶海拔1545米,气势雄伟磅礴,有"五岳之首""五岳之长""天下第一山"之称,是世界自然与文化遗产,世界地质公园,国家5A级旅游景区,国家级风景名胜区,全国重点文物保护单位,全国文明风景旅游区。

导览图

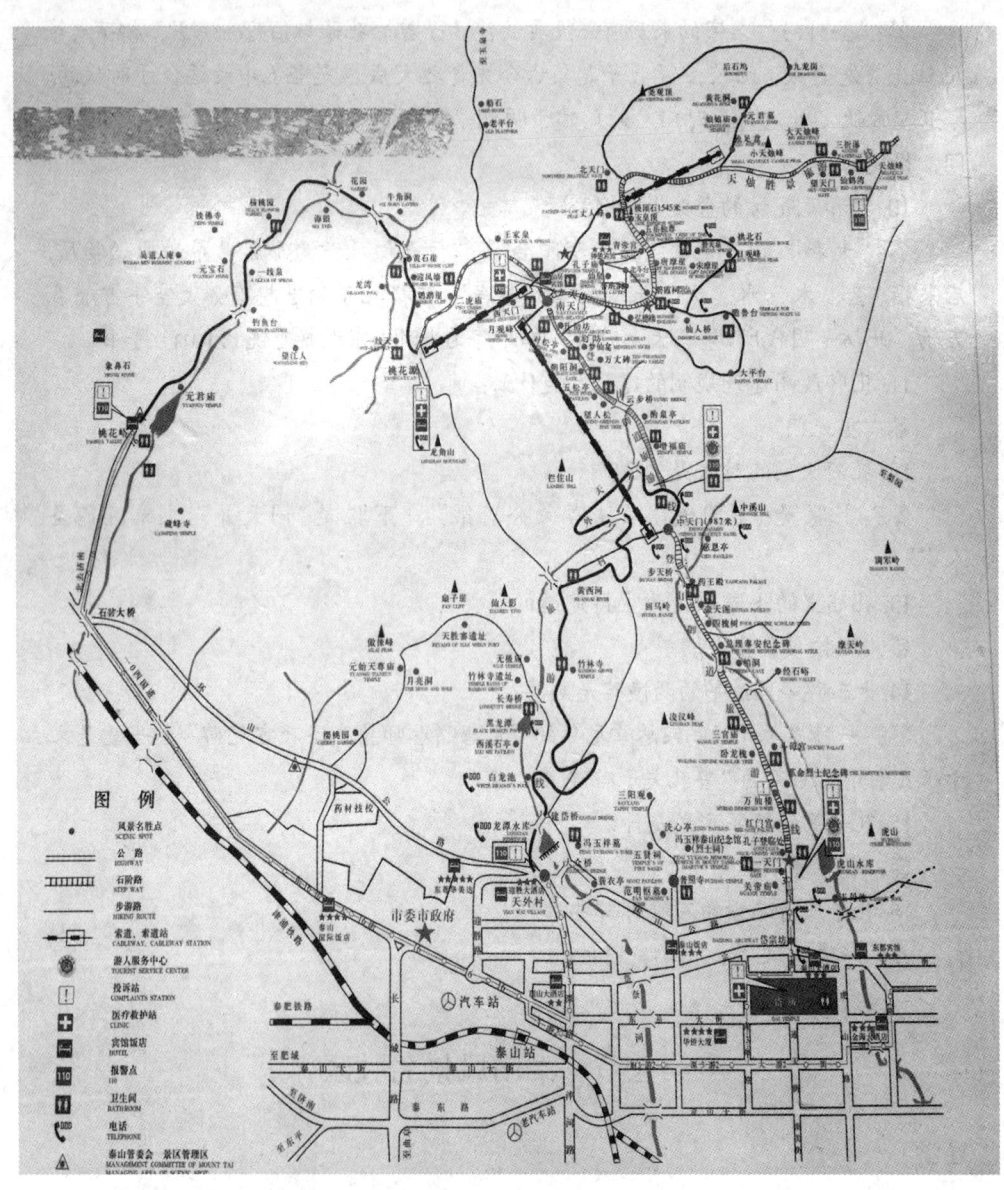

图3.3.1 泰山导览图

一、泰山概况 ☆☆☆

泰山，古称岱宗，它位于山东省中部，华北大平原的东侧，面积426平方千米，主峰玉皇顶海拔1545米，泰山雄伟壮丽，历史悠久，文物众多，以"五岳独尊"的盛名称誉古今。巍巍泰山就像一座民族的丰碑屹立于中华大地，举世瞩目。泰山1982年被国务院列为第一批国家重点风景名胜区，1987年被联合国教科文组织列为世界自然与文化遗产，1992年荣登全国旅游胜地40佳金榜，2003年荣登"中华十大名山"榜首。2006年泰山被评为"全国文明风景旅游区"、"世界地质公园"，2007年又成功晋升为首批5A级景区，并获得了"首座中国书法名山"称号。

二、岱庙概况 ☆☆☆

岱庙又称东岳庙、泰庙，位于泰山南麓，泰安市境内，是古代帝王奉祀泰山神，举行祭祀大典的场所。岱庙始建于秦汉，拓建于唐、宋，金、元、明清多次重修，是泰山上下延续时间最长，规模最大，保存最完整的一处古建筑群。

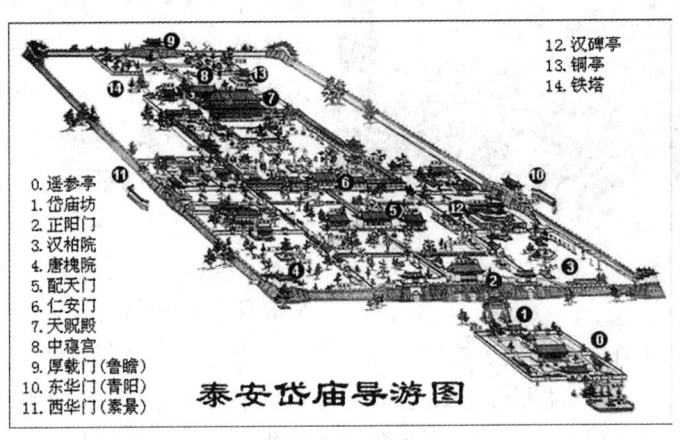

图3.3.2　岱庙

岱庙的建筑按照帝王宫城形制营造，城堞高筑，殿宇巍峨。周辟八门，四角有楼，前殿后寝，廊庑环绕。其主体建筑天贶殿采用中国古代最高规格建造，重檐庑殿顶，为中国三大宫殿式建筑之一。殿内绘有宋代大壁画——泰山神启跸回銮图，是弥足珍贵的文物瑰宝。

岱庙内碑碣林立，古木参天。今存历代碑碣石刻300余通，素有"岱庙碑林"之称。有中国现存最早的碑刻——泰李斯小篆碑；有充分体现汉代隶书风格的"张迁碑""衡方碑"；有晋代三大丰碑之一"孙夫人"碑；有形制特异的唐

"双束碑"以及宋至清历代重修岱庙的预制碑等。而历经几千年风雨沧桑的"汉柏""唐槐",为岱庙古树名木之最。

岱庙南北长 406 米,东西宽 237 米,总面积约 9.65 万平方米,庙内各类古建筑有 150 余间,可分中、东、西三路。中轴线上由南向北依次为遥参亭、正阳门、天贶殿、寝宫;东路为钟楼、汉柏院、东御座;西路为鼓楼、唐槐院、道舍院。

三、岱庙坊 ☆

我们穿过了遥参亭,迎面而立的就是岱庙坊了。岱庙坊是清康熙十一年(1672 年)山东布政使施天裔创建。坊高 12 米,宽 9.8 米,深 3 米,为四柱三门式。坊起三架,重梁四柱通体浮雕。四柱前后流通墩上雕有 8 个石狮,姿态各异;重梁四柱刻有"丹凤朝阳""二龙戏珠""群鹤闹莲""天马行空"等 20 余组形象逼真的祥禽瑞兽和各式花卉纹样。整座石坊造型别致,刻镂透细不凡,为清代石雕艺术中之珍品。坊柱南北两面都刻有楹联,南面为施天裔所题"竣极于天,赞化体元生万物;帝出乎震,赫声濯灵镇东方"。意思就是高峻的泰山与天齐,它辅助天地化生万物;主宰宇宙的泰山神,显赫的威灵震慑东方。北面是清山东巡抚、兵部侍郎赵祥星题的"为众

图 3.3.3　岱庙坊

岳之统宗,万国是瞻巍巍乎德何可尚;掺群灵之总摄,九州待命荡荡乎功孰于京?"大意是:泰山为五岳之宗,全国各地的人们都来瞻仰它的雄伟气概,它那化生万物的德泽恩惠谁能超过呢?泰山之神把持操纵着群神仙界,天下都听从其命,它那保佑苍生的功劳广大远博,谁能与之相比?这两副楹联扣人心弦,先声夺人,把泰山的崇高地位和泰山神的显赫声威做了高度概括,使人未进岱庙便生敬仰之情。

四、岱庙天贶殿 ☆☆☆

现在我们来到了岱庙的主体建筑——宋天贶殿。天贶殿又叫峻极殿,创建于北宋真宗大中祥符二年(1009 年)。1008 年,宋、辽在澶渊(今河南濮阳)交战,宋真宗虽大胜辽军,但无心再战,却签订了屈辱的条约,历史上称为"澶渊

之盟"。宋真宗为了平息朝野的怨愤之情，巩固其统治地位，他采纳了副宰相王钦若策谋的"天降昭书"的骗局，于同年十月率领群臣，车载"天书"来到泰山，举行了隆重的答谢天恩告祭大礼，并定于每年六月初六为"天贶节"。笠年，下诏扩建岱庙，又在原泰山神殿的基础上，建造了天贶殿。

天贶殿东西长43.67米，南北宽17.18米，高22.3米，殿阔九间，进深四间，重檐八角，斗拱飞翘。上覆

图 3.3.4　天贶殿

黄琉璃瓦，檐间悬挂"宋天贶殿"的巨匾，檐下八根大红明柱，柱上有普柏枋和斗拱，外槽均单翘重昂三跳拱，内槽殿顶为四个复斗式藻井，余为方形平棋天花板。整座大殿栾栌迭耸，雕梁彩栋，贴金绘垣，丹墙壁立，峻极雄伟，虽历经数朝，古貌犹存，它同北京故宫的太和殿，曲阜孔庙的大成殿并列中国古代三大宫殿式建筑。

走进殿堂，正面高大的"东岳泰山之神"彩色塑像是1984年重塑的，坐像高4.4米，头顶冠冕十二旒，身着衮袍，手持圭板，肃穆端庄，造型生动，大有"栩栩如生，呼之欲出"之感。"泰山神"是道教所信奉的"百鬼之神"，可主宰生死。唐代被封为"天齐王"，宋时封为"天齐仁圣安"，元朝又封为"东岳天齐大生仁皇帝"，明太祖登基后，认为给泰山神加封号是"渎礼不经"，故去掉所有封号，改称"东岳泰山之神"。从此，岱庙的地位也就不可一世，享有"东岳神府"的盛名了。

塑像两边的楹联为清人吴云所书，"帝出乎震，人生于寅"。横额是清康熙帝于二十三年（1684年）朝泰山时所题"配天作镇"巨匾。殿堂内摆放着明、清时代的部分祭器。殿内东北西三面的《泰山神启跸回銮图》传为宋代所绘。壁画全长62米，高3.3米，画面借描绘泰山神出巡时的浩荡宏伟场面，表现宋真宗东封泰山时的威严和气势，整幅壁画以大殿后门为界，东为"启跸图"，描绘泰山神出巡的场面；西为"回銮图"，描绘泰山神返回的情景。整个画面共有人物697人，其装束、仪态无一雷同，加以祥兽坐骑、亭台楼阁、山川河流、花草树木等，组成一幅瑰丽无比，气势雄伟的场面。画面笔力遒劲流畅，结构严谨，布局匀称自然，人物眉目传神活泼，衣着线条清晰，表情逼真生动，再加上色泽

的绚丽协调,给人以极高的美学享受。

  大殿在古时,曾受火灾和地震的损坏,壁画也受到影响,从壁画的艺术处理上可以看出,壁画的部分画面是后来重绘的,但整幅画基本上保留了宋代原作的面目,它仍为中国绘画史、道教壁画史上的一幅不可多得的艺术珍品。

  天贶殿前宽阔的大露台分上下两层,雕栏环抱,站在大露台上,大有豁然开朗之感。露台两侧各有一座御碑亭,内立乾隆皇帝拜谒岱庙的诗碑。中间是明万历年间铸造的大香炉。露台下古柏相夹的甬道向南延伸,尽头是一个方形石栏小池,俗称"阁老池"。皇帝举行大典参拜泰山神时,群臣就恭候在这里。池内及周围9块姿态怪异的太湖石是金大安元年(1209年)泰安县令吴衔与其母王氏所献。每块石头各具特色,仔细观赏耐人寻味,甬道中间有一玲珑石卓然而立,名为"扶桑石"。扶桑石北面有一株古柏独立阶下,名为"孤忠柏",民间传说唐朝女皇帝武则天怀疑其子也参与大臣石忠谋反,便将其杀害,石忠冤魂不散,便来到东岳大帝前告武则天灭子之状,从而化为孤柏。据说,游人蒙住双眼绕扶桑石左右各转三圈,然后去摸对面的孤忠柏,凡能扶到的,都是神气很大的人。这些富有浪漫色彩的传说固不可信,但却显示了泰山悠久的历史和发达的文化,那些编写传说的民间才子,把人间的善与恶巧妙地融汇在柏树的形象中,给后人留下了许许多多的感慨。

五、岱宗坊 ☆

  现在来到了登泰山的起点——岱宗坊。此坊为登山第一坊,号称泰山第一坊,是一跨道石坊,四柱三门式。岱宗坊始建于明隆庆年间,额题篆书"岱宗坊"三个金色大字,有标志导向作用。坊前分立《重修岱宗坊记》和《重修泰山记》碑,具有珍贵的史料价值。

图 3.3.5   岱宗坊

六、经石峪☆☆☆

图 3.3.6　经石峪

现在我们来到了中天门以下最负盛名的景点——经石峪。大家看到的这块面积为2064平方米的缓坡石坪上，自东而西刻《金刚般若波罗蜜经》，故名"石经峪"，俗称"经石峪"或"晒经石"。全文有5000余字，分上下两篇。此处经刻是它的上篇，共44行，每行125字或10字不等，共计2799字。经刻历经1400多年的山洪冲刷和风剥雨蚀，如今还存有1313个字，刻字遒劲古拙，被誉为"大字鼻祖""榜书之宗"。关于石刻产生的年代及撰写人是谁？这在历史上曾有分歧。明代以前传为王羲之书，明代以后的学者，多认为是北齐人书写的。1961年夏天，郭沫若先生来泰山观赏了经石峪大字后，留下了"经字大如斗，北齐人所书"的诗句。清代康有为赞誉石刻为"榜书第一"。经石峪石刻结体之大、规模之巨，堪称"天下第一"。著名作家汪曾祺在一篇文章里甚至这样写道："泰山即使没有别的东西，没有碧霞元君祠，没有南天门，只有一个经石峪，也还是值得来看看的。"

七、中天门☆☆

现在我们来到了中天门。中天门又叫"二天门"，双柱式石坊，题额"中天门"，海拔847米。中天门位于黄岘岭上，这里既是泰山主峰的天然屏障，又是中、西两溪的分水岭。在中天门俯瞰山下，只见群峰低首，白云缭绕。登山至此，仅为"中天"，但已是感觉天宽地广，身上的疲惫一扫而光。

中天门与岱庙相距5.5千米，与南天门相距3.5千米，至大众桥为14.35千米，是游人上上下下的会合处：或沿盘路继续攀登，或乘缆车空中一游，或步行沿中溪盘道直达泰城，或是

图 3.3.7　中天门

乘旅游车沿西溪公路到火车站，都非常方便。

八、五大夫松 ☆

图3.3.8　五大夫松

飞来石北有五大夫松石坊。据《史记》记载，秦始皇封泰山时中途遇雨，避于大树下，这些树护驾有功，被封五大夫。秦代官爵共有20级，五大夫是第九级。东汉《汉官仪》《泰山记》均说"小天门有秦时五大夫松"。到了唐代，由于陆贽在《禁中青松》一诗中有"不羡五株封"之句，便演义成五棵松树了。后来暴雨冲走了三棵，至明代万历三十年（1602年）又被洪水冲走两棵，所以清代雍正八年（1730年），钦差丁皂保奉皇帝之令重修泰山时又补植了五株松，如今也仅剩两株，但"五大夫"的封号却因袭不变，叫到了今天。

九、十八盘 ☆☆☆

现在我们来到了泰山著名的十八盘。这个地方双崖夹道，旧称"云门"，现在叫"开山"，是清朝乾隆末年改建盘道时所开辟的。十八盘自此处开始，到南天门而止。泰山有"紧十八、慢十八、不紧不慢又十八"三个十八盘之说，共有1633级台阶，这三个"十八"长度不到1千米，垂直高度有400多米，非常险，大家要做好心理准备，其实十八盘并不是只有十八个盘道，而是古代人觉得这里难于攀登，就在周边各立了十八根柱子，并有铁链连接，方便上山，所以取名为十八盘。

从开山到龙门坊是"慢十八"，有393级

图3.3.9　十八盘

台阶。龙门坊到升仙坊是"不紧不慢又十八",有767级台阶。升仙坊到南天门是"紧十八",有473级台阶。

从开山到南天门,这一路上题刻很多,如"松门""松去绝壁""举足腾云""雄山胜景""明月松翠""天门云梯"等,内容多是描写自然风景,颂扬泰山盛名。

十、南天门 ☆☆☆

终于到了南天门,最艰难的路程已经被我们征服了。当年唐代大诗人李白登临此处留下了千古绝句"天门一长啸,万里清风来"!大家不妨学诗人长啸一声,看看有没有清风徐来。

南天门又叫三天门,是登山盘道顶端,海拔1460米,是登泰山顶的门户。南天门是元代初年道士张志纯集资修建的,后经多次重修。现在我们看到的南天门分上下两层。下层为拱形门洞,条石垒砌,券石起拱,顶铺条石,东西长9.7米,南

图 3.3.10　南天门

北6.3米,高4.7米,门洞宽3.7米,高3.3米。门口正上方写有三个鎏金大字"南天门",两侧镶石刻对联:"门辟九霄仰步三天胜迹,阶崇万级俯临千嶂奇观"。上层是摩空阁,言外之意是凌驾于天上的一座空中楼阁,白底贴金红墙衬托,与黄琉璃瓦顶相辉映,更显得巍峨壮观,是泰山的标志性建筑。

十一、碧霞祠 ☆☆☆

我们现在看到的雄伟建筑就是碧霞祠了,它是泰山顶上现存最完整的道教庙宇。碧霞祠占地2500平方米,建筑面积3900多平方米,整组建筑巍峨严整,气势恢宏,从远处眺望,白云缭绕,金碧辉煌,宛若天上的宫阙。

碧霞祠分前后两进院落,现在我们便来到了碧霞祠的前院。南面的影壁上刻有"万代瞻仰"四个字,中间有一个火池,那是专供善男信女烧香用的,充分体现了碧霞元君崇高的地位,每年都有很多虔诚的游客不辞劳苦地来这里进香。拾级而上,有东西南三座神门,清雍正八年(1730年),在南神门上修建了乐舞

楼，用于酬神演戏。

现在来到了碧霞祠的大山门，它是内外院建筑的中介，里边供奉着青龙、白虎、朱雀、玄武四尊雕像。

两边各有一座方形碑亭，这是乾隆皇帝的御碑亭，东亭内有"乾隆六年（1741年）重建泰山神庙"御制石碑，西亭内有"登泰山诗韵碑"。

大家再看我左手边这个铜炉，它是泰山现存最早的供器，连坐一千金，称作千斤顶。可以与它媲美的是我右手边这个造型别致的大铜炉，它叫万岁楼，因为中间铸有"皇帝万岁万岁万万岁"的凸面铭文而得名，具有极高的艺术价值。

我们来到了灵官殿，里面供奉的是道教的护法神——王灵官。王灵官是道教的护法镇山神将。

图 3.3.11 碧霞祠

灵官殿后面的这个小殿是香亭，即明万历年间所铸金阙处，金阙后移山下。今天看到的香亭是乾隆年间所建，亭重檐八角，黄琉璃瓦盖顶。香亭内供奉的是元君的小像。

继续往前，现在我们看到的是碧霞祠的主体建筑——元君殿。大家看，正殿顶部覆盖的筒瓦及浮雕都是铜铸的，仰瓦是铁铸的，这就是郭沫若先生诗句中"碧霞铁瓦红"的来历。在正殿上还有瓦垄360条，象征着全年的周天之数，每条瓦垄的末端都有一条精致的飞龙，人称"飞龙檐"。大家可能感到奇怪，大殿顶部为什么要用铜和铁覆盖呢？因为，泰山的海拔较高，受风雨侵蚀严重。用铜和铁做覆盖可以减少风雨对建筑物的侵蚀。在中国有句古话叫"雷不击庙"意思是打雷不会击毁庙宇，这是为什么呢？大家看飞龙檐的末端向下延伸到地面，正好起到了避雷针的作用。充分体现了我国古人的智慧。

元君殿共有5间正殿，大殿檐下和殿内有2块大型的浮雕匾额，分别是康熙的"扶绥海宇"和乾隆皇帝的"赞化东皇"。正殿正中供奉的是碧霞元君，两侧配殿分别祭眼光奶奶和送子娘娘。据说，拜一拜眼光奶奶可以保佑孩子心明眼亮,拜一拜送子娘娘可以生一个好孩子。

十二、大观峰☆☆

大观峰,也叫"弥高岩",有著名的摩崖石刻——《纪泰山铭》,为唐玄宗李隆基封禅泰山后所制。石刻高13.2米,宽5.3米,现存铭文1008字(包括标题"纪泰山铭"和"御制御书"),字径25厘米,隶书。额高395厘米,题"纪泰山铭",2行4字,字径56厘米,隶书。铭文为玄宗李隆基撰书,相传由"燕许"修其辞,韩史润其笔。形制壮观,文辞雅驯,为汉以来碑碣之最。

图3.3.12 大观峰

其书法遒劲婉润,端严浑厚,为隶书造成一种新面目,透露出一片太平盛世的景象。后人题"天下大观"4字于其上部,因此此峰又称大观峰。

十三、五岳独尊及周边刻石☆☆

这里有许多题刻,请看这块"五岳独尊"刻石,是泰山的标志之一。您可以拿出新版的五块钱人民币,在背面找一下,看到了吗?对,就是"五岳独尊"刻石,现在咱们可以零距离地来看这块历经百年沧桑的刻石,这五岳独尊四个字是正楷书体,在清光绪丁未年间(1907年)由泰安府宗室玉构题书的。所谓宗室,也就是王室的子孙,皇帝的亲戚,所以说,当年题写五岳独尊四个字的人叫爱新觉罗·玉构!

图3.3.13 五岳独尊刻石

十四、无字碑☆

我们面前这块高耸的巨石就是"无字碑",因为通体无字,所以得名。由石柱、顶盖石和顶柱石三部分组成。碑高6米,宽1.2米,厚0.9米,据说是汉武

图 3.3.14 无字碑

帝所立，他认为自己的功德没有办法用语言来表达，所以就立了无字碑，加上上面的碑帽的意思是高上加高。

十五、玉皇顶 ☆☆☆

经过艰苦的攀登，我们终于到了泰山极顶玉皇顶了。玉皇顶是泰山的主峰，因为峰顶这座玉皇庙而得名。玉皇顶位于碧霞祠北，为泰山绝顶，旧称太平顶，又名天柱峰。玉皇庙位于玉皇顶上，古称太清宫、玉皇观。玉皇庙始建年代无考，明成化年间重修。主要建筑有玉皇殿、迎旭亭、望河亭、东西配殿等，殿内祀玉皇大帝铜像。神龛上匾额题"柴望遗风"，说明远古帝王曾于此燔柴祭天，望祀山川诸神。殿前有"极顶石"，标志着泰山的最高点。极顶石西北有"古登封台"碑刻，说明这里是历代帝王登封泰山时的设坛祭天之处。

东亭可望"旭日东升"，西亭可观"黄河金带"。

知识问答：

1.请说出碧霞祠正殿下的两个大型浮雕的内容及题写者。

答：一个是康熙皇帝御书的"福绥海宇"，另外一个是乾隆皇帝所题的"赞化东皇"。

2.碧霞元君两侧的塑像是谁？

图 3.3.15 玉皇顶

答：她的两侧分别是送生娘娘和眼光奶奶。

3.请说出碧霞祠正殿瓦垄的数量及意义。

答：360条瓦垄，恰好象征中国旧历一年三百六十五天，也就是所谓的"周天之数"。

4.五岳分别是哪五座山？

答：即东岳泰山、西岳华山、北岳恒山、中岳嵩山、南岳衡山。

5. 道教四方神是指什么？

答：四方神指的是青龙孟章神君、白虎监兵神君、朱雀陵光神君、玄武执明神君。

6. 碧霞祠里，过山门后的两个碑亭。

答：东西御碑亭分列两边，顶盖黄色琉璃瓦，东亭内有乾隆六年"重建泰山神庙"御制石碑，西亭内有乾隆皇帝的登泰山诗韵碑。

7. 碧霞祠的两个宝贝是指什么？

答：千斤顶、万岁楼。

8. 请简述碧霞祠名称的演变？

答：最初为"昭真祠"，金代称"昭真观"，明代洪武年间重修，万历年间改为碧霞宫。清初顺治、康熙、雍正年间都曾重修，到乾隆年间已初具规模，称为碧霞祠。

9. 请回答泰山国际登山节的举办时间。

答：一般为9月上旬。

10. 泰山主峰是什么，海拔高度是多少？

答：主峰玉皇顶，海拔1545米。

11. 全球首例世界文化与自然双遗产是哪个景区？

答：山东泰山。

12. 从秦始皇开始到清代，先后有多少位帝王亲登泰山封禅或祭祀？

答：12位。

13. 请问泰山周边最大的牌坊是什么？

答：岱庙坊。

14. 东方三大殿指的是哪三大殿？

答：故宫太和殿、岱庙天贶殿、孔庙大成殿。

15. 泰山三美是指什么？

答：白菜、豆腐、水。

16. 古代皇帝在岱庙祭祀泰山神休息的地方在哪里？

答：东御座。

17. 泰山三宝指的是什么？

答：沉香狮子、黄釉青花葫芦瓶、温凉玉圭。

18. 泰山的三门分别指的是什么？

答：一天门、中天门、南天门。

19. 泰山最早的碑刻是什么？

答：泰山秦刻石。

20. 天贶殿内的壁画指的是什么？

答：《泰山神启跸回銮图》。

第四节　崂山风景名胜区

导学

崂山作为历史悠久的文化名山，拥有深厚的历史文化底蕴，享有"神仙窟宅，灵异府地"美誉，被称为"全真道教天下第二丛林"。崂山风景名胜区共分7个风景游览区，分别是巨峰、流清、太清、仰口、华严、北九水、华楼风景游览区，游览景点共有200余处。进入崂山共有4条线路，即南线、北线、中线和一条海上观光游览线。讲解崂山要更加注重自然风光和历史宗教文化的结合，既能从优美的字句中让游客领略崂山山水风物之美，又能让其了解到历史文化、宗教文化在崂山建筑、民俗中的浸润。

导览图

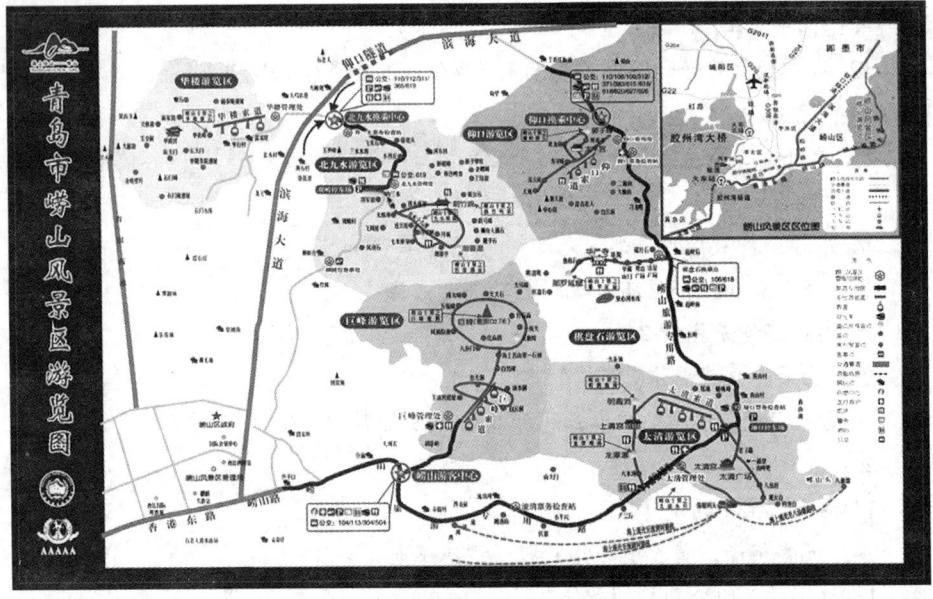

图 3.4.1　崂山风景区游览图

一、崂山风景区概况 ☆☆☆

各位团友,大家好,欢迎来到崂山风景名胜区参观游览。

崂山风景名胜区位于山东半岛南部的黄海之滨,青岛市区东部,总面积446平方千米,其最高峰名曰"巨峰",俗称"崂顶",海拔1133米,是我国万里海岸线上的第一峰,被誉为"海上名山第一"。

图 3.4.2 海上名山第一

崂山,气候清新而湿润。全年平均气温为12.6℃,夏季平均气温为24℃,冬季平均气温为-2℃,冬暖夏凉,气候温和宜人,是旅游、疗养、度假的理想之地。

崂山,自然景观独具天然魅力。崂山的山体由岩浆岩构成,属于花岗岩地貌景观,大自然的鬼斧神工,造就了崂山奇特的山势,奇峰、怪石、象形石随处可见,可谓是"天然雕塑公园"。古往今来,皆以"山海奇观"称颂崂山。

崂山,名泉圣水富有特色。崂山泉水清澈丰富,水质优良,形成难以计数的涧流溪水,构成一幅幅秀丽的山水画卷。神水泉、圣水泉、金液泉、天乙泉等清泉各领风骚。崂山泉水清澈丰富,水质优良,含有丰富的矿物质,经常饮用,可延年益寿。历代崂山道士中,年逾百岁的多有记载。闻名中外的青岛啤酒就是用崂山泉水酿制而成。

崂山,林木苍郁、花繁草茂,古树名木葱郁苍劲,独特的气候环境造就了令人称奇的南北花木盘根共存的独特景观。山深处,春日一片翠绿,夏天浓荫蔽日,秋季满谷金黄,严冬则处处玉树琼花。据不完全统计,崂山有各种植物1600余种,其中不少亚热带植物长势良好,数百年的耐冬和一两千年的银杏、柏树、黄杨、赤松等枝繁叶茂,挺拔苍翠,为著名的国家森林公园。

崂山,历史悠久,古迹荟萃。远在一亿四千万年前的白垩纪早期,崂山即已形成。五六千年前,先民们已在此聚居生息,创造了灿烂的龙山文化。

崂山是道教发祥地之一,自古就是道家方士修仙炼丹的风水宝地,鼎盛时期曾有"九宫八观七十二庵"之说,这为崂山平添了深邃神秘的色彩。崂山以其山海奇观、深邃幽静之胜景,"神仙窟宅""洞天福地"之美誉,备受帝王将相、文人雅士、名道高僧之推崇。唐代诗人李白曾在此留下了"我若东海上，崂山餐紫霞"的著名诗句。

崂山，"三围大海，背负平川"，集山海自然美、形态美、色彩美为一体，既是一方自然瑰宝，又是一座古老的宗教文化宝库。其丰富的旅游资源、奇特的自然景观和厚重的人文景观，必将使您流连忘返。

二、巨峰风景游览区

（一）景区概况☆☆

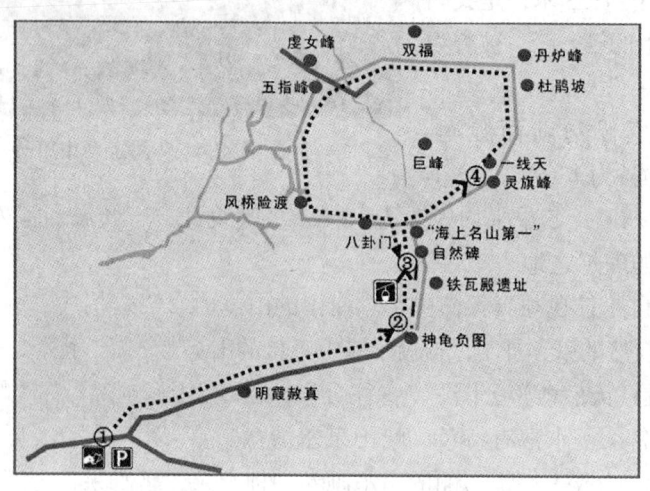

图3.4.3　巨峰风景游览区导览

《齐记》赞曰："泰山虽云高，不如东海崂"，而真正登顶崂山主峰——巨峰，我们才能真正领略这"一览众山小。"

我们现在所在的巨峰风景游览区位于崂山中部，它是以崂山最高峰——主峰巨峰而命名的。大家经常喝的青岛的名牌商品"崂山矿泉水"的商标图案就是崂山巨峰。自巨峰沿着不同的方向延伸出了五大支脉，每一个支脉又分成多个小支，自然形成了与主峰位置相呼应的8个山口。这些山口的方位正好与中国古代"五经之首"《易经》的八卦方位相吻合，大自然鬼斧神工与中国古代先哲哲学思想巧妙吻合，令人叹为观止！

我们登上崂山极顶，可以居高临下，观赏碧波万顷的滔滔黄海、如珠似玉的礁盘海岛、五彩云霞的美妙变幻、奇峰竞秀的山峦风情。夏季可领略"云海奇观""崂山火球"的壮美气势，冬时能观赏到"银峰晶挂"的万千景象。在崂顶观海上日出，不禁令人生出"只有天在上，下无山与齐；举头红日近，回首白云低"无限感慨!

巨峰游览区的道路宛如一条蜿蜒的长龙,沿起伏山峦通往巨峰腹地。山势越来越高。放眼道路两旁,由远及近,看不尽秀峰幽岩,赏不完奇石涧流。优美的自然风光与历史文化有机组合,栩栩如生的雕塑,高度凝练了崂山厚重的历史。当我们走过这条近8千米的山路时,就如同正在穿越崂山历史文化的时空隧道一般。

大家都知道崂山植物种类非常丰富,沿着我们现在所走的这条道路,景区打造了一条植物分类科普长廊,路两侧共有针叶、阔叶等植被类型6种,景区在不同的植物上都进行了分类和挂牌,既具有观赏性,又有很好的科普价值。一路走下来大家可以数数看总共有多少种植物?

(二)"海上名山第一"石刻☆☆☆

我们现在看到的这幅巨大的"海上名山第一"石刻,它是由我国著名书法家武中奇先生在95岁时为崂山题写的,其笔力苍劲,犹如游龙飞凤。

大家看看能否找到这幅石刻的寓意啊?

我们顺着左边开始,看第一个字,"海"字的三点水是不是很像一只喜鹊,它代表

图3.4.4 "海上名山第一"石刻

是吉祥如意的意思;"每"像只狐狸,富有灵性,意指崂山人杰地灵。第二字,"上"字是不是很像一个道士在作揖,这充分体现了崂山的道家文化特色。"名"字如同一只孔雀立在石头上,跟右侧的朱雀石正好吻合。"山"字像极了一个人正划着船在海中乘风破浪,体现了崂山的山海特色。"第"字分明就是两只小鸟同在一棵树上;最后一个"一"字非常像一只元宝,寓意着崂山是一块不可多得的风水宝地。

这几个字既生动形象又寓意深刻,充分体现了咱们中华文化的博大精深于无穷奥妙。

三、流清风景游览区

(一)青蛙石☆

现在请大家向您的右前方看,可以看到前方峭壁下的岩礁上有块突出的巨

图 3.4.5 青蛙石

石,大家看他像不像一只似跃不跃、翘首凝望的青蛙,这就是崂山著名的象形石之一——青蛙石,也叫"翘首金蟾"。

关于青蛙石的传说有很多,一种传说是,这只青蛙本来住在月宫里,因为犯了王法被贬下凡界,于是它只好整天翘首凝望月宫,期盼嫦娥大发慈悲,召它回宫。还有一种传说是:因为当年四海龙王交战,东海龙王打败了南海龙王,并罚其变成青蛙,守卫海疆,而南海龙王从此变成了这块青蛙石。美丽的传说给这块大海边的象形石赋予了无限的遐想,而根据地质成因,青蛙石是由海浪经由常年的冲击而成的,那我们不禁要感叹着大自然的鬼斧神工!

(二)八水河☆

八水河,顾名思义就是由八条涧流汇集而成的一条河流。这条河是崂山的一条主要河流,长约 8 千米,从这里汇入大海。八水河虽然不长,但景色十分优美,无论是从我们现在下车的地方开始逆水而上,还是返程的时候从龙潭瀑顺流而下,都会看到湍急的河水奔腾而下。河水受到河床中无数大小不等的岩石阻挡,生成许多妙趣横生的水景。流水时而穿石,时而迂回,时而旋转,引人入胜。

大家一会儿沿河而上,一边爬山一边欣赏龙潭瀑水库蓄满清水的秀姿。沿水库而上,转过山坳,就到了青岛四大瀑布之一的龙潭瀑。如果继续前行就能抵达著名的上清宫。

四、太清风景游览区

(一)景区概况☆☆

我们现在来到了著名的太清景区,景区坐落在宝珠山下,以著名庙殿太清宫命名。太清宫,又名"下清宫"。始建于西汉的太清宫是有记载的最早的崂山道教祖庭,是崂山历史最悠久、规模最大的一处道观。太清宫主要有"三官殿""三清殿""三皇殿"等 140 多所建筑,青石灰瓦的建筑风格,体现了道家"清静无为""修身养性"的思想境界。

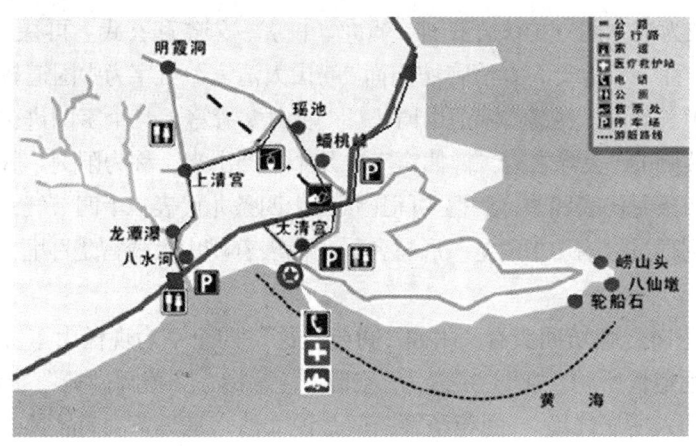

图 3.4.6　太清景区

从海上看崂山,一直是崂山区乃至整个青岛旅游多年的梦想。这个梦想在 2010 年得以实现,当年 5 月 8 日从青岛奥帆中心到中国"海上名山第一"——崂山风景区太清游览区的游艇处女航,经过 55 分钟的海上航行,顺利抵达崂山风景区太清游览区太清湾码头,这标志着青岛滨海旅游线和海上旅游观光长廊正式贯通。自此,我们可以更加直观地领略青岛"山、海、城、帆"的美妙风景,实现了"帆船之都"和"海上名山第一"的对接,更加凸显了山、海、城相交相融的魅力。

(二)太清宫牌坊☆☆☆

我们现在看到的是修建于 1997 年的太清宫牌坊,通体为白色花岗岩架构,四柱三门式,高为 8 米,宽 16 米,由底座、立柱、额枋和字板四部分组成。

太清宫牌坊上面的纹饰图案清晰,可谓栩栩如生,寓意深刻,既包罗万象又蕴含丰富的道教文化精粹。牌坊底座共分三层,最底下的图案为"鹤鹿同春";第二层是用玉如意连在一起的柿子,寓意"事事如意";第三层上面有蝙蝠、寿字及铜钱,蝙蝠在道教代表福气的意思,就是民间常说的"福禄寿

图 3.4.7　太清宫牌坊

喜"。抱鼓为道家四方护法守护神,青龙、白虎、朱雀和玄武。再往上有十二生肖,道家中称十二地支。太清牌坊阳面"崂山太清宫"五字为中国道教协会前会长闵智亭道长题写。道家崇尚阴阳学说,"崂山太清宫"几个字凹进去,称为阴刻。左右两侧的"灵异之府,神仙窟宅"几个字凸出来,称为阳刻。牌坊四根冲天柱上的四条龙代表四季,牌匾中间正反二十四条龙代表二十四节气,而整个石牌坊从底到顶贯穿有101条龙,形态各异,代表着崂山太清宫是百里挑一的风水宝地。

进入花岗岩牌坊回头看,阴面"阆苑圣德"四个字为现任山东省道教协会会长刘怀远道长所题。"阆"字意为"空旷",意指心胸宽阔;"苑"指花园,"阆苑"古指仙人所居之境。"阆苑圣德"就是说太清宫是具备高尚品行的仙人居住的地方。

过了太清宫牌坊,我们继续向前走,前面不远,掩映在古树古木中的千年道观就是著名的太清宫了。

(三)三官殿☆☆☆

图3.4.8 三官殿

游览三官殿,咱们得沿南门进入,但南门并不是正门。原来三官殿的正门是在东边,门朝东开。正门为什么朝东开呢?表示的是"紫气东来"的意思。

我们现在就来到了崂山最早的道教庙殿——三官殿,这是一座布局工整的三进院落,看起来虽不是富丽堂皇,却也不乏古朴庄严。三官殿正面主殿属于单檐硬山式砖石结构殿堂,顶面覆盖着黑色板瓦和筒瓦;正中的匾额为木雕篆书体,长方形,这是标准的宋代建筑风格。

三官殿内供奉"三官"神像,分别是天官、地官和水官,大家可以猜猜看这"三官"分别是哪三位呢?大家都答对了,这三位就是我国古代最有影响的三位部落首领尧、舜、禹的化身。传说尧生有八彩眉毛,因敬天爱民,上应天象,天下风调雨顺,被后人尊为"天官";舜长有双瞳孔的眼睛,因当时民风高尚,地不生灾,而被尊为"地官";大禹继承父业,治理水患,三过家门而不入,而被尊为"水官"。在民间有"天官赐福,地官赦罪,水官解厄"的说法。

在主殿的东西两壁还有"雷神"和"真武"二神的画像。院内左右厢房以前是道士们居住的地方。

(四) 龙头榆 ☆☆

大家看到这棵形状奇特、弯弯曲曲的老榆树,据传为唐代进士出身的一代名道李哲玄来崂山太清宫清修时亲手栽植,因此又称"唐榆",距今已有1000多年历史。榆树叶面上有一层纱质,摸上去比较粗糙,所以又称"糙叶树"。此树长势健旺,葱郁茂盛,因树干盘曲,形状似

图 3.4.9 龙头榆

龙头,故又被称为"龙头榆"。现在这棵树高19米,树冠东西25米多、南北约35米,树荫遮盖面积近一亩,堪称太清宫中珍品。

(五) 三清殿 ☆☆☆

太清宫中第一大主殿就是现在我们来的这座由一座正殿和两座偏殿组成三清殿了。在正殿门的两侧各种有一株桂花,东侧是金桂,西侧是银桂,也就是我们俗称的四季桂。

太清宫正殿内供奉的是道教的三清真神。居中的是玉清,为元始天尊,他手持圆珠,象征洪元;东面的是上清,为灵宝天尊,他怀抱如意,象征混元;西面的是太清,为道德天尊,他手持宝扇,象征太初。在《道藏·道教宗源》中,把道教的最高境界称为"三清",即玉清、上清和太清,"三清"各为一级洞天,各有天尊住持。"三清"也可以理解为道家修炼内功的三个阶段。道家把宇宙生成以前称为"混沌之道";把宇宙的生成划分为三个阶段,即洪元、混元、太初。"洪元"指的是阴阳未判、混沌无形的阶段;之后,清阳之气上升而成为天,重浊之质下降成为地,宇宙才定型,

图 3.4.10 三清殿

这个阶段称为"混元"。地球有了生命开始的阶段,称"太初"。道家修炼内功也从三个不同阶段和层次比喻修身炼功的高度。

在三清殿外侧,供奉的神像是镇坛王灵官。他红脸膛,三只眼,三目怒视,虬须四张,披甲戴盔,手持钢鞭火轮。王灵官是道教的护法神和纠察神,相当于佛教护法神韦驮的地位。

在东配殿内供奉的是"东华帝君",在神话传说中它是天上阳神的总管。西配殿供奉的则是西王母,神话传说她是天上阴神的总管,居住在昆仑山的瑶池,民间称她为王母娘娘,西王母是她的官称。

我们看到三清殿院内还种有芍药、金桂、四季桂等多种花卉,最为名贵的就是大家看到的东华殿前的这棵绿萼梅,它树体虽不高大,但树龄已有300多年。开花时,弯曲的枝条点缀着艳丽的花朵,显得格外仪态庄重、古朴典雅。传说这棵树在"文革"期间,曾流落他乡,后来被市园林局的工作人员找回,种在院内。据说它是长江以北同类树种当中最大的一棵,属国家一级保护植物。

(六)三皇殿☆☆☆

图 3.4.11 三皇殿

始建于唐代的三皇殿,由正殿和东西两个偏殿组成。唐代以前,太清宫只有"三官""三清"两座殿院。唐代道士李哲玄来到崂山太清宫后,看到这里风景优美、环境清雅,但又感觉整个宫区布局不尽合理,便按九宫八卦方位,筹资修建了这座殿堂,供奉"三皇",原称"三皇庵"。

三皇殿正殿供奉天皇、地皇和人皇。"三皇"是中华民族远古时期的三位领袖——伏羲、神农、轩辕。正殿中间手持太极图的是天皇伏羲氏,旁边手捻稻菽的是地皇神农氏,另一位手握护板的是人皇轩辕氏。供奉"三皇"是道教思想尊重人类社会发展的具体体现,为纪念"三皇"为中华民族所做出的杰出贡献。

三皇殿正殿两侧供奉的是我国历史上卓越的"十大神医",他们当中有创始诊病四法的扁鹊,有发明麻沸散、创立健身五禽戏的华佗,有著作《伤寒杂病论》的张仲景,有被尊为"药王"的孙思邈,有编写药物学巨著《本草纲目》的李时珍等。由此可见，三皇殿内供奉的都是对我国和人类做出过非凡贡献的历史人物。

三皇殿门口外侧的墙壁上，各镶嵌一块碑刻。东边是成吉思汗敕谕丘处机的护教圣旨，西边是成吉思汗颁给丘处机的金虎符文，圣旨距今已有780余年历史，极具历史文化价值。"文革"期间，太清宫碑刻大都被毁，这两块保存了下来。

三皇殿的西偏殿为耿真人祠，也称"耿祖祠"，殿内供奉的是明代太清宫道士耿义兰。东偏殿救苦殿内供奉的则是观世音菩萨、八仙之一的吕洞宾及太乙真人。

（七）海印寺遗址 ☆☆

眼前这块长方形房基平台，便是海印寺遗址。刻有"海印寺遗址"的石碑，用的是原来修建海印寺时的石材。碑刻记有"明万历十三年憨山大师建海印寺于宫前，二十八年降旨毁寺复宫"碑文。

明万历年间，这里发生过一场僧、道为争夺庙产土地的斗争。僧方的代表人物是憨山大师，道方的代表人物是太清宫道士耿义兰。

图3.4.12　海印寺遗址

憨山大师为明代四大高僧之一，他在研读《华严经》时，看到经中记载"东海有处，名那罗延窟，是菩萨聚居处"，心里非常向往，便跋山涉水来到崂山，并将太后赏赐建寺的银两赈济了当地的灾民，自己则在那罗延窟中修行。因为那里位置偏僻不利于弘扬佛法，两年后他来到太清宫搭建了一所茅庵居住。万历十四年（1586年），皇帝把15部大藏经分赐给全国名山古刹，太后又特赐了一部给崂山，钦赐海印之名，之后经过憨山大师的努力建成海印寺，并香火大盛。

太清宫道士耿义兰对憨山和尚的建寺行为极为不满，四处奔走，到官府控告憨山霸占太清产业，但各级衙门因憨山大师背后有太后撑腰，反倒将耿义兰以诬告治罪，并多次把耿义兰打得遍体鳞伤。耿义兰不服，又多次到京城，历时10年之久，通过道教祖庭白云观找到郑贵妃，向万历皇帝告御状。又经过5年的案辩，终于胜诉。万历皇帝下谕逮憨山进京问罪,并以"私创寺院"罪发配雷州。

这场僧、道斗争实质上是皇帝与太后权力之争,憨山只是政治斗争的牺牲品。几百年过去了,现在只剩下这方遗址。

五、仰口风景游览区 ☆☆

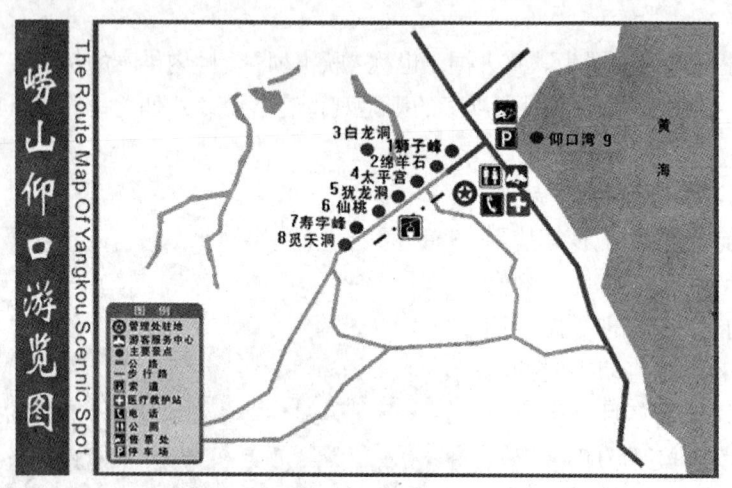

图 3.4.13　仰口风景游览区导览图

位于崂山风景名胜区东北部的仰口风景游览区,背依奇峰仙山,面朝碧波荡漾的黄海,风光特色以仙山寺院、海湾沙滩为主。嵯峨的山峰自海边拔地而起,象形山石丰富多彩。宽阔平展,沙质优良,海水澄碧的仰口海滩则是理想中的海水浴场。自然景观奇特,人文景观荟萃,历史文化悠久,自古就有"仙山胜境""洞天福地"的美誉,又以休闲、避暑、度假、娱乐胜地而闻名天下。

景区内的寿字峰因偌大的石壁上刻满大大小小的"寿"字,而得名。寿字峰上镌刻了我国古今近百名书法大家用不同字体书写的"寿"字,有隶、篆、行、草、楷等多种字体,在偌大的岩壁上构成了一幅壮观的百寿图,也是"寿"字的书法展览。最大的"寿"字,高20余米,宽16米,寓意为"高寿、长寿、大寿、万寿"。不少游人来到这里都喜欢以"寿"字作背景,照相留念,并祈祷与"长寿"相伴。

六、华严风景游览区 ☆☆☆

大家都知道,崂山是一座道教名山,但现在我们来到的这个景区则是因佛教名刹"华严寺"而命名的——华严风景游览区。拾级而上我们进入"华藏世界"的中心区——华严寺。

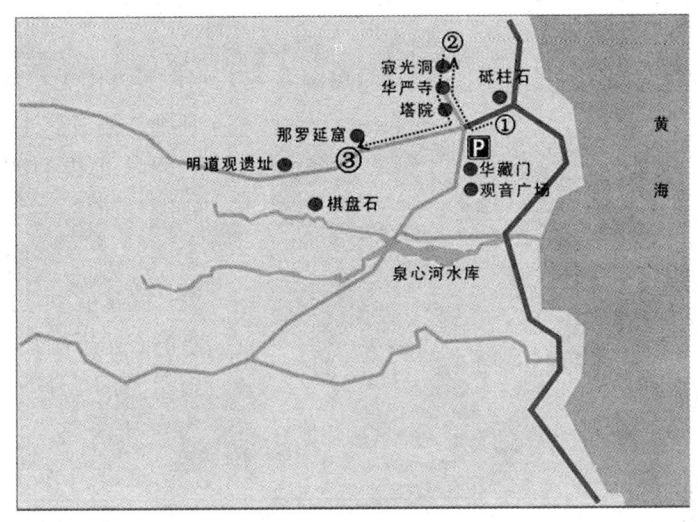

图 3.4.14　华严风景游览区导览图

华严寺原名"华严庵""华严禅院",属于佛教临济宗。清初由即墨乡绅黄坦出资修建,是崂山中现存唯一佛寺。1931 年,沈鸿烈赠匾改名为"华严寺",并沿用至今。现在的华严寺是 1999 年重新修葺的,为重檐斗拱歇山式的木质建筑。整个大殿华丽高贵,体现了佛教的风格,也体现了"莲花藏世界"的特征,即华严大千世界。

华严寺内的三圣殿,也称"大雄宝殿",为三进院,是华严寺的主殿。殿内供奉的三位神像为"华严三圣"。中间为释迦牟尼,即我们所说的"大日如来",原名为乔达摩·悉达多。左、右分别是文殊菩萨和普贤菩萨。西配殿供奉的是观音菩萨。东配殿供奉的是地藏王菩萨。

《华严经》中记载:"震旦国有一住处,名那罗延窟,从昔已来诸菩萨众于中止住。"在梵语中,"那罗延"是"金刚坚牢"的意思。华严寺内的这一处那罗延窟本是一个天然的花岗岩石洞,因花岗岩质地坚硬与梵文的那罗延名实相副,因此僧侣们称此窟为"世界第二大窟"。

洞内四面石壁光滑如削,地面平整如刮。石壁上方凸出一方薄石,形状极似佛龛。洞顶部有一浑圆而光滑的洞孔直通天空,白天阳光透入洞内,洞中十分明亮。据说这个洞原来没有孔,那罗延佛在成佛前带着徒弟在此洞修炼,当他修炼成佛后,凭着巨大的法力将洞顶冲开一个圆孔升天而去,才留下这么个通天的圆洞。

七、北九水风景游览区

(一)景区概况☆☆

人们常说:"不到北九水,不算游崂山。"北九水以其丽山秀水绘就的优美画廊,驰名中外。崂山源泉之水从海拔1100多米的高峰顺势而下,中途又汇集了众多溪流,凌空泻入靛缸湾,又从靛缸湾溢出。北九水涧谷始于靛缸湾,止于崂山水库的"月子口",全长约11千米。

图3.4.15 北九水风景游览区导览图

这北九水的水流沿着深山峡谷,穿山越涧、弯弯曲曲,转了很多道弯儿,这每转一道弯,就称其为"一道水",于是便形成了内、外九水的十八道水。其实,九水的河道究竟拐了多少道弯恐怕也没人数得清,之所以用"九水"来命名,源自"山有九重,地有九层,水有九曲"九在古文中为虚数,意为极其之多。大家随我拾阶而上,沿途风光秀丽,水声似娓娓动听的乐章,两岸怪石如立体的奇妙画廊,各类亭台傍立两边,如同"人在画中游",怪不得众人均赞誉其为"九水画廊"。

拾级而上,一路前行,"一水"骆驼峰、"二水"将军崮、过了"三水"鹰窠河,远远地便可看到"四水"奇石——飞来石,越过"五水"飞凤崖,只见"六水"潭旁有一巨石,上置石桌、石凳,名曰"观音台"。穿过"七水"冷翠峡,驻足"八水"回视,山峰恰似马头,故又名"马首是瞻"。进入"九水",便来到了这九水画廊的终点——"潮音瀑"。

游完内九水画廊,由潮音瀑向上绕行过观景台后,我们就来到了一个翠竹葱郁、古树参天的清静世界——蔚竹观。蔚竹观原名蔚竹庵,建于万历年间。当时全真华山派道士宋冲儒来到这里,见山峦叠翠,涧水鸣琴,清静幽雅,实为道家清修之胜境,便不畏艰辛,建道庵于此。

整个道庵分前后两进殿院,有正殿三间、道舍十余间。建庵之初,称"三元殿"。正殿供奉真武大帝、观音大士和三官神像。现在的蔚竹观是按原样重新修建的,院内植有白丁香、赤松、山茶等名贵花木。位于观东侧的古银杏树,树高25.6米，胸径1.1米，树龄有800余年。蔚竹观西南方那株银杏树，树龄有400余年，是建庵时栽植的。

北九水风景游览区群峰环绕，山青谷秀，水美如画，游后令人产生"南有九寨沟，东有北九水"之感。

（二）潮音瀑☆

"未见其形，先闻其声"，说的大概就是潮音瀑了吧。我们抵达北九水的终点后，眼前一道瀑布从石壁裂处凌空而下，一波三折跌入一潭碧水之中，潭水清澈见底，碧蓝如靛，称为"靛缸湾"。潮音瀑瀑水飞泻的声音犹如澎湃的潮水，所以被誉为"岩瀑潮音"。我们现在来

图3.4.16　潮音瀑

的这个时候是北九水的丰水季节，所以我们能够感受到潮音瀑奔腾澎湃，气势豪迈之状，这声音就好像滚滚的怒潮。也欢迎大家在枯水季节再来北九水，那时候我们再看到的这个瀑布又会呈现出她的温和优美之态，又是别有一番风采。

潮音瀑左边岩壁上"潮音瀑"三个字是叶恭绰的手书。叶恭绰是20世纪30年代南京国民政府的水利部长。右边石壁上"空潭泻春"四个字是邵元冲的手迹。邵元冲是国民党元老。

西边石壁上刻有高凤翰的诗："涧水从天下，奔流万派喧……"东边石壁上刻有黄苗子的诗："……三面苍崖荣碧树，千重涧水汇清溪……"

上面是座小巧玲珑的"观瀑亭"。我们可以站在亭中欣赏大自然的画卷，体味名人诗篇，更令人赏心悦目。

知识问答

1.请列举崂山十二景？

答：分别是巨峰旭照、龙潭喷雨、明霞散绮、太清水月、海峤仙墩、那罗佛窟、云洞蟠松、狮岭横云、华楼叠石、九水明漪、岩瀑潮音、蔚竹鸣泉。

2.请介绍一下崂山名称的由来？

答：崂山的名称最早见于《南史·明僧绍传》中的"隐长广郡崂山，聚徒立学"之句。另在《神农本草》和《本草图经》中也记有此山名，明代黄宗昌亦用此名写成《崂山志》。崂山曾经几易其名，先后有过"牢山""劳山""二劳山""辅唐

山""鳌山"等称谓。

3. 请列举崂山风景区曾经获得的荣誉称号有哪些?

答：崂山风景区曾获得"国家重点风景名胜区""国家森林公园"，荣获"国家级风景名胜区综合整治优秀单位""最佳资源保护的中国十大风景名胜区""中国风景名胜区顾客十大满意品牌""全国文明风景旅游区""国家5A级旅游景区"等荣誉称号。

4. 请问太清宫元辰阁和元君阁内分别供奉的是哪位神仙?

答：元辰阁供奉的是斗母元君，斗母又称斗老，其神号全称是"先天斗姥紫光金尊摩利支天大圣圆明道姥天尊"，是道教星宿神中的北斗众星之母，掌管天文星象，也就是掌管农业节令的神。元君阁供奉的是碧霞元君，全称是天仙圣母碧霞元君。碧霞元君在北方尤其华北最受崇拜，因为她的"老家"在山东泰山。碧霞元君，又叫"泰山玉女"，是泰山女神。

5. 请列举崂山分布的主要树种植物有哪些?

答：据不完全统计，崂山有各种植物1600余种，其中不少亚热带植物长势良好，数百年的耐冬和一两千年的银杏、柏树、黄杨、赤松等枝繁叶茂，挺拔苍翠，为著名的国家森林公园。

6. 请问太清宫三大殿指的是哪三处?

答：三官殿、三清殿、三皇殿。

7. 请问"名山奇观又一景，两忉峭壁一线天"说的是哪个景点?

答：一线天。

8. 请问三官殿门前的银杏树是谁栽植的?

答：三官殿门前的两株银杏，是宋朝开国皇帝赵匡胤为太清宫道士刘若拙敕建道场、重修太清宫时所栽植，距今已有1000多年的树龄。银杏树最大的特点就是有性别之分，这两棵银杏树都是雄性。

9. 请问青岛的市树和市花分别是什么?

答：市树为雪松，市花为月季和耐冬

10. 请问蒲松龄以三官殿内的耐冬为化身构思了哪篇故事?

答：《聊斋志异》"香玉篇"

11. 请问蒲松龄来崂山游居时曾写下哪些传世名篇?

答：《崂山观海市作歌》《香玉》《崂山道士》等。

12. 请问太清宫内的财神殿供奉的是哪三位?

答：正中供奉比干，左为文财神范蠡，右为武财神赵公明。

13. 请问崂山的第一泉是什么?

答：神水泉。

14. 请问三皇殿中的古柏是由谁所栽植的？

答：三皇殿中的这棵古柏传说是太清宫开山始祖、汉代人张廉夫所栽植，距今已有 2100 多年的历史，因植于汉代，所以人称"汉柏"。

15. 请问被评选为"中国百株传奇古树"的是哪一株树木？

答：汉柏凌霄。

16. 请问崂山最古老的寺院是哪座？

答：华严禅院。

17. 2002 年被山东省旅游局评为"中国人游山东——我心中最美的齐鲁新十景"之一的是崂山哪个景点？

答：崂山华严寺，原名"华严庵"，也称"华严禅院"。

18. 请问崂山字径最大的古代刻石是什么？

答："山海奇观"4 个大字，为行楷，阴刻，字径有 27 米，是崂山字径最大的一处古代刻石。

19. 请问北九水泉水的命名体现了道家的哪种思想？

答：顺法自然、天人合一。

20. 请问被誉为"蔚竹鸣泉"的是哪个景点？

答：北九水蔚竹庵。

第五节 刘公岛风景名胜区

导学

　　刘公岛风景名胜区位于威海湾内，虽说面积仅有 3.15 平方千米，但以其深厚的历史文化底蕴、丰富独特的人文景观，赢得了"海上仙山"和"世外桃源"的美誉，自古就有"东隅屏藩"和"不沉的战舰"之称。刘公岛自 1985 年对外开放以来，历史和文化资源的保护利用取得了丰硕成果，曾荣获全国第一个国家级海上森林公园、全国文明风景名胜区、全国红色旅游经典景区、国家 5A 级景区、中国十大美丽海岛等众多殊荣。近年来全力打造以民族复兴为主题的胶东（威海）党性教育基地，已成为全国红色文化教育新高地。

　　推荐游览路线：中国甲午战争博物院陈列馆——刘公岛博览园——钓鱼岛主权馆——刘公岛鲸馆——高尔夫博物馆——东泓炮台——旗顶山炮台——刘公岛国家森林公园——刘公岛水师学堂——北洋海军提督署——龙王庙——丁汝昌寓所——北洋海军将士纪念馆——定远舰

导览图

图 3.5.1 刘公岛风景名胜区导览图

一、刘公岛景区概况 ☆☆☆

刘公岛横卧于山东半岛最东端黄海之滨的威海湾内，距离市区客运码头2.3海里（1海里等于1.852公里）。岛上风光秀美、气候宜人，昼夜温差小，具有冬暖夏凉的气候特点。全岛植被非常茂密，森林覆盖率可达到87%以上，因此为刘公岛赢得了"海上仙山"和"世外桃源"的美誉。

来到刘公岛的很多游客都会问到关于刘公岛名称的由来，到底为什么叫刘公岛呢？据史料记载，刘公是东汉时期汉少帝刘辩遗落在民间的皇子刘民，因宫廷政变，遭受迫害而落难，后来几经辗转逃亡到这座海岛上。刘民夫妇在岛上广施善行，搭救了许多海上遇险的船民，后人为了纪念刘氏二老，在明朝末年将此岛称为刘公岛，名字一直沿用到现在。

明朝末年，为加强海防建设，抵御倭寇侵扰，1398年设立威海卫，屯兵驻守。因为横卧威海湾口，犹如一把渤海的锁钥，因此，这样特殊的地理位置使它成为海防重地。1888年，中国近代第一支海军——北洋海军在刘公岛上正式成军，1894年甲午战争爆发，北洋海军在刘公岛上全军覆没，甲午战败后，刘公岛被日军强占3年，1898年，英国租占威海卫，刘公岛成为英国皇家海军的避暑疗养之地，直到1940年，刘公岛才回到祖国母亲的怀抱，被英国租占长达42年之久。新中国成立后，刘公岛由封闭的军事禁区正式对外开放。

图3.5.2　中国甲午战争博物院陈列馆

如今岛上历史文化底蕴深厚、人文景观丰富独特，有17处国家重点文物保护单位，是全国第一个国家级海上森林公园，2010年被评为国家5A级旅游景区。开放的主要景点有北洋海军提督署、中国甲午战争博物院陈列馆、博览园、刘公岛国家森林公园等。近年来，刘公岛全力打造以民族复兴为主题的胶东（威海）党性教育基地，已成为全国红色文化教育新高地。

难点注释：

威海卫中"卫"字的含义

1398年（明洪武三十一年），为防倭寇侵扰，设立威海卫，取威震海疆之意。"卫"是明朝使用的一种军队编制制度，是明朝驻兵的地点。

二、中国甲午战争博物院陈列馆 ☆☆☆

(一)中国甲午战争博物院陈列馆概况

陈列馆主体建筑由著名的建筑设计大师、中科院院士彭一刚设计,该建筑创造性地将象征北洋海军舰船的主体建筑与巍然矗立的北洋海军将领塑像融为一体,被誉为"20世纪中华百年建筑经典"。

列馆分上下两层,以《甲午战争史实展》为基本陈列,全面展示甲午战争历史画面,是进行爱国主义教育的重要场所。

(二)甲午战争史实展:国殇1894—1895

1.中国近代海军筹建的背景

两次鸦片战争后,清廷痛下决心对旧式水师进行革新。中国的海权重建开始于1860年前后的"洋务运动"。洋务运动的兴起使中国近代军事企业和军事教育得到快速发展。1874年,日本入侵台湾,清政府决心加快建设南北洋水师。1884年中法战争爆发,刚刚发展起来的福建水师全军覆没。清政府最终确定了"先从北洋精练水师一支"的建军方略,使北洋海军的发展后来居上。

资源拓展:

洋务运动是19世纪60—90年代晚清洋务派进行的一场以维护清朝统治的自救运动,前期口号为"自强",后期口号为"求富"。洋务派开办学堂,选送留学生出国学习,为中国军事近代化奠定了坚实的基础。洋务派在中央以恭亲王奕䜣为代表势力,支持地方洋务派代表曾国藩、李鸿章、左宗棠、张之洞等创办近代军事工业。

2.甲午战争的历史过程

资源拓展:

1888年《北洋海军章程》的颁布实施,标志着北洋海军正式成军。清政府任命丁汝昌为北洋海军提督,下设各级官员325人。北洋海军正式成军时,拥有战舰25艘,实力称冠亚洲,居世界第六。作为一支全新的海防力量,北洋海军拥有天津大沽口、旅顺和威海卫三座远东一流的基地。其中旅顺口基地建有亚洲最大的船坞,号称远东第一要塞,是北洋海军舰船维修保障基地。威海卫基地1887年开始全面建设,是海军舰船聚泊补给之所,提督驻节之地。1891年5月,李鸿章巡阅北洋海军后,曾向清政府奏报说:"就渤海门户而论,已有深固不摇之势。"基地的建成,标志着晚清国防近代化进入崭新时期。

1886年,出访日本的北洋海军定远、镇远等舰给日本以强烈的刺激。日本明治政府发布海军公债令，向社会广泛筹集海军经费；睦仁天皇每年从宫廷经费中拨出30万元作为海防补助款；文武官员则抽出薪金的1/10作为造舰费，到甲午战争爆发前日本海军的实力已经远远超过北洋海军。

1894年春，朝鲜爆发了"东学"农民起义，请求清政府派兵援助，早已蓄谋侵略中国的日本也借机出兵朝鲜。7月25日，日本海军不宣而战，在丰岛海面上挑起战事，870多名清军遇难。

难点注释：

"东学"起义是1894年在朝鲜境内爆发的一场由东学道领袖领导的反对朝鲜王朝封建统治、反对帝国主义侵略的农民起义。这场起义主要是以东学道徒为核心，因而历史上称之为"东学党"起义。现在，由于尊重历史研究的客观性，因此多称"东学"起义，不提"党"字。

9月15日，双方血战平壤，这是甲午战争爆发后两国陆军的首次大规模交锋，清军惨重的失败意味着朝鲜成为日本侵略中国的基地和跳板。

1894年9月17日，在黄海大东沟海域，执行护航任务的北洋舰队遭到日本联合舰队的袭击，爆发了自有蒸汽战舰以来规模最大的一场海战——黄海大战。海战历时5个多小时。最终北洋海军的失利致使清政府丧失黄海制海权，战争局势更加恶化。

资源拓展：

1894年9月17日爆发的黄海大战是自有蒸汽战舰以来规模空前的一次海战，地点在中朝边界鸭绿江黄海海域。当时北洋海军的10艘战舰完成护航任务在返航途中遭遇日本12艘战舰偷袭。从双方实力对比看，日本12艘军舰总吨位比北洋海军多9483吨，平均航速快0.9海里，日本军舰上配备各种口径速射炮93门，北洋海军一门也没有。海战从中午12点50分开始，持续将近5个小时，最终北洋海军10艘军舰被击沉4艘、伤亡近千人，而日本没有军舰沉没，伤亡只有300余人。黄海海战后，李鸿章实行"避战保船"的方针，北洋舰队退守威海湾，从此清政府丧失黄海制海权，战争局势更加恶化。

黄海海战的失败，激发了日本大举进犯中国的野心。这是一组反映旅顺大屠杀的浮雕，真实揭露了日军在旅顺犯下的滔天罪行。

1895年1月20日，日军在山东半岛东端的荣成龙须岛登陆，向威海卫发起大规模的进攻。2月17日，日军占领刘公岛，北洋海军全军覆没，被俘的清军共5137人，舰船11艘。

1895年4月17日，李鸿章被迫与伊藤博文签订丧权辱国的《马关条约》。《马关条约》割地之多、赔款之巨，都开创了鸦片战争以来的最高纪录。

资源拓展：

《马关条约》的主要内容

（1）中国承认朝鲜独立，废除中国对朝鲜的宗主权；（2）割让辽东半岛、台湾全岛及所有附属岛屿给日本；（3）清政府赔偿库白银2亿两，分8次在7年内交清；（4）增开湖北沙市、四川重庆、江苏苏州、浙江杭州为通商口岸。

甲午战争后，威海卫被英国强行租占32年，这是著名爱国诗人闻一多先生创作的《七子之歌》中的第四首诗——《威海卫》。

难点注释：

《七子之歌》

《七子之歌》是《诗经》中的一个故事，原意是说一位母亲与七个孩子失散了，孩子们到处流浪，苦苦寻找母亲，渴求回家。闻一多先生将甲午战败后被列强租占的澳门、香港、台湾、威海卫、旅大（旅顺—大连）、广州、九龙比作祖国母亲被夺走的七个孩子，倾诉了他们失养于祖国，受虐于异族的悲哀之情。

七子之歌——威海卫：再让我看守着中华最古的海，这边岸上原有圣人的丘陵在。母亲，莫忘了我是防海的健将，我有一座刘公岛作我的盾牌。快救我回来呀！时期已经到了，我背后葬的尽是圣人的遗骸。母亲，我要回来，母亲！

3.尾厅

甲午战争的失败告诫我们"落后就要挨打，腐败必然灭亡"。这座警钟时刻警醒我们"强我海防、兴我海权"。我们应该居安思危，全民增强海权意识，加强海防建设，早日实现我们的中国梦！

三、刘公岛博览园 ☆☆☆

（一）博览园概况

博览园是刘公岛上的一处大型的综合性旅游景观，全方位、立体化地讲述了刘公岛的三大主题文化：刘公文化、甲午战争、英租历史。

（二）刘公文化

刘公文化区，主要讲述了刘公刘母的身世以及刘公岛名称的由来，弘扬乐善好施的刘公精神。

据史料记载，刘公是东汉时期汉少帝刘辩遗落在民间的皇子刘民，因宫廷政变，遭受迫害而落难，后来几经辗转逃亡到我们这座海岛。刘民夫妇在岛上广施善行，搭救了许多海上遇险的船民，后人为了纪念刘氏二老，在明朝末年将此岛称为刘公岛，一直沿用到现在。并尊称两位老人为"海圣刘公刘母"。

资源拓展：

图3.5.3 刘公岛博览园

刘公刘母传说

据史料记载，公元238年，有一艘南方商船在海上行驶，突然狂风大作，巨浪滔天，船民顿时迷失了方向。一天夜里，他们看到远处有一火光闪动，船民顺着火光行驶，才发现是一位老人手持火把在为他们引航，到了岛上后，又有一位慈祥的老妇人做了热腾腾的饭菜为他们充饥，船民们感激地询问两老的姓名，老人微笑着回答说"姓刘"。之后就离开了。船民们认为是神搭救了他们，便尊称他们为海圣刘公刘母。此后民间流传了许许多多关于刘氏夫妇搭救遇险船民的故事。

刘民夫妇去世之后，人们为了纪念他们，就在岛上中部阳坡处修建了一座祠庙，并塑造了刘公刘母像，此后，南来北往的船只经过刘公岛，都要进庙祈祷，祈求两位老人保佑他们海上平安。北洋海军在刘公岛上成军后，北洋大臣李鸿章和刘公岛护军统领张文宣曾捐款重修了刘公庙。

清朝末年，英国租借刘公岛，并将岛内居民强迁岛外，为了与刘公刘母朝夕相处，人们将两位老人的灵位迁往岛外北沟村的三太爷庙，在庙前，人们立了一块石碑，上书"神本依人神亦人"。历经1个世纪，刘公岛管委会从历史和文化的角度考虑，在岛上重修了"海圣殿"，告诫后人莫忘扶危济困的"刘公精神"。

（三）中华海坛

前方的中华海坛是为纪念甲午战争110周年而建的。正前方石壁上56条石雕飞龙，象征着中华56个民族一脉相连，团结相亲。海坛上方巍巍耸立的是定海神针。它的神圣使命在于"镇

图3.5.4 中华海坛

海",同时也寄托着中华民族企盼海上和平的美好愿望。

(四)英租威海卫历史博物馆

1. 序厅

甲午战败后,英国为维护在华利益,强行租借军事要地威海卫以抗衡沙俄与德法等国,并于1898年7月1日同清政府签订了《租威海卫专条》。

难点注释:

租借地是列强的一种特殊侵华形态。根据条约,租借地主权仍属中国,但实际上,列强却无视中国主权,把租借地当作各自的殖民地,使之成为独立于中国行政体系之外的国中之国。

大型铜雕作品"祖国母亲与威海卫"表达了祖国母亲呼唤威海卫回归的强烈感情。

2. 太阳旗落下米字旗升起

甲午战争失败之后,威海卫一直在日军的掌控之中,直到1898年5月7日清政府对日战争赔款在伦敦全部付清,日军才开始陆续撤离。日军全部撤离的第二天,即1898年5月24日,英军便迫不及待地在刘公岛西端的黄岛举行了占领升旗仪式,这是升旗仪式的场景复原。

3. 英国远东舰队的后花园

由于威海卫的特殊战略地位,英国最终确立将威海卫用于驻华海军的训练补给和官兵疗养之地。英国海军在岛上常年派驻海军陆战队,利用刘公岛和大陆沿岸的军事设施进行演习,这时的威海卫已经成为英国远东舰队的"后花园"。

4. 难圆的第二香港梦

英租威海卫后,殖民部决定"以最低的成本管理威海卫",这种举措使威海卫没能成为英国政界预言的"第二个香港",相反,却被同期的青岛、旅大迅速抛在身后。

5. 商业街街景

这里是英租时期最繁华的商业街。当时威海卫的贸易对所有地区开放,不收任何关税,这种自由贸易港地位吸引了不少外地人前来经商。商埠区鼎盛时期商号云集,最多时达700多家。

难点注释:

和成锡铺

现在我们看到的是一家经营瓷器的商铺。在当时有一种非常畅销的旅游纪念品是锡镶制品,锡镶制品具有浓厚的民族色彩,而且做工精良,深受西方人士的喜爱,这里就是当时最大的一家锡镶铺——和成锡铺。直到现在,锡镶制品仍然是威海的特色旅游纪念品。

6. 尾厅

威海卫被租占后,国人一直渴望收复失地并为此进行了不懈的抗争。直到1930年4月18日,历时8年的回归谈判终于以中方的一再妥协而宣告结束,英方以续租刘公岛10年为前提,与中方签订了《中英交收威海卫专条》。同年10月1日,中英双方举行了接收典礼,这就是当时的场景复原。至此,在离别了32年之后,威海卫重新回到了祖国母亲的怀抱。

资源拓展:

一年后,威海卫管理公署在三角花园树立了"收回威海卫纪念塔",塔高32英尺(约9.7米),寓意不忘32年的殖民统治。如今,这座纪念塔依然静立在威海三角花园内,诉说着威海曾经饱受沧桑的历史故事。

四、钓鱼岛主权馆 ☆

钓鱼岛主权馆是由国家海洋局和刘公岛管委会联合主办,是全国第一个系统展示钓鱼岛历史与主权的专业场馆。

据史料记载,中国最先发现、命名和利用钓鱼岛。明清两代朝廷先后24次派遣使臣前往琉球王国册封,钓鱼岛是册封使前往琉球的途经之地。中国使臣撰写的大量报告,清楚记载着钓鱼岛、赤尾屿属于中国,包括历史上的《筹海图编》《坤舆全图》《最新中国地图》资料中都有所记载。

图3.5.5 钓鱼岛主权馆

难点注释:

(1)明嘉靖四十年(1561年)的《筹海图编》,是由明朝抗倭最高统领浙江总督胡宗宪组织、郑若曾主编,明确将钓鱼屿、黄尾屿和赤尾屿等岛屿纳入明朝的海防区域。

(2)清政府委托法国耶稣会士蒋友仁绘制的《坤舆全图》中的中国沿海局部

图，其中的钓鱼屿、黄尾屿、赤尾屿，分别用福建闽南方言发音标注为好鱼须、懂未须、车未须。

（3）1801年英国制图家约翰·卡里绘制的《最新中国地图》是英国官定地图，图中关于钓鱼岛等岛屿的标注，均以中国闽南方言命名。

1895年4月17日，日本与清政府签订了不平等的《马关条约》，钓鱼岛等作为台湾附属岛屿同台湾一并被割让给日本，1900年日本将其改名为"尖阁列岛"。

1941年中国正式对日宣战后，两国间的一切条约随之作废。这是1945年8月15日，日本东京湾的战列舰上，日本政府代表在受降书上签字。

资源拓展：

美日对钓鱼岛私相授受

第二次世界大战后，钓鱼岛回归中国。但20世纪50年代，美国擅自将钓鱼岛纳入其托管范围，70年代美国将钓鱼岛"施政权""归还"日本。这一举措引起中国政府和人民的强烈反对，美国不得不于1971年10月和11月连续发表声明，公开澄清其在钓鱼岛主权归属问题上的立场，表示美国并未承认日本对钓鱼岛拥有主权。

近几年，日本右翼分子在日本政府的纵容下，在岛上设立所谓的"主权标志"。2012年9月，日本政府还变本加厉地与右翼势力上演了一出"购岛"闹剧，严重侵犯了中国的领土主权，使钓鱼岛上空笼罩着厚厚的阴霾。

对此，中国政府采取有力措施予以反击。首先是郑重宣示中国在钓鱼岛问题上的主张和一贯立场；二是台港澳同胞和海外侨胞携手保卫钓鱼岛；三是通过国内立法明确规定钓鱼岛属于中国。

钓鱼岛自古以来就是中国的固有领土，在维护钓鱼岛主权问题的斗争中，我们坚定不移地维护国家主权和领土完整，毫不动摇地捍卫世界反法西斯战争的胜利成果。

五、刘公岛鲸馆 ☆☆

（一）刘公岛鲸馆概况

刘公岛鲸馆内珍藏的抹香鲸标本是2008年1月18日在威海上岸的，长19.6米、体重50.1吨，无论体长还是重量都是目前世界上岸最大的。

（二）抹香鲸标本介绍

我们来看它的面部特征，从正面看不到抹香鲸的鼻子，嘴巴、眼睛、耳朵都在侧面。它的眼睛特别小，视力较差，但听觉十分灵敏，因为他头部有极其灵敏的"声纳"系统，能感受超声波，靠回声定位来寻找食物。

抹香鲸属于齿鲸亚目科，犹如大树的年轮一样，我们可以通过牙齿的层次可以估算出它的年龄。据专家考证这头抹香鲸大约在60岁。

抹香鲸身上的三大宝物是体油、脑油和龙涎香，具有很高的

图 3.5.6　刘公岛鲸馆

经济价值。抹香鲸爱吃巨型乌贼，但它消化不了乌贼的鹦嘴。为了消化鹦嘴，逐渐在小肠里形成一种黏稠的深色物质，即是"龙涎香"。抹香鲸的名字由此而来，龙涎香的价格昂贵，与黄金等价。

资源拓展：

抹香鲸

与其他鲸类相比，抹香鲸的长相十分怪，头重尾轻，庞大的头部大约占了体长的1/3。因此，抹香鲸也叫"巨头鲸"和"大脑袋"，一般生活在水深至少180米的海域中，最深可潜到2200米，是哺乳动物中名副其实的潜水冠军。他头部巨大的脂肪体能起到浮力调节器的作用，帮助它从深海区迅速上升，减少沉浮时间。

鲸的种类全世界有80余种，我国海域有30多种。通常，我们可以从有无牙齿、几个呼吸孔和喷出的水柱形状来区分齿鲸与须鲸：有牙齿的是齿鲸，没有牙齿的是须鲸。齿鲸的背面，只有一个呼吸孔；须鲸的背上有两个呼吸孔。齿鲸喷出的水柱是斜的，又粗又矮；须鲸的水柱是垂直的，又细又高。

和大多数哺乳类一样，鲸是胎生的。通常一次仅怀一胎，每4年才产一胎，怀孕期一般为9~12个月。抹香鲸的怀孕期长达16个月，哺乳期1~2年。

（三）结语

自古以来，威海人民与鲸有着深厚的感情，我们说刘公岛上的这头抹香鲸就是奔着威海来的，它与威海及刘公岛有着不解之缘，我们坚信这头巨鲸也一定会给威海以及所有来刘公岛看它的客人带来一生好运的。

六、高尔夫博物馆☆

（一）高尔夫博物馆概况

中国高尔夫博物馆介绍了中国古代高尔夫运动的起源及演进脉络，从中我们

可以感悟到中华文明的震撼，带来一种油然而生的文化归属感。

图 3.5.7　高尔夫博物馆

（二）高尔夫的起源和发展

资源拓展：

高尔夫的起源

据史料记载，高尔夫的起源，主要在英国、荷兰和中国。世界上认为高尔夫起源于苏格兰或荷兰的看法比较普遍。相传，英国的苏格兰是高尔夫的发源地，当时，牧羊人经常用驱羊棍子将一颗圆石子击入窝内，比赛谁击得远且准，据此，他们就发明了后来被称为高尔夫的运动。虽然历史上关于高尔夫的起源说法很多，但中国的文字记载和出土文物最早。

世界公认的现代高尔夫球规则，是1754年苏格兰制定的，而中国元代《丸经》记录的捶丸规则比它早了472年。捶丸在宋、元、明时期比较流行，当时不仅达官贵人、文人墨客，甚至仕女在酒后饭余都喜欢以捶丸来消食解闷，明朝杜堇所绘的《仕女图》，生动再现了仕女们饭后捶丸的场景。

后期通过元代文化交流传到欧洲的捶丸，经过几个世纪的演变，成为西方的高尔夫，风靡欧美。

难点注释：

《丸经》

《丸经》著于1282年，全经共分为32章，计12 000字，涵盖礼仪、规则、财务、球具制作、心里、交友等内容，可以说是古代世界上最古老、最系统的高尔夫运动学术专著。除了《九经》外,《说郛·九经》《庄子》《诗经》古卷《商颂》之《长发篇》等古书对捶丸也都有记载。

资源拓展：

捶丸与高尔夫

根据敦煌壁画记载，古代南来北往的胡商，以及后来元代的文化大交流将捶丸运动带到中亚，然后传到欧洲。鸦片战争后，这些根在中国的运动项目摇身一变，带着浓浓的西洋色彩出现在人们面前，蹴鞠变成足球，捶丸变成高尔夫。

高尔发音"古尔"，最早见于蒙古语，在14世纪前的英语中没有"高尔夫"这个词。因此，捶丸传入西方，从语言根源上也有重要依据。

这里介绍的是从1880年开始的中国近代高尔夫运动。

末代皇帝溥仪非常喜欢打高尔夫，曾在多处行宫建有小型高尔夫球场。这是溥仪非常喜欢的一款球包，也是"一战"时期最流行的高尔夫球包。除了溥仪皇帝，张学良、梅兰芳也是高尔夫的爱好者。

1902年，英军在刘公岛上先后修建了足球场、网球场、高尔夫球场等一大批休闲娱乐设施，也使其成为中国现代高尔夫运动的发祥地之一。

（三）结语

时间遮不住历史的光芒！高尔夫，作为传承中华文明血脉古老而又现代的运动，随着整个民族的记忆重拾，一定会再放异彩！

图 3.5.8　东泓炮台

七、东泓炮台 ☆☆

东泓炮台位于刘公岛最东端，临海而设，是国务院公布的第三批全国重点文物保护单位,也是刘公岛上规模较大的炮台之一。

资源拓展:

该炮台施工严谨,造型巧妙,坚固实用。由北洋海军的军事总教习,德国人汉纳根负责设计。其工程规模之宏伟浩大,曾为许多诗人赞叹:"有此已足固吾,况是众志如城坚。"

东泓炮台共设各种口径的火炮台14门,为德国克虏伯军工厂制造。在刘公岛保卫战中,面对日军的海陆合围,驻守东泓炮台的清军官兵配合北洋海军英勇奋战,其猛烈的炮火使日军的进攻屡屡受挫。据日方记载:"清军炮火命中极精确,无数炮弹飞来,在我诸舰前后坠落。"在激烈的炮战中,东泓炮台一炮击中日军主力舰"扶桑"舰首,"扶桑"甲板被打出一尺多的洞,三分厚的铁梁和梯子皆被击断,弹片纷飞,击毁左舷内侧,到指挥塔的铁壁上又弹回,使日军死伤近10人。此时,守卫东泓炮台的清军伤亡也很大。但守台清军毫不畏惧,愈战愈勇。日军集中炮火轰击东泓炮台,致使炮台大炮被毁,清军被迫撤守。

为了真实再现当年古炮台的原貌,中国甲午战争博物院复制了一门240毫米口径的德国克虏伯大炮,登上炮台,您可以亲自上炮操作,体验炮手的感觉,感受浓厚的历史氛围。

东泓炮台成为专家学者研究近现代海防、北洋海军及甲午战争重要的实物例证,成为后人接受爱国主义教育、海洋观和海防教育的重要场所。

八、旗顶山炮台 ☆

图 3.5.9 旗顶山

旗顶山炮台位于海拔153.5米的旗顶山上,这里峰峦起伏,植物茂密,郁郁葱葱。当您领略到这优美的海岛风光时,也许不会想到,百年前这里曾弥漫过甲午战争的硝烟,轰鸣过隆隆的炮声,广大清军将士为捍卫祖国疆土,曾在这块土地上英勇奋战,血洒疆场。

该炮台 1890 年建成，由北洋海军的军事总教习、德国人汉纳根负责设计。当时炮台上设 240 毫米口径平射炮 4 门，德国克虏军工厂制造。大炮口径大，杀伤力强，其炮火可支援岛上其他炮台，并与南北炮台配合封锁威海湾南北两海口。在刘公岛保卫战中，面对日军的海陆合围，北洋海军制定了"依辅炮台，港口抵御"的对敌方针。驻守旗顶山炮台的清军充分发挥旗顶山海拔高，视野阔的地理优势，与北洋海军密切配合，重创日军，发挥了重要作用。后由于旗顶山炮台大炮被日军炸毁，守台清军被迫撤退。

1988 年，旗顶山炮台遗址被国务院公布为全国重点文物保护单位，为研究清末军事防务设施提供了重要的实物例证。这里也成为后人接受爱国主义教育、海洋观和海防观教育的重要场所。

九、刘公岛国家森林公园动物园植物园 ☆ ☆

（一）动物园

刘公岛国家森林公园动物园里面生活了四种珍贵动物，有熊猫、梅花鹿、长鬃山羊、麋鹿。

2008 年 11 月，海协会与海基会在台北会谈期间，共同宣布两岸互赠大熊猫、珙桐树与长鬃山羊、梅花鹿。12 月，带着大陆人民深情厚谊的大熊猫"团团和圆圆"落户台湾。2009 年两会共同决定，台湾将回赠大陆两只梅花鹿、两只长鬃山羊。2011 年 4 月 16 日两对岛宝搭乘包机由台湾桃园机场运抵威海国际机场，于当天下午 3 点到达刘公岛国家森林公园。

图 3.5.10　刘公岛国家森林公园

资源拓展：

人们对这两对宝贝非常关注，纷纷为它们起了名字，在票选中梅花鹿以"繁星"和"点点"获得最高人气，"繁星点点"不仅是梅花鹿身上美丽斑点的写照，也寓意着梅花鹿在威海可以繁衍生息、开枝散叶。长鬃山羊也有了响亮的名字，叫作"喜洋洋"和"乐洋洋"。

在鹿类中，梅花鹿是最美丽的，因为每到夏季它全身的毛就会变成棕红色，白色的斑点像点缀的梅花一样，梅花鹿因此得名。全台湾纯种梅花鹿饲养的地方目前只有台北市立动物园和金门。而在中国大陆，您只有来到刘公岛才能亲眼看见和接触到来自宝岛台湾的精灵们，和它们来一次亲密接触。

台湾长鬃山羊又称台湾野山羊，因为它喜欢爬坡儿，所以生活区内设立了足够它们跳跃的障碍设施，让它们能够充分地跳跃奔跑。长鬃山羊的寿命一般在13年左右。

资源拓展：

图3.5.11 梅花鹿

宝岛台湾物产丰富，可以说到处是宝，为什么单单挑中了这两种动物呢？因为长鬃山羊作为台湾独有的物种，虽然名字叫羊，但却是台湾本地唯一野生牛科动物。它们是生活在台湾山区的爬山高手，通常在悬崖附近活动，跑起来健步如飞。而野生的梅花鹿1969年在台湾就已灭绝，所以梅花鹿在台湾显得十分珍贵。鹿角的形状酷似台北的"北"字，他的头角图形是台北市立动物园园标的图案，是台湾弥足珍贵的动物。

台湾梅花鹿和长鬃山羊是对食物和环境条件要求弹性较大的食草动物，适应性较强。经专家论证，威海本地生长的桑树、榆树等，符合宝岛食料要求，因此我们确立了"岛内为主、岛外为辅"的食料方案，确保一年四季充足的食料供应，使它们在刘公岛能过得健康舒适。

（二）植物园

（红豆杉）您现在看到的这种植物是国家一类保护树种——红豆杉，因能生长出红豆一样的果实而得名，是国际上公认的防癌抗癌药剂，在地球上已有250万年的历史。

（珙桐）随着熊猫的到来，我们还从四川引进了40株当地的珍稀植物珙桐，素有"植物活化石""绿色熊猫"之称。珙桐花盛开时，犹如千万只白鸽栖息在树梢枝头振翅欲飞，所以又被称为"中国鸽子树"，象征着和平友爱。

"熊猫和珙桐，鬣羚梅花鹿，团圆鸽子树，长久富贵路"。作为爱的使者，他们顺利入住威海刘公岛，铺就了友爱的心灵桥梁。这里是海峡两岸友好交流的平台，更是两岸同胞血浓于水的历史见证。

十、刘公岛水师学堂☆

威海水师学堂是目前唯一一处保存比较完整的清代水师学堂。

水师学堂，是专门培养海军人才的地方，学堂学制是4年，1889年水师学堂开始修建，1890年建成开学，成为继福州马尾船政学堂、天津水师学堂之后，北洋水师兴办的又一所正规水师学堂。北洋海军成军后，李鸿章认为，"水师学堂之设，实为海军切要之图"，仅福建、天津两处，培养人才太少，肯定不够用。于是，他奏请在刘公岛再设一处水师学堂，以便就近学习驾驶、鱼雷、枪炮等技术。

图3.5.12　刘公岛水师学堂

进来之后，您看到的是洋员教习办公的地方，右边是中文老师办公的场所。这所学堂当时是一所吸收中外先进办学经验的军事学校，学堂开设内堂科目和外堂科目。当时清政府还将康济、威远、海镜四舰船用作学堂练船，使学生在学习书本知识的同时，也兼习枪炮，这一点是其他学堂所无法相比的。

这里是生活区，是教习和学生的宿舍。旁边有座戏楼，是当时学堂师生们的主要娱乐场所。

资源拓展：

水师学堂

（1）海军提督丁汝昌兼任学堂总办，下设委员、总教习、洋文教习各1名，汉文教习2名，美国洋员马吉芬任总教习。学堂划分了4个区，分别是训练操作区、学堂建筑遗址区、英租海军建筑展示区、学堂教学生活展示，反映100多年前中西合璧的海军教育模式。

（2）从这里毕业的学生有很大一部分在民国时期的海军任职，最著名的就是当时学堂成绩第一名的吴纫礼，还有他的表兄学习第二名的罗开榜。吴纫礼先后经历了晚清覆灭、民国初期、袁世凯复辟、军阀混战、北洋政府执政、蒋介石统治、抗日战争、新中国成立。罗开榜，后期转入陆军，1919年，升为陆军中将。

十一、北洋海军提督署☆☆☆

(一)提督署概况

北洋海军提督署建于1887年,是目前国内保存最完整的军事衙门,门匾上"海军公所"四个大字由直隶总督兼北洋大臣李鸿章亲笔题写。2014年复原后,每进院落的建筑都再现了其当时的机构设置及职能。

提督署占地17 000平方米,是一座典型的清代砖木举架结构建筑。按照中轴线分为三进院落,每进院落由中厅、东西侧厅和东西厢房组成。

图3.5.13 北洋海军提督署

(二)一进院落礼仪厅

院子中随风飘扬的青龙黄旗是北洋海军的军旗。礼仪厅,是北洋海军高级将领迎接皇帝圣旨、参拜来此视察的王公大臣及举行重大礼仪活动的场所。当年北洋大臣李鸿章曾两次来威海校阅海防,在这里举行了隆重而盛大的庆典活动。

难点注释:

北洋海军的军旗为四号旗,横长九尺六寸约合307.2厘米,直宽六尺三寸约合201.6厘米。北洋海军的军旗同时也是清政府的国旗,当时国旗的出现并不是为了政治和外交需要,而是为了方便海军海上交往和联系。1890年李鸿章奏请光绪皇帝,把原来的三角形国旗改为长方形,国旗和军旗合用,足以显示清政府对北洋海军的重视。

(三)二进院落议事厅

议事厅,复原了1890年春天北洋海军参将以上将官召开军事会议的场景。

此次会议共有12人参加，其中这位是民族英雄邓世昌，致远舰管带。邓世昌从军27年来，仅回过3次家，最多一次也不超过7天。1884年，法国入侵台湾，邓世昌率舰南下御敌。当时，父亲病故，虽然接到报丧，但他以国家为重，没有回家奔丧。事后，他一个人闷在舱内不停地写字，写了就撕，写了还撕，士兵们很好奇他到底写的是什么，于是把这些碎片拼在一起，才发现他所写的只有两个字：不孝。自古"忠孝不能两全"邓世昌不是不注重亲情，也不是不孝敬父母，而是在民族和国家大义面前，把个人情怀更多地系于自己的祖国。

图 3.5.14　议事厅

黄海大战中，致远舰的舰体多处受伤，舰身倾斜，随时有沉没的危险。就在这时，日本的吉野舰正好在致远舰前方，邓世昌下令："开足马力，撞沉吉野"。然而在撞向吉野的途中，致远舰被日舰的鱼雷击中沉没，全舰官兵202人，只有27人获救。

（四）三进院落祭祀厅

祭祀厅，是北洋海军举行祭祀活动的场所。北洋海军作为从事海上航行活动的军事力量，继承了中国传统的妈祖信仰。这听起来有些不可思议，但通过研究当时的规章制度和史料发现，北洋海军的这种信仰，与南方沿海省份妈祖文化一脉相承，是因为北洋海军中有很多人来自福建和广州，所以有着一定的信仰基础。

两侧《息风解困》和《甘泉济师》的壁画反映妈祖护佑航海平安的事迹。

难点注释：

《息风解困》《甘泉济师》壁画

《息风解困》内容为明朝郑和七下西洋的故事。传说他第一次下西洋时，在古里海面上遇到风暴,黑风暴雨打得船队东零西散,危急中郑和跪在船上高声向天妃求救。忽然,冥冥之中有一红灯出现在桅杆之巅,渐渐地风雨停息,船队安然得救。这次脱险,给郑和留下了深刻的印象,从此每次出洋,必先到天妃庙焚香礼拜。据《瀛涯胜览》和《星槎胜览》记载,郑和七下西洋,次次均有凶险,而每次都得天妃显灵,转危为安。为此,郑和把七下西洋的千古伟业,首先归功于天妃。

《甘泉济师》主要记载康熙二十一年十月,清军水师提督施琅奉旨率三万水兵驻扎平海,等待乘风东渡台湾。当时正遇到干旱,军中缺水。平海天后宫旁有一口被填的废井,施琅命人挖掘,并暗向妈祖祈祷,井挖好后泉水甘甜,解了老百姓、士兵用水之难,泉水从此不竭。施琅以为这是神赐甘泉济师,亲书"师泉"二字,此井至今仍然保存。后来施琅平定台湾后向康熙皇帝奏报,认为平定台湾妈祖功不可没,康熙下旨晋妈祖天妃为天后。

(五)济远舰打捞物品展

济远舰是一艘装甲巡洋舰,甲午战争爆发后,济远舰参加过丰岛海战、黄海海战、威海卫保卫战,甲午战败后被日军俘获。1904年日俄战争爆发,在旅顺口外触雷沉没。

图 3.5.15 济远舰打捞物品济远舰前主炮

这是济远舰前主炮,德国克虏伯公司制造,炮身长 7.35 米,口径 210 毫米,有效射程 5 千米,最大射程 1 万米,是目前国内出水口径最大的舰炮,被鉴定为国家近现代一级文物,堪称博物院"镇馆之宝"。这些出土及出水文物,由于在海底浸泡时间长,出水后氧化严重,刘公岛管委正采取措施,予以保护。

十二、龙王庙 ☆

龙王庙是刘公岛甲午战争纪念地所属28处遗址之一,被国务院公布第三批全国重点文物保护单位。

明代以来,威海的海运业得到快速发展,刘公岛有着优越的地理位置,当年过往船只要在刘公岛停泊,都要到龙王庙进香上香,祈求龙王保佑。那时候每年农历正月初一和六月十三龙王生日这天,岛内居民和北洋海军都会来到庙内祭拜,以求平安。

图 3.5.16 龙王庙

资源拓展:

龙王庙前的戏楼是由戏台和化妆室两部分组成,戏楼正面两石柱上雕楹联一副,上联是"龙袍乌纱帽如花石斑斓辉光照耀玉皇阁",下联是"奏响管弦声似波涛汹涌音韵传闻望海楼",横批是"寰海镜清"。通过这副楹联我们可以想象当时岛上繁荣昌盛的景象。

这座戏楼是当时北洋海军以及岛民的主要娱乐场所。也是目前威海境内仅存的清代戏楼之一。戏楼旁边这棵百年古树,见证了龙王庙的百年历史。

英租时期,龙王庙被英军占用,居民将龙王塑像搬到威海卫城北的北沟村,我们现在看到的龙王塑像是1987年重塑的。

东厢内陈列两块德政碑——"柔远安迩"和"治军爱民"。这是刘公岛绅商于1890年分别为海军提督丁汝昌与北洋护军统领张文宣所立。西厢内供奉丁汝昌的灵牌,据说,当年丁汝昌自杀殉国后,他的灵柩曾在此停放一段时间。所以,龙王庙又被人们称为"丁公祠"。

十三、丁汝昌寓所 ☆

丁汝昌寓所也被称为"小丁公祠,"当年丁汝昌携家眷在这里居住了6年。这座丁汝昌铜像高3.8米,您看,丁汝昌手握兵书,面朝着大海,仿佛若有所思的神情。丁汝昌18岁参加太平军,后来随上司投靠了清军,由于自己勤奋好学,致力于海军研究,所以深受老乡李鸿章的赏识。1879年正式统领北洋海军,1888年被正式授予海军提督,也获得了"海军提督第一人"的美誉。

寓所院子中有一株百年紫藤,是丁汝昌亲手栽植的,每年5月,紫藤花花团

图 3.5.17 丁汝昌寓所

锦簇，清香四溢，令人怀念提督芳泽。这里面的布局仿照丁汝昌安徽老家故居复原的，有丁汝昌卧室、客厅和书房等。

甲午战败后，日军占领刘公岛，寓所陈设被洗劫一空，英租威海卫及刘公岛时，寓所被辟为英军将校军官俱乐部，新中国成立后成为人民海军营房。1989年5月，对外开放。

十四、北洋海军将士纪念馆 ☆

北洋海军将士纪念馆是人们凭吊甲午故地，敬缅爱国将士的重要场所。纪念馆馆名由叶飞同志题写，院内矗立着一座造型独特的北洋海军将士名录墙，用黑色花岗石构筑，墙面上镌刻着北洋海军由籍可查的400多位将士和百余位外籍雇员的姓名、职务。名录墙两边各置一盏长明灯，象征着北洋海军将士忠魂不灭，精神永存。

图 3.5.18 北洋海军将士纪念馆

资源拓展：

纪念馆内陈列着北洋海军将士事迹图片资料，展现了丁汝昌自裁殉国、刘步蟾血践誓言、林泰增引义庆生、邓世昌怒撞吉野、林永升黄海捐躯、杨用霖碧血丹心、叶祖珪鞠躬尽瘁、黄建勋蹈海赴义、萨镇冰血战日岛、王国成炮轰吉野等悲壮事迹。

纪念馆内陈列着北洋海军将士事迹图片资料，展现了北洋海军官兵不畏强敌、视死如归的悲壮事迹，他们宁死不降的民族气节和爱国精神，永远昭示后人。

十五、定远舰 ☆ ☆

（一）定远舰概况

定远舰诞生于19世纪后期的中国洋务自强时代，是清政府花费150万两白银从德国购买的，属于当时世界海军中威力最大的战舰，被称为亚洲第一巨舰。定远舰长94.5米，宽18米，吃水6米，满载排水量7670吨，马力6200匹，航速14.5节。回国后，定远被任命为北洋海军的旗舰，刘步蟾任管带。

图 3.5.19　定远舰

定远舰上共装备有大小口径的火炮22门，分别是由德国克虏伯公司和英国阿姆斯特朗公司生产的。

您看，这是定远舰的尾炮，有效射程11 000米。1894年9月17日爆发的黄海海战中，就是舰尾这门炮命中了日本赤城舰，使赤城舰舰长坂元八郎太当场毙命。

这些黑色孔盖，是军舰上的填煤孔。19世纪后期的各国军舰广泛使用了蒸汽动力，煤是当时的主要燃料。装煤的时候，将盖子打开，把煤径直倾入煤舱内。布置在军舰两侧的煤舱，战时里面的煤堆还可以起到保护军

图 3.5.20　定远舰的尾炮

舰的作用，抵御敌方的弹片。

资源拓展：

"主炮晾衣"的故事

（1）北洋海军的燃煤在国内主要由唐山开平矿务局提供，从开平经由铁路运

输到天津,再用轮船海运到威海或旅顺补给。1894年甲午战争爆发后,因考虑到冬天天津港封冻之后,开平的燃煤就没有办法运出,李鸿章要求开平煤矿紧急向旅顺和威海卫各囤积3万吨燃煤,开平煤矿在产能不足的情况下,于是用大量散碎的劣质煤充数,导致北洋海军军舰燃煤质量低下,由此也反映出当时腐败的一种现象。

(2)1894年的甲午战争,因为各种原因,有许多历史传闻直到今天仍众说纷纭,其中有一则"主炮晾衣"的故事广为流传。据说,北洋舰队在访问日本期间,日方军官东乡平八郎发现北洋海军旗舰定远舰主炮上晾晒有衣物,由此断定北洋海军军纪涣散,注定打不赢战斗。但是今天大家登上定远舰会发现,主炮炮管距离甲板足有3米以上的高度,而且炮管露在炮塔外只有很短的一部分,定远舰主炮口径305毫米,炮管管壁就是半米粗的一个筒子,在这上面晾衣服根本无法固定。事实上,当时军舰上没有衣物烘干设施,湿衣服放在舱内会腐蚀舱内机器,所以各个国家的海军都在甲板上晾衣服,这个故事本身就是以讹传讹,诋毁北洋海军的。

这是一座露天指挥台,是定远舰上备用的指挥场所,上面装有罗经、传话筒等设备。

难点注释:

罗经为潜水盔式罗经,属于早期的磁罗经,因上部的外罩酷似潜水盔而得名,在航行中用于辨识军舰的航向,起到指南针的作用。

(二)定远舰的传奇历史

在经历鸦片战争和日本入侵台湾事件后,中国的海防受到严重挑战,为抵御侵略,清政府决定购买铁甲舰。

因为德国伏尔铿造船公司的报价极为低廉,经过考察后,李鸿章最终决定与欧洲新兴的强国德国合作。1881年,中国近代第一艘铁甲舰——定远舰的订造合同在德国柏林正式签约,由于德国政府的高度重视,定远舰短短8个月建造完成,于1881年12月28日顺利下水。这是定远舰的归国航迹图,从德国基尔港出发,历时4个多月到达天津大沽,交由北洋海军提督丁汝昌验收。

资源拓展:

展板上标出的就是定远舰从德国回国的万里航程。从德国基尔港出发,过北海,穿越英吉利海峡进入大西洋,再由直布罗陀进入地中海,过苏伊士运河,经红海、印度洋、台湾海峡,最终到达天津大沽。

1891年,志得意满的清王朝下令停止为海军购买新式装备,而日本海军抓住机会奋起直追,购买装备速射炮的新式军舰,实力远远超越了北洋海军。1894年,日本挑起甲午战争,因为北洋海军技术实力落后,三战三败。但是在敌强我弱的局势下,旗舰"定远"和姊妹舰"镇远",发挥了中流砥柱的作用,被世界各国海军称道。

威海卫保卫战中,"定远"不幸遭到日军鱼雷艇击中,于刘公岛东部搁浅,充当水炮台。2月9日,为防止被敌人再次利用,北洋海军将定远舰自行炸毁,舰长刘步蟾悲愤自杀,实践了他"苟丧舰必自裁"的爱国誓言。

战后,日本政府对"定远"的打捞拆解权进行了拍卖,今天,在日本的很多地方依然可以看到"定远"的遗物。

资源拓展:

1895年2月17日,日军占领刘公岛,此后日本政府对"定远"的打捞拆解权进行了拍卖。1898年左右"定远"舰在海面以上的舰体被大部拆解回日本,用作炼钢和展览,水下部分的舰体至今仍长眠在刘公岛附近的海底。今天,在日本的很多地方依然可以看到"定远"的遗物。

这张现代照片是位于日本福冈太宰府的"定远馆",这座建筑上采用了大量从"定远"舰拆卸的部件,这枚是"定远"舰主炮的炮弹,至今仍然被放置在日本佐世保海军墓地。下面这张桌子原本是"定远"舰的一张军官办公桌,后来被锯断了桌腿,摆放在日本一座寺庙里当作供桌。定远舰的舵轮被日本改成了咖啡桌,现存于日本长崎的哥拉巴公园。

(三)场景复原展区

场景复原展区主要向我们展示了水兵厨房、轮机舱、煤仓、锅炉舱、弹药舱等场景。

前方复原的是水兵厨房的场景。与厨房相配套,定远舰上还设有粮食房、面包房、酒房和肉房等仓库,可供全舰官兵3个月的饮食需求。

图3.5.21 场景复原展区

资源拓展：

  北洋海军的建设主要效仿英国海军，所以舰上饮食也极为西方化。在航行期间，士兵的主食以面包干、咸肉为主，由于长时间的海上漂泊，吃不到新鲜蔬菜水果而缺乏维生素，易得败血病，所以为了有效预防病症发生，另外辅以红葡萄酒、朗姆酒等饮料可助于缓解。与之相比，军官的饮食供给相对更加丰富，根据当时舰上洋员戴理尔所述，在黄海大战当天，军官们的主菜为"烧乳鸽"。

  这里是子弹房的场景，用于储存炮弹弹头。大家请注意，这间子弹房里还有一些特别的弹头，和其他弹头摆放不同。之前相信大家有看过关于北洋海军炮弹里面装沙子的内容，特点是弹头尖锐、弹体厚重、没有引信，弹底开孔用以填装沙子和少量火药配重，主要攻击军舰水线以下的部分，冲击舰体造成破洞进水，这就是属于实心穿甲弹。它不发生爆炸，所以当时电视剧中表现的是对当时炮弹技术的一种误解。

（四）结语

  定远舰的兴衰历史昭示着国家海权的重要性，反思甲午战争，我们可以得出这样的结论：落后就要挨打，腐败导致灭亡！这艘"定远"号纪念舰，凝聚了中国海军一个时代的辉煌，也是您了解甲午战争、铭记历史、重燃爱国情怀的开始。

知识问答：

  1. 什么是近代海军？

  答：近代海军，是指以蒸汽动力舰艇为主体，采用西式训练和作战方法，军官多是经过海军院校培训，有完善的后勤支援系统的新式海上武装力量。

  2. 洋务派有哪些代表人物和大的集团？

  答：洋务派代表主要有：恭亲王奕䜣为代表的中央派；曾国藩和左宗棠为代表的两个湘系集团；李鸿章的淮系集团。

  3. 北洋海军成军的时间及标志是什么？

  答：1888年；《北洋海军章程》的颁布。

  4. 北洋海军的三大基地是什么？

  答：天津大沽、旅顺、威海卫。

  5. 甲午战争的导火索是什么？

  答：当时中国与朝鲜属于宗藩关系。1894年春，朝鲜爆发了"东学"农民起义，自感无力镇压，请求清政府派兵援助，早已蓄谋侵略中国的日本也借机出兵朝鲜。7月25日，日本海军不宣而战，在丰岛海面上挑起战事，870多名清军遇难。1894年8月1日中日双方同时宣战，甲午战争全面爆发。

6.平壤陆战是中日双方在朝鲜的首次交锋，此战中清军牺牲第一位高级将领是谁？简单介绍一下他的事迹。

答：左宝贵。山东费县人，回族，战前他曾按照回族的风俗沐浴更衣，以表誓死报国的决心。激战中，他身穿御赐黄马褂，登上玄武门指挥作战，炮手阵亡后他亲自操炮击敌，不幸胸部中弹，壮烈殉国。左宝贵是甲午战争中清军牺牲的第一位高级将领。光绪皇帝为左宝贵题写祭文："方当转战无前，大军云集；何意出师未捷，上将星沉？"

7.《马关条约》的签订时间、地点及双方代表？

答：1895年4月17日；日本马关春帆楼，中方代表李鸿章，日方代表伊藤博文。

8.甲午战争期间，刘公岛上有几座炮台？请列举。

答：东泓炮台、南嘴炮台、迎门洞炮台、旗顶山炮台、公所后炮台、黄岛炮台。

9."七子之歌"是爱国诗人闻一多先生著名的作品，请问七子指的是哪里？

答：澳门、香港、台湾、威海卫、广州湾、九龙、旅顺大连。

10.黄海大战中，首先发炮的是哪艘军舰？

答：定远舰。

11.日军进攻威海卫侵占我南邦炮台时，是选择从哪里登陆的？

答：山东半岛最东端，荣成龙须岛登陆。

12.北洋海军提督署建于哪一年？门匾上"海军公所"四个大字由谁题写的？

答：建于1887年，由直隶总督兼北洋大臣李鸿章亲笔题写。

13.刘公岛鲸馆内珍藏着目前世界上岸最大抹香鲸标本，请问抹香鲸身上有哪三大宝？

答：体油、脑油和龙涎香。

14.刘公岛名称的由来？

答：据史料记载，刘公是东汉时期汉少帝刘辩遗落在民间的皇子刘民，因宫廷政变，遭受迫害而落难，后来几经辗转逃亡到我们这座海岛。刘民夫妇在岛上广施善行，搭救了许多海上遇险的船民，后人为了纪念刘氏二老，在明朝末年将此岛称为刘公岛，一直沿用到现在。并尊称两位老人为"海圣刘公刘母"。

15.甲午战败后，英国为维护在华利益，强行租借军事要地威海卫以抗衡沙俄与德法等国，并于1898年7月1日同清政府签订了什么？从此威海卫被英国租占长达32年之久。

答：《租威海卫专条》。

16. 英租威海卫期间，有一种非常畅销并且深受西方人士的喜爱的旅游纪念品是什么？

答：锡镶制品。

17. 在19世纪，曾被称为"亚洲第一巨舰"的舰名叫什么？最终什么时间在哪里沉没？

答：定远舰；1895年2月9日，在刘公岛东部海域自爆沉没。

18. 定远舰上射程最远的炮是什么？射程是多少？在战争中发挥怎样的作用？

答：是定远舰的尾炮，有效射程11 000米；1894年9月17日爆发的黄海海战中，就是舰尾这门炮命中了日本赤城舰，使赤城舰舰长坂元八郎太当场毙命。

19. 台湾回赠大陆两只梅花鹿和两只长鬃山羊，于哪一年落户在哪里？

答：2011年4月16日两对岛宝搭乘包机由台湾桃园机场运抵威海国际机场，于当天下午3点到达刘公岛国家森林公园。

20. 黄海大战结束后，诗人高庸为邓世昌题写的挽联是什么？

答：此日漫挥天下泪，有公足壮海军威。

21. 谁被誉为"海军提督第一人"？简单介绍他的事迹。

答：丁汝昌，安徽庐江人，18岁参加太平军，后来随上司投靠了清军，由于自己勤奋好学，致力于海军研究，所以深受老乡李鸿章的赏识。1879年正式开始统领北洋海军，1888年被正式授予海军提督，也获得了"海军提督第一人"的美誉。甲午战争中，北洋海军被日军海陆围困在刘公岛上，一些洋员兵痞拿刀威逼丁汝昌投降，拒绝投降的丁汝昌在外无援兵、内有降将的绝境中，于1895年2月12日凌晨吞服鸦片自杀殉国，终年60岁。

第六节　南山旅游区

导学

　　南山景区面积较大，主要有宗教历史文化园、主题公园（欢乐峡谷）及东海旅游度假区组成。主要游览范围为宗教历史文化园，山地型旅游景区，建议穿着运动装或休闲装，有条件的情况下，建议使用电瓶车（另行付费）。

　　推荐游览路线：

　　宗教文化园（香水庵—南山禅寺—南山大佛—华严世界—南山道院—南山药师玉佛）—中华历史文化园—主题公园（欢乐峡谷）—东海旅游度假区

导览图

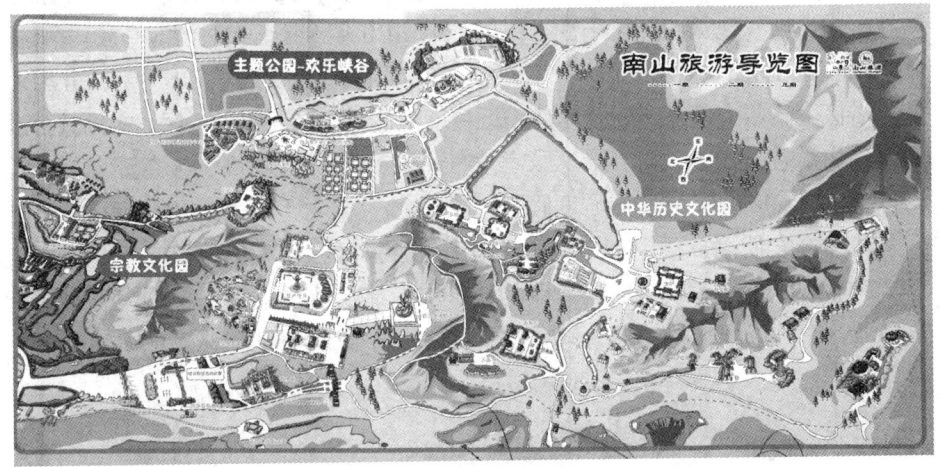

图 3.6.1　南山旅游景区导览图

一、南山旅游景区概况 ☆☆☆

南山旅游景区位于龙口市境内景色秀丽的卢山之中，总面积 14 平方千米，由中国 500 强企业——南山集团投资建设，是一个融宗教文化、历史文化、旅游文化、饮食文化、商业文化于一体的大型旅游文化景观。

南山古称卢山，此山虽然不能与江西的庐山相提并论，但也自古有名，史书上说卢山"山色苍秀，水光清沁，青松缀翠，秋柿紫红"。唐朝的开国功臣尉迟敬德曾经在此修建过道院，宋朝皇帝宋神宗曾经亲笔题写山门匾额，明朝的最后一位宰相范复粹在这里一住就是 12 年。

南山旅游景区为国家 5A 级旅游景区，分为宗教历史文化园、主题公园—欢乐峡谷和东海旅游度假区三大部分。

第一部分宗教历史文化园，宗教历史文化园内的南山禅寺、香水庵、南山道院、灵源观等均为晋、唐遗迹，世界最大的锡青铜坐佛（像高 38.66 米，重 380 吨）——南山大佛和国内最大的室内玉佛（像高 13.66 米，重 660 吨）——南山药师玉佛成为景区两大亮点，新落成的南山华严世界，包括五方五佛殿、药师颂动感音乐喷泉和转经回廊等，为南山旅游景区再添宗教文化胜景；园区内建有国内唯一以历史文化为经、吉祥文化为纬，按朝代顺序建设的历史文化园，宛如一部鲜活的中国通史，全面展现了中华文明的博大精深和民族文化的多姿多彩。

第二部分南山主题公园——欢乐峡谷，主题公园——欢乐峡谷规划建设南山大院、马术俱乐部、宠物园、欢乐岛、观音岛、菩提岛、瀑布广场等，融参与性、知识性、观赏性、娱乐性于一体，于2010年5月正式对游客开放。

第三部分东海旅游度假区。东海旅游度假区海岸线长达20千米，分为海滨旅游区、高尔夫康乐区、疗养休闲区、别墅住宅区、商贸服务区、文化教育区等，是集居住、旅游、休闲、人文教育于一体，科技含量高、生态环境好、人与自然和谐发展的综合性旅游度假区。

集古今之博采，融中华之文明，南山旅游景区已成为集旅游观光、休闲度假、产业观光、会议商务、娱乐购物、工农业旅游等功能为一体的大型多功能旅游景区，并以她独特的魅力勾画出一幅"福寿南山，养心天堂"的人间美景。

图 3.6.2　南山旅游景区

二、香水庵 ☆☆

图 3.6.3　香水庵

香水庵原称响水庵，始建于明朝天启年间（公元1621—1627年）。相传本地有个姓韩的人家，家中生活比较富裕，生了一个女儿，自幼喜好佛道，长大后毅然舍俗出家，在卢山北麓响水湾边建了一座庵堂，取名为响水庵。相传响水庵边原有一巨大石壁，壁顶有石刻巨龙，龙口喷水，咆哮直下，声响数里。庵庙是尼僧（即女性出家人）居住的地方。

香水庵中轴线有四重殿阁，依次是山门、天王殿、大雄宝殿、藏经阁，两侧相对称，建有钟鼓楼、客堂、法物流通处、百子堂、应身堂及斋堂、僧舍等。

三、南山禅寺 ☆☆☆

（一）概况

南山禅寺前身是龙口市境内最古老的石泉寺。据史料记载：佛教在唐时传入龙口，自唐至清，佛教兴盛，全县800余村，都建有庙宇，境内寺观有三观八寺之称，石泉寺是八寺之首。

石泉寺，原称昭庆寺，唐朝贞观元年（公元627年）初建，宋建隆、明万历、清雍正、光绪年间屡经重修，庙容崭新，金碧辉煌，为邑内西南一大胜景。

图3.6.4　南山禅寺

石泉寺北依石岩，东临溪涧，西北圣水山上有石泉一眼，岩石上刻有"圣水济患泉"5个大字，当年古寺曾建在泉边，后因山高路险，唐代后期方才迁到卢山西麓。石泉寺旁"有大石，望如悬鼓，其下白石平铺崖底，叩之有声，远闻数里"，"涧中沙土，成块如泉，摇击之有声"，俗称石鼓，古有"石鼓涧泉"之胜。石泉寺名的由来，一说源于圣水济患泉，一说源于石鼓涧泉。

古时石泉寺占地30余亩，有出家僧人30余众。"每逢农历三月二十六日、十月初六庙会，设戏酬神，善信之士，竞相随喜，波及都社州县。"直至民国初年，庙会之日进山朝拜者依然络绎不绝，香火十分旺盛。由于新中国成立前连年战乱，至20世纪中叶，古寺毁灭殆尽。1999年对石泉寺进行重修，改名为"南山禅寺"，2000年7月对外开放。重修的南山禅寺，占地4万平方米，建筑面积9800平方米。

你面前看到的影壁。中间雕刻的是"南无阿弥陀佛"，两侧分别是"法轮常转""佛日增辉"的字样，这里的人工河，叫金水河，与之相连的是放生池。

过了金水河，我们就要到南山禅寺的大门了。寺院的大门叫山门，亦称三门，即：空门、无相门、无作门，象征要追随佛祖，"三解脱"，故名"三门"。

进寺院之后可分为三条路线进行游览。中路有天王殿、大雄宝殿、观音殿、藏经阁；东路有钟楼、地藏殿、伽蓝殿、东方三圣殿、准提殿、文殊殿；西路有鼓楼、祖师殿、西方三圣殿、普贤殿。另外，还有展室、值房、僧房、法物流通处、斋堂斋舍等附属和配套建筑设施。游览以中路为主。

资源拓展：

（1）天王殿（弥勒殿）：为一座五开间单檐歇山式建筑，高11.2米，占地461平方米。弥勒殿正中供奉着一尊"皆大欢喜"弥勒佛。弥勒佛，梵文释意为"慈氏"，为他的姓，他名为阿逸多，意为无能胜。与释迦牟尼是同时代人，后来随释迦牟尼出家，修习佛法，成为佛弟子。这尊弥勒佛像，你看他袒胸露腹，喜眉乐目，笑口常开，其实这并非其本像，而是源于中国的布袋和尚。唐末五代后梁时期，浙江奉化出了个怪和尚，法名契此，自号长汀子，布袋师，亦称定应大师。他身材矮胖，肚子奇大，常用布帐挑着个大布口袋在闹市行乞，点化世人，最能预测人的吉凶祸福，颇为"应验"。公元917年的一天，他来到奉化岳林寺东廊，端坐在一块盘石上说偈曰："弥勒真弥勒，化身千百亿，时时示世人，世人自不识。"偈毕，安然而逝。人们这才恍然大悟，原来这就是弥勒佛转世。此后，遂按他的形象塑成了弥勒佛像，供奉在天王殿正中，顶礼膜拜。佛教中还称弥勒佛为未来佛，将来要继承释迦牟尼佛位。

（2）弥勒佛背后为一尊韦驮金身塑像。韦驮，又称韦驮菩萨，韦驮天，他是南方增长天王（四大天王之一）手下的八个将领之一。四大天王部下各有八大将，合为三十二净，韦驮居众将上首。那么，被称为菩萨的韦驮又为什么被供奉在天王殿弥勒佛的背后，面向大雄宝殿呢？

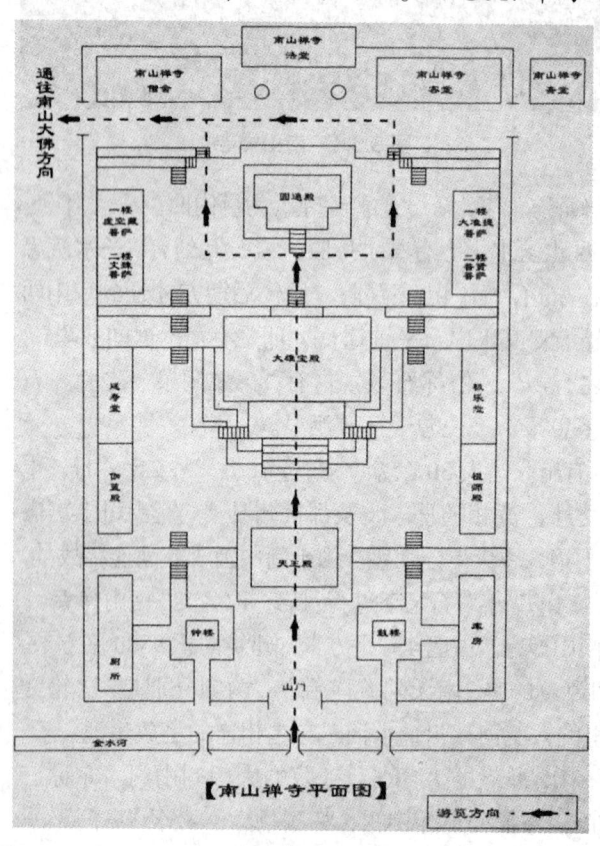

图3.6.5　南山禅寺平面图

传说韦驮善走如飞而被称为"神行太保"。据称，在佛陀涅槃时，无比美妙的"极乐世界"中，有个"捷疾鬼"偷走了佛陀的两颗牙齿。作为护法神的韦驮，忙急起直追，经过了一段时间的奔跑，终于将盗贼抓获，夺回佛牙。为此，韦驮被众人公推为神将，担起保护释迦牟尼的坟墓，打退盗墓之敌的重任。据佛经记载，韦驮的真实身份是帝释天，为忉利天的统帅，四大天王是他的部署。可是当佛教传入中国后，韦驮被汉化，成为四大天王的属将。

（3）四大天王俗称四大金刚。殿内两侧分列四大天王的塑像，像高5.33米。依佛教的说法，四大天王各护一方天下，手持琵琶的是"东方持国天王"，手持宝剑的是"南方增长天王"，执绢索的是"西方广目天王"，执宝幢的是"北方多闻天王"。

东方持国天王手拿一把宝剑，宝剑有锋，隐意为"风"，职务是管风；南方增长天王掌碧玉琵琶一面，琵琶能拨调发音，隐意为"调"，职务是管调；北方多闻天王掌混元珠伞一把，伞能遮雨，隐意为"雨"，职务是管雨；西方广目天王掌蛇或龙，龙和蛇都可以顺着抚摸，隐意为"顺"，职务是管顺；民间往往将四大天王手中执持的法宝当作"风调雨顺"的象征，所以又称四大天王为"风调雨顺"，象征着"五谷丰登，天下太平"。

（4）东方三圣：中间是药师佛，左侧是日光菩萨，右侧是月光菩萨。西方三圣：中间的是阿弥陀佛，两侧分别是大势至菩萨和观音菩萨。

（二）大雄宝殿

矗立在我们面前的这座宝殿，是南山禅寺的主殿——大雄宝殿。它取重檐庑殿式建筑形式，这在我国宫殿建筑中为最高等级，只在宫殿主殿方允许采用，高20米，占地1271平方米，气势雄伟，美丽壮观。

大雄的意思是大勇士，是佛教教主的德号，也是古印度佛教对释迦牟尼道德法力的尊称。大殿中央供奉的是竖三世佛金身坐像，像高5.41米，从右到左为过去世燃灯佛，现在世释迦牟尼佛，未来世的弥勒佛。大家往两侧看，每侧8尊，是16尊者。

难点注释：

1. 何谓"三宝殿"？

民间常说无事不登"三宝殿"，何谓"三宝殿"呢？其实三宝殿就是大雄宝殿。三宝有两种说法，一是指佛教中有佛、法、僧三宝，另一种就是三世佛。

2. 罗汉

十六罗汉是释迦牟尼佛的弟子。佛经上说他们是受了佛的嘱托，不入涅槃，常住世间，受世人的供养而为众生作福田。罗汉是佛教小乘圣果的最高级别，罗汉是印度音译，意思是杀贼、应供。杀贼，是杀掉了自己内心的烦恼之贼，没有烦恼的侵扰，人心也就是清净了；应供，是罗汉成了无烦恼的清净解脱之圣人，应当接受众人的供养，俗人供养罗汉可以获无量福报。后来十六罗汉又演变成了十八罗汉。所以有的寺院供了十八罗汉，新加的两位罗汉历代说法不一。到清朝乾隆年间，皇帝和敕封的国师章嘉呼图克图认为，第十七位应当是降龙罗汉，第十八位是伏虎罗汉。既然皇帝钦定，于是十八罗汉就以御封为准了。后来小说、绘画等颇多描述的是十八罗汉，因此十八罗汉反而为人们所熟知，十六罗汉倒显得陌生了。

　　三世佛的后面，是以"童子拜观音"为主体的"善财童子十三参"海岛主体群塑像，面积120平方米，其上塑着姿态各异的大小塑像129尊。立在前面中央的就是观世音菩萨，她手里拿着净水瓶，倒出的净水，可以普度众生。观音像上面，坐在麒麟上的是地藏王，他是新罗国（即现在的朝鲜）的王子削发为僧后，到九华山成道。最上面的是释迦牟尼在雪山修道6年的场景。那段时间是释迦牟尼修道最艰苦的岁月，白猿为他献果，麋鹿为他献乳。

资源拓展：

观音殿

　　大雄宝殿后面是观音殿。观音殿为单檐歇山式建筑，殿高11.2米，占地534平方米。观音菩萨全称为"大慈大悲救苦救难观世音菩萨"。在古印度，观音菩萨被说成是双头小马驹，法力宏大，大慈大悲，而且具有32种化身，能够救苦救难于水火之中，所以在人们心目中的地位也十分高，为众菩萨之首。随着佛教传入中国，观音菩萨的地位同样在汉人的心目中也很高。观世音菩萨，是慈悲救济众生为本愿的菩萨，因为她非常的慈悲，闻声救苦，有求必应，因为具有这样母性化的慈心，所以大家看到观世音菩萨都是女性。到唐代以后，为了避讳唐太宗李世民的"世"字，改名为观音菩萨。

　　观音殿后面这座楼，楼上叫藏经阁，楼下为讲经台，是供藏经和和尚们学习的地方，藏经阁两侧为斋舍。这些地方

图3.6.6　南山禅寺的主殿——大雄宝殿

不对外开放。

四、南山大佛 ☆☆☆

(一)大佛概况

面前这尊举世罕见的锡青铜大坐佛,就是南山旅游景区最大的亮点——南山大佛。大佛高38.66米,重约380吨,莲底座高47.46米;莲花座下,有三层建筑,总计高度为18.8米,面积为8900平方米,包括功德殿、万佛殿和佛教文化艺术博物馆。底座前面这个台阶共有360级,高58.66米。从底面到大佛头顶,高达102米。大佛由232件佛体、108块莲花瓣、302个发髻,总共642块锡青铜铸件组合而成,内里骨架钢材达120多吨。

图3.6.7　南山大佛

资源拓展:

世界上最高的锡青铜大坐佛

在中国,高度22米以上的青铜大坐佛共有4尊:一尊是宋朝开宝元年铸造的22米高的河北正定隆兴寺大佛;另一尊是1918年西藏日喀则的扎什伦布寺铸造的26.2米高的"强巴大佛";第三尊是1990年香港大屿山木鱼峰上耸立的高26.4米的"天坛大佛"。今天我们看到的这尊"南山大佛"超过了"正定大菩萨""强巴大佛"和"天坛大佛",是迄今为止世界上最高的锡青铜大坐佛。

南山大佛双目垂视,睿智慈祥,不论你近前或远离,他的眼神都在向你注视,随着人的靠近或远离,眼睛仿佛在微微开合,靠得越近就越觉得佛祖在关注您一样。大家可能注意到,大佛的胸前有一个"卍"字(音同万),这是古印度宗教的吉祥标志,象征着太阳与火。

资源拓展:

"卍"与"卐"

佛教中以"卍"为佛陀,原来不是个字,唐代女皇武则天时,定其音读为"wàn",过去胶东地区有个以道院名义举办的慈善机构,叫"卍"字会,这个机构的标志也是个"卍"字。有人可能还要提出疑问,这个"卍"字不是第二次世界大战期间德国纳粹党的党徽吗?其实二者是有明显区别的,佛教的"卍"字为金色,而纳粹党的党徽是黑色,而且其写法是右旋"卐"。

大家看大佛的手势。右手的招手之势,叫作"施无畏印",表示拔除痛苦。左手放在膝上,掌心向上,叫作"施与愿印",表示给予快乐,愿普天之下众生都无忧无虑,尽享欢乐。

请大家继续往下看。"南山大佛"的坐姿叫作"结跏(jiā)趺(fū)坐"(盘腿而坐,脚背放在股上,是佛教徒的一种坐法),那么释迦牟尼为什么要坐在莲花座上呢?佛经中说,人间的莲花不出数十瓣,天上的莲花不出上百瓣,净土的莲花千瓣以上。莲花出淤泥而不染,表示由烦恼而至清净。莲花开放于炎热的夏季之中,炎热表示烦恼,水表示清净,莲花为烦恼的人们带来了清凉的境界。所有从烦恼中得到解脱而生于净土的人,都是莲花化生的。所以他们或坐或站,都在莲台之上。

南山大佛于2004年的农历闰二月二十九(公历的4月18日)举行了盛大的开光仪式。最后,让我们用宋代大诗人苏东坡的诗句,来赞颂这尊世界上最高最大也是最重的锡青铜大坐佛:

稽首天中天,毫光照大千。
八风吹不动,端坐紫金莲。

图3.6.8 南山大佛(锡青铜大坐佛)

(二)功德殿

底座的第三层为功德殿,是铭记善信捐建佛、寺功德的殿堂。殿内有杭州金星铜饰公司制作的31块含124个佛陀应化故事的紫金铜雕工艺壁画。

(三)万佛殿

底座的第二层是万佛殿,殿内供奉用浇铸南山大佛所余之铜材铸造的

图3.6.9 功德殿

9999尊真身小佛像,与南山大佛共成万尊,取"万佛朝宗"之意,故名万佛殿。殿内真身小佛像均可迎请或寄名供奉。

图3.6.10　万佛殿

(四)佛教历史博物馆

底座的第一层是佛教历史博物馆,建于南山大佛基座内,总面积1800平方米,以印度佛教时期、中国佛教传入期、成长期、成熟期和产果期为展示主线,利用文字介绍、文物、图片、多媒体等各种陈展形式,全面展示了佛教的历史起源、传播、演变以及对中国文化艺术的深刻影响,营造出一个意蕴空灵、禅境独具的佛教文化空间。馆内珍藏了价值近亿元的历代木雕、石刻、铜铸佛教造像和藏地活佛赠送的释迦牟尼真身舍利及莲花生大士法衣等珍贵文物。

图3.6.11　佛教历史博物馆

五、华严世界☆☆☆

华严世界是佛教十大宗派之一——华严宗,密宗又称秘密教,或简称密教。南山华严世界占地面积11.5万平方米,建筑面积5500平方米,主要由"五方五

图3.6.12 华严世界

佛殿""动感广场""转经回廊"等组成。

首先我们看到的是一座牌坊,它代表的是山门。进入山门以后,映入我们眼帘的首先是"药师颂"动感音乐喷泉。雕塑主体取"药师佛"之形象,总高度19.26米,底座及主体人物部分为黄铜铸造,莲花为黄铜锻造,表面为氟碳喷涂着色。

总体分为3部分:上部由药师佛与六瓣莲花组成。药师佛与莲花瓣各高6.6米,药师佛升降高度为3米。药师佛全称药师琉璃光如来,是东方琉璃世界的教主,他能医治百病,帮助众生解除各种病痛,消灾延寿。他面相慈善、仪态庄严,双耳垂肩,右手持药丸,左手胸前捧药钵,足踏多层莲花宝座,展现慈祥智慧的内涵,誓愿拯救病苦众生。"药师佛"在场景呈静态时,隐于莲花瓣内,当莲花瓣展开时,药师佛缓缓升起,继而旋转。整组雕塑集灯光喷泉、开合、升降、转动、电脑控制于一体,运用高科技现代技术,生动演绎古老佛教文化,具有极强的视觉冲击力。莲花瓣具有传统纹饰的六瓣大型莲花及六瓣小莲花,将"药师佛"烘托其中,大莲花瓣可开合。大莲花与小莲花共12片,动静相间,遥相呼应。

中间部分为药罐狮鼓造型,高度为5.4米,两边人物为日光菩萨及月光菩萨,又称日光遍照及月光遍照。右边的菩萨身披天衣,头戴宝冠,手托象征太阳的日轮。左边的月光菩萨手托一轮明月。两尊菩萨神态庄严,面目表情和蔼慈祥,脚踏莲花宝座,用高浮雕的形式静立于药罐两边,象征吉祥、健康。药罐上有丰富的传统纹样,变化自然,极具装饰风格,药罐下边是鼓的造型,狮子鼓在佛教中象征佛法的弘扬,同时也起到了承上启下的连贯作用。

下部分为十二神将及须弥座造型,高度为6.21米。十二神将各持法器,神态各异,分别依附于山体、云纹之上,形成对比效果。十二神将又为十二地支或十二生肖,将于昼夜十二小时、四季十二个月轮流守护众生。十二神将为管理健康大将,凡人今世之身体健康皆由个人所属生肖之大将所管辖。善信依个人生肖祈求远离病痛及恶疾,身体健康,脱离苦难,消灾延寿。神将下部须弥座造型丰富,纹样变化多异,亦为寓意佛法光大普度众生。须弥座的四周分别为四海龙王，高度为3.9米。龙嘴喷雾喷水，象征风调雨顺、和谐吉祥。

主雕塑周边有8尊同形象的小型药王菩萨，是药师佛的八大护法。每尊高度为3.8米，左手捧药钵，右手捧药丸，可治百病。

在广场的周围是转经回廊：由108只转经筒组成，转经筒是藏传佛教祈福专用的法器，转经一周等于诵一遍经文，功德无量。如果您有诚意则可以转经一周，寓意诵读了百遍经文，功德百倍、福寿延年。

走过动感广场，看到5个大殿由东向西：阿閦佛殿、宝生佛殿、毗卢宝殿、不空成就佛殿、无量寿佛殿组成。

六、南山道院概况 ☆ ☆

南山道院以延真宫为蓝本而修建，延真宫大约建于晋代，隋代叫升天观，唐代叫仙君观，门匾上写着"尉迟敬德二次重修"。尉迟敬德名叫尉迟恭，与秦琼同为唐代著名的开国武将，《隋唐演义》上把他列为隋唐第十八条好汉。这样一位战功卓著、权高位重的朝廷大臣重修延真宫，说明延真宫远在隋唐时期就是国内著名道院了。宋代皇帝宋神宗赐山门匾额为"延真宫"，从此名称确定下来。因为延真宫修在卢山上，山上山下各一座道观，所以俗称上观、下观（现在的上观村、下观村就是以此命名的），合称卢山观。从元、明、清到民国初年，卢山观的名气大得很，齐鲁大地无人不知，无人不晓。当时，山东一带流传着这样一首歌谣："说山东，道黄县，黄县有个卢山观。山清水秀风光好，无龙聚会盖大殿"（黄县，就是现在的龙口市）。每年的农历三月三日。是西王母的寿辰，百姓们便云集延真宫，为王母娘娘庆寿，名为神会。那时，山上人流如织，香火缭绕，各地政商也纷纷前来设摊赶会，可谓极一时之盛。同来的还有八仙，他们为王母娘娘庆寿以后，就要取道蓬莱各显神通过海了。所以民间素来就有"南山庆寿，蓬莱过海"的说法。关于八仙庆寿的故事，我们到庆寿宫再详细讲解。

1998年南山集团对延真宫进行了恢复性的建设，改名为南山道院。

影壁：您首先看到的是汉白玉影壁，这座影壁长19.8米，高4.9米，上面雕刻着王母娘娘、麻姑、寿星、八仙等33位神仙，这里所展现的是八仙南山庆寿、蓬莱过海的故事。

钟鼓楼：影壁两侧有钟楼和鼓楼，早晨敲钟，傍晚击鼓就是我们常说的"晨钟暮鼓"。"松舍青灯闪，云堂钟鼓沉"，就是道家生活的真实写照。

游览南山道院有东路、中路、西路三条路线：东路有三星殿、关圣殿、元辰宫、生肖殿、财神殿、香山祠、南风塔、忠烈祠；中路有望鹤楼、三皇阁、三官殿、圣母殿、雷公殿、庆寿宫、徐公祠、通玄阁；西路有医圣苑和八景宫。

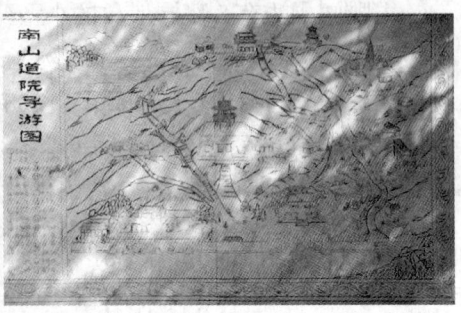

图 3.6.13　南山道院

七、灵源观 ☆☆

灵源观系元初道士王志全所建，因此地山泉涌，飞瀑激溅，故名灵源观。进了山门，左右各塑一把门将军。手持利刃，虎视眈眈。沿山门往里是三清殿5间，内祀三清，殿中明柱上龙飞凤舞，形象逼真。另有老母殿3间、送神殿3间、疮神殿3间以及道士房等建筑。三清殿门西侧有棵白果树，干围五米有余，树高达30多米。庙东边是并排7棵两个人方能抱合的柏树，均系数百年之物。靠道边面向东竖一高约3.6米，宽约1.5米的龟座螭首汉白玉石碑，碑首刻着蛟龙，盘旋萦绕，栩栩如生。碑上刻者元初道士王志全创建灵源观的经过及部分参与人员的姓名。碑座形若乌龟。

图 3.6.14　灵源观

道观山门正南 50 米有座戏楼，戏台长 20 米，宽 10 米，距地面高 2 米。每年农历二月十五日庙会，演戏酬神，周围 20 多个村庄的男女老少穿着盛装，纷至沓来，香火十分兴旺。至 20 世纪中叶，由于连年兵火战乱，道观戏楼早已破败不堪。

1998 年南山集团重修灵源观，重修后的灵源观占地 2500 平方米，建筑面积 830 平方米，有山门、三清殿、老母堂、关帝庙、练功房等。

最后让我们用明代黄县知县贾璋的《游卢山》是来结束这次灵源之旅：

卢山胜概冠东黄，几次登临兴未忘。
雨过云岩芝草绿，风生石洞药苗香。
高峰塔耸仙踪古，深井龙潜水气凉。
我欲凌云飞羽融，穷巅一笑海天长。

八、中华历史文化园 ☆

这个历史文化园是一处以历史朝代为序，以不同风格的建筑群体和大量的文化内涵建造的大型主题公园。公园占地 6 平方千米，全面展示了中华文明的博大精深和民族文化的多姿多彩，现已被烟台市确定为"历史教学实景基地"。

图 3.6.15　中华历史文化园

中华历史文化园融中华上下五千年的历史文化、吉祥文化、民族文化、宗教文化、商业文化、饮食文化和园林艺术于一体，这样的规模与设计，全中国独一无二。您到此旅游，可以通过这条辉煌的历史隧道，领略中华历史的演化进程，探索许许多多的历史之谜。您到此旅游，可说是"一天走过五千年，来到新时代"。

九、南山药师玉佛殿 ☆☆☆

各位游客，现在我们到达了南山药师玉佛殿，这座大殿分为三层，第一层是舍利殿，第二层是檀城殿，第三层就是大玉佛殿。台阶中间这篇经文是《药师琉璃光如来本愿功德经》，这本经文是由唐朝的玄奘法师翻译而成。

图 3.6.16　南山药师玉佛殿

（一）一层舍利殿

图 3.6.17　舍利殿

这层殿堂就是舍利殿，中间是 12 米乘 12 米的展台。现在各位对面看到的这尊佛像就是南山大玉佛的应身佛，高 1.366 米，重 1 吨左右。应身佛是指佛的寿命，是说有始有终的意思。其上供奉着舍利塔。那什么是舍利呢？舍利在梵语里又称室利罗或设利罗，译成汉语就是骨身、灵骨的意思。佛教的经典著作中说："舍利又称坚固子，是佛教徒严持戒律后在圆寂火化时才能形成的物体，非常稀有。"我们面前中间最高的舍利塔高达1.36米，采取的是鎏金工艺，此塔中供奉的是一颗用象牙复制的北京灵光寺的佛牙舍利。据调查，目前世上共有两颗佛牙舍利，一颗在斯里兰卡，另一颗就在北京灵光寺。在这座舍利塔周围，以60度为界，供奉了6尊高1.08米的舍利塔，分为3座贴金和3座玉制，分别供奉着浙江普陀山妙善长老的舍利、安徽九华山仁德老和尚的舍利、陕西五台山济度老和尚的舍利、四川峨眉山宽林老和尚的舍利。这几座舍利塔上分别镶嵌着珊瑚、玛瑙、翡翠、绿松石等各种宝石。在这几座舍利塔周围还点缀有40尊铜铸和20尊玉雕小舍利塔，主要为装饰，显示其尊贵壮观。在这层大殿的东西两侧展台上，供奉了34尊神态各异的玉雕佛、菩萨像，有的粗犷豪放，有的细腻入微。在周围的16个展柜里展示的是佛教三大语系的展品（三大语系是指汉语、藏语、巴利语，也就是汉传佛教、藏传佛教和南传佛教），展柜里的文物都是按照佛、法、僧的顺序展示的。舍利殿上方有41幅印度油画，表达的是佛陀从出生到涅槃的故事。两侧悬挂的都是佛教界高僧、名人的作品。最为精美绝伦的就是这幅唐卡，是藏传佛教唯一的擅长画唐卡的活佛——果洛·希热布的作品。

电梯两侧展示的是五百罗汉，是用全国各地不同产地的玉石雕刻的。选材有辽宁的岫岩玉、河南南阳的独山玉、湖北的黄玉、墨玉、新疆的白玉等。

（二）二层坛城殿

现在我们来到了第二个殿堂——坛城殿。匾额上刻着大曼荼罗，曼荼罗是梵语的音译，其他还有曼陀罗、曼荼等各种音译。音译有旧译和新译两种，旧译为"檀"或"道场"，新译为轮圆具足或者是聚集发生的意思。藏语称为"吉廊"，也就是诸佛、菩萨、圣贤所居之地的意思。这层殿堂展示的是密宗佛教文化。密宗认为世界万物、佛和众生都是由地、火、水、风、空、识等所造。前五大为色法，属胎藏界，识为心法，属金刚界。

图 3.6.18 坛城殿

坛城殿正中的佛龛内供奉的佛像是大日如来,大日如来又称毗卢遮那佛,密宗把大日如来作为最高的供奉对象,因为他们认为大日如来是理智不二的法身佛(佛像的手势称"智寿印")。大日如来背后供奉的是苏悉地菩萨,他相当于汉传佛教的韦驮菩萨,是护持道场的菩萨。左边金刚界曼荼罗也叫成身会曼荼罗,展台上供奉着五方五佛。佛的两旁是四亲近菩萨,下面是风、火、水、土四大天王,再往下代表了三千大千世界的众生(也是贤劫千佛1000个小化身),最下面一层供奉的是外金刚部,中间供奉八大菩萨、四摄和外供养,总计1061尊。右边是胎藏界大曼荼罗,全称是大悲胎藏曼荼罗,其中总计供奉了414尊佛和菩萨像。当中的塑像都是由樟木雕刻而成的,分别供奉了五智佛、五佛四菩萨等。檀城四周摆放的脱胎彩绘菩萨像,称为十二圆觉。圆觉就是圆觉之觉悟的简称,如来所证之理性具足万德,圆满周备,总共有十二种圆觉。两侧19个展柜里供奉了38尊玉雕菩萨像。上方周围精美的图案是《药师经变图》,这些图案是画在亚麻布上的,长度在172米左右。顶棚上的五彩绸象征着密宗修持的五种派别,分别代表了黄教(密宗的主流教派)、白教、红教、花教、黑教。

最后请大家抬头,可在上方看到15个金光大字:南无东方琉璃世界药师琉璃光如来,这是药师佛的全称。看过之后,我们就进入玉佛殿。

(三)三层大玉佛殿

我们面前的这尊玉佛高13.66米,重660吨,由缅甸玉雕刻而成,是由四川宝兴县宝兴雕刻公司进行粗雕,后分体运到此地,由河北曲阳县艺美雕刻公司进行精雕。雕刻的原型是选用了国内知名雕刻工艺大师——林峰荣在2004年上海国际雕刻艺术大赛上获奖的一尊佛像,原样扩大了数倍雕刻而成。这尊佛像从采石到完成只用了5个月的时间。这尊佛像就是刚刚所说的药师佛,是东方琉璃世界的教主。他曾发十二誓愿,主要有:"拔除一切众生众病,令众生身心安乐"之愿、"转女成男"之愿、使"众生解脱劫难"之愿……总之,令众生消灾延寿。他和台上的六尊佛像合称为药师七如来。佛像背后的设计是用香樟木雕刻,主要是用有形的物体来表现无形的佛光。佛像上方有半圆形的彩色装饰,七个颜色代表阳光的七原色,表示佛光普照的意思。

图 3.6.19　大玉佛殿

玉佛殿两侧供奉的是十二天神和手持八宝的八飞天仙女。十二天的统领是帝释天和大梵天(大梵天是世界的创世主)。我们再到玉佛后方看一下。在玉佛周边有四幅经幢,分别绣了十二大愿、心经、大悲咒、十小咒四种经文。在玉佛背后供奉的是用阿富汗玉雕刻而成的千手观音像。菩萨的对面是采用脱胎浮雕工艺塑造的东方三圣,中间是药师佛,两侧是日光菩萨和月光菩萨。看过之后,我们再抬头看一下,玉佛对面上方墙壁上是一幅大型的壁画,选自法界源流图其中的一部分叫作《药师琉璃光佛会》,展现了整个药师家族,包括药师佛像、八大菩萨、四大金刚、十二天、两个执法金刚等27位佛菩萨像,十分精美,大家可以慢慢欣赏。

难点注释:

舍利、鎏金塔、脱胎浮雕

(1)为什么把佛骨称作舍利?因为释迦牟尼始创佛教,最初讲经说法时并没有书本作依据,后佛祖的第六代弟子中有一个叫作"舍利",他把佛祖的思想学说整理成书,所以每部佛经都是"如是我闻",是我听佛祖说的意思。因为功德很高,所以就把佛祖的遗骨以他的名字命名,称为"舍利"。

(2)何谓鎏金塔?是指用青铜铸塔,后把黄金冶炼成液体,从塔顶浇灌而成,凝固后黄金的厚度只有薄薄的三毫米左右,这种工艺对工艺师是一种考验,要求眼神和手腕的力度要精准到位。

(3)脱胎浮雕工艺指:首先用黏土做成胚胎,之后在胚胎表面涂油漆,趁油漆未干前覆上一层薄薄的麻布,反复几次,完全干燥后去掉泥坯而成。

十、南山主题公园——欢乐峡谷 ☆

南山主题公园——欢乐峡谷位于国家 5A 级旅游景区南山旅游景区内,由中国企业"500 强"——南山集团投资建设,是南山旅游景区三大组成部分之一。

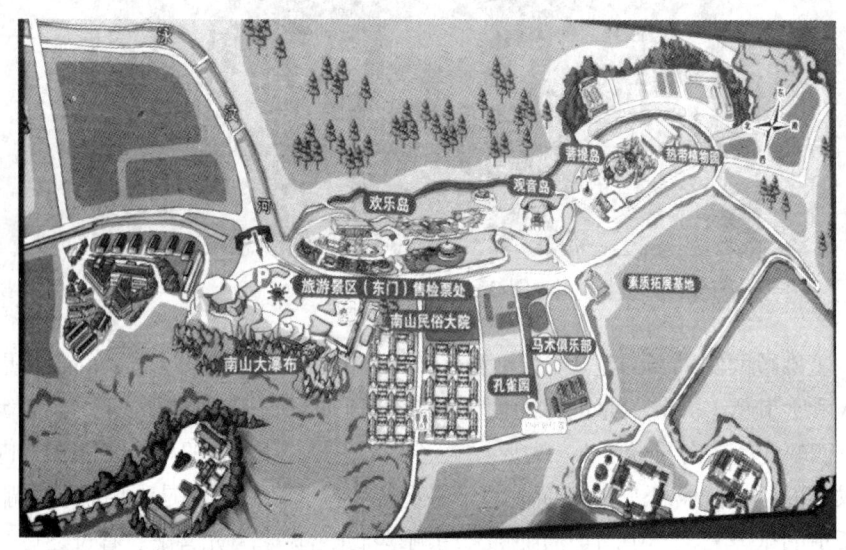

图 3.6.20 欢乐峡谷

南山主题公园——欢乐峡谷于 2008 年开始规划建设,主要建有马术俱乐部、欢乐岛、观音岛、菩提岛、宠物园、瀑布广场、南山大院等,集体验性、参与性、娱乐性、健身性等功能于一体,于 2010 年 5 月中旬盛大开业。

欢乐岛以体验式、参与式娱乐项目为主,主要娱乐设备和项目有旋转木马、旋风骑士、植物迷宫、游船码头等,是体验惊险与刺激、休闲、健身的理想之地。

马术俱乐部集马术运动、健身、休闲于一体，拥有室内马场、障碍场、练习场、调教场和放牧场等。俱乐部开设骑马训练班，由经验丰富的教练、骑师或骑手教授骑马的安全知识、骑姿、坐姿及体能训练等，同时不定期组织马术比赛活动。

南山大院以展示老黄县、南山村历史文化、风土人情的建筑、民俗用品、农耕用具、生活场景等为主，辅以胶东农耕文明、农耕产品展示，院内建有老黄县特色饮食餐饮区和胶东民俗物品制作、销售商品街，具有浓重的农家文化和地方文化气息。

宠物园集宠物养殖、表演、展示于一体，设有宠物表演等特色娱乐节目，向游客展示动物的聪敏和天赋，让您体验到动物世界带来的乐趣。

"感受民俗民风，畅游欢乐海洋"，南山主题公园将为您带来全新的娱乐休闲新体验。

十一、东海旅游度假区 ☆ ☆

南山东海旅游度假区位于龙口市北部海滨的煤矿塌陷区，园区内以工业区、文化教育区、科研区、海滨旅游区、高尔夫康乐区、疗养休闲区、别墅住宅区、商贸服务区等八大功能区规划而同步建设，将园区建成集生产、科研、教育、旅游、康乐、休闲、居住等多功能于一体，科技含量高、生态环境好、人与自然和谐发展的综合性现代化生态园区。

图 3.6.21　东海旅游度假区

工业区、科研区以煤、电生产为基础，以铝产业为龙头，形成了"煤—电—铝"生产的产业链。

文化教育区主要有：烟台南山学院、东海外国语学校、烟台南山职业技术学校。烟台南山学院是经教育部批准的、由南山集团投资建设兴办的高等民办普通本科院校，目前在校生近两万人，现有东海和南山两处校区，建筑总面积96.2万平方米，可容纳在校生4万人以上。另外，在南山东海旅游度假区内还规划有科研中心、研究生院、老年大学等，南山集团将根据发展需要逐步实施建设。

高尔夫康乐区、疗养休闲区、别墅住宅区，这三大区域位于柳海煤矿的采煤塌陷区内，基于这种地形地貌，我们进行了土地回填复垦，把它规划建成了绿草如茵，湖泊遍布的东海植物园。它包括108洞高尔夫球场和东区、西区两处高档次高尔夫会馆，从沙盘上我们可以看到整个球场结合自然地形，设计巧夺天工，集森林、溪流、全海景球道于一体，令人心旷神怡。这个区内还建有最适合休闲、疗养居住、能听涛观海的别墅住宅区。以及前建有东海海滨花园、黄金海岸碧海苑等中高档居民小区，在这里生活居住可以凭风临海，尽享海滨胜景。

商贸服务区和海滨旅游区，它主要包括商贸购物街、按五星级标准建造的月亮湾海景酒店、海滨国际会议中心、海滨游览区、阳光海岸海滨浴场、栈桥等休闲观光娱乐设施，为南山东海旅游度假区增添了一道亮丽的旅游风景线。

知识问答

1. 南山大佛的左右手势分别叫什么名字？

答：左手叫施与愿印，右手叫施无畏印。

2. 南山风景区最大的宗教特点是什么？

答：佛、儒、道三教合一。

3. 南山大佛胸前符号的读音是什么？由谁为其定音？

答：读音"wàn"，武则天。

4. 请说出佛教的四大天王。

答：东方持国天王、南方增长天王、西方广目天王、北方多闻天王。

5. 南山大佛多高？多重？由哪几部分组成？

答：高38.66米，莲底座高47.46米；重约380吨；由232件佛体、108块莲花瓣、302个发髻，总共642块锡青铜铸件组合而成。

6.赞颂南山世界上最高最大最重的锡青铜大坐佛的宋代大诗人苏东坡的诗句是什么？

答：稽首天中天，毫光照大千。八风吹不动，端坐紫金莲。

7.中国传统文化除佛教文化外，还有哪两种？

答：道教文化、儒家文化。

8."释迦牟尼"的含义是什么？

答：指释迦族的圣人。

9.佛教中东方三圣是谁？

答：东方三圣：中间是药师佛，左侧是日光菩萨，右侧是月光菩萨。

10.佛教中的西方三圣是谁？

答：西方三圣：中间的是阿弥陀佛，两侧分别是大势至菩萨和观音菩萨。

11."观世音菩萨"为什么后来称"观音菩萨"？

答：为了避唐太宗李世民的讳。

12.观世音菩萨的全称是什么？

答：大慈大悲救苦救难观世音菩萨。

13.南山禅寺的中路游览路线依次有什么建筑？

答：中路有天王殿、大雄宝殿、观音殿、藏经阁。

第七节　台儿庄古城景区

导学

　　台儿庄古城位于京沪高速铁路的中间点枣庄市境内，是山东省的"南大门"，世界文化遗产京杭大运河穿境而过，明清时期被誉为"天下第一庄"。1938年毁于中日台儿庄大战战火，2008年启动古城重建工程，2013年全面建成开放，现为国家AAAAA级景区，被美国有线电视新闻网（CNN）评为"中国最美的五大水乡"之一。

　　台儿庄古城内拥有3千米古运河道和15千米水街水巷，建有十大主题街区，40个文化展馆，218栋精品院落，1088座单体建筑，被誉为"运河文化的活化石""中国民居建筑博物馆"。

导览图

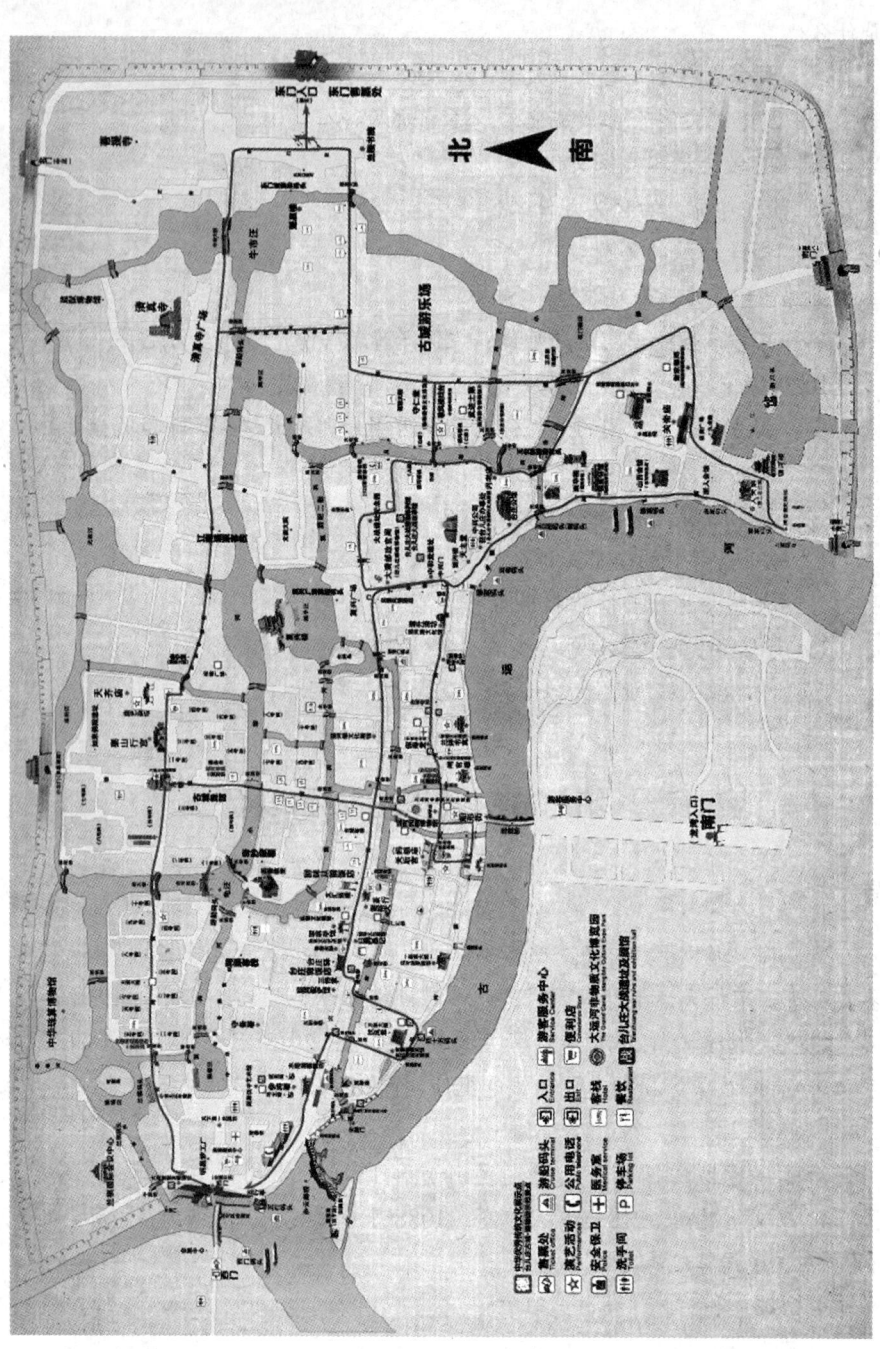

图3.7.1 台儿庄古城景区导览图

一、台儿庄古城概况 ☆☆☆

台儿庄历史悠久，文化灿烂。它形成于汉，发展于元，繁荣于明清。明万历年间，京杭大运河改道经过台儿庄，带动了其经济文化的发展，被乾隆皇帝誉为"天下第一庄"。但这座繁盛的千年古城却在1938年的台儿庄战役中被日军炮火夷为废墟，重建古城成为台儿庄几代人的梦想。

为了传承运河文明，弘扬民族精神，加快繁荣发展文化旅游产业，2008年4月8日，中共枣庄市委、市政府正式宣布重建台儿庄古城，通过还原古城历史风貌和民俗风情，将台儿庄古城打造成为集"运河文化"和"大战文化"为一城，融"齐鲁豪情"和"江南韵致"于一域，极具人文魅力的国际休闲旅游目的地。

台儿庄古城规划总面积约2平方千米，按照"大战故地、运河古城、江北水乡、时尚生活"的形象定位，遵循"留古、复古、扬古、用古"的理念。重建后的台儿庄古城"院院有水景、院院有展馆、院院有主题文化"，可以说是运河文化的活化石，中国民居建筑的博物馆。

重建后的台儿庄古城古朴典雅，天人合一，集中体现了四个独特的历史文化价值，也是吸引海内外游客前来观光、休闲、度假的四个理由。

一是看世界"二战"遗址最多的城市要到台儿庄古城来。台儿庄古城保留了53处"二战"遗址，是世界上经过"二战"炮火洗礼后遗存最多的城市，是中国唯一一座"二战"纪念城市。

二是看运河文化的活化石、中国民居建筑的博物馆要到台儿庄古城来。台儿庄地处南北过渡带，素有"水旱码头"之称，人流、物流、信息流的涌动和交汇，带来了文化的融合，使台儿庄古城成为集八大建筑风格于一体、七十二庙宇汇于一城的运河标志城。八大建筑风格分别为北方大院、徽派建筑、鲁南民居、水乡建筑、闽南建筑、岭南建筑、欧式建筑、宗教建筑，而七十二座庙宇包括世界主要的几大宗教——天主教、基督教、伊斯兰教、佛教及中国主要民间信仰——道教、儒教和关帝信仰的各类庙宇，如文昌阁、关帝庙、泰山娘娘庙、妈祖庙等。

三是看京杭运河"最后一段活着的古运河"要到台儿庄古城来。台儿庄保留了最后3千米的京杭运河古河道和明清时期的古驳岸、古码头，古船闸、古村落，被世界旅游组织誉为"活着的运河""京杭运河仅存的遗产村庄"。

四是看中国唯一可以摇桨逛全城的东方古水城要到台儿庄古城来。台儿庄15千米的水街水巷和威尼斯几乎相当，古城重建后将成为国内水网最密集的水城，乘船可以游遍古城的任何一处景点。

同时这里还是国台办批准的大陆首个海峡两岸交流基地，是海峡两岸经济、政治、文化交流的重要载体和平台。

二、古城西门 ☆☆

前方我们看到就是台儿庄古城的西门，城门上方可以看到"天下第一庄"的匾额是乾隆皇帝在第四次下江南时途径台儿庄留下的御笔，下方还有一块匾"中华古水城"是由中国著名的书法家欧阳中石先生题写的。这座城门叫"台城旧志"，意思就是旧城的标志，这个古城标志性的城门，也是开放最早的城门。今天进入了这座城门，我们即将穿越到1938年之前的台儿庄，因为整座城按照的都是古城在台儿庄大战被毁之前的样子来重建的。

图 3.7.2　古城西门

资源拓展：

台儿庄有哪六座城门？

台儿庄古城城垣始建于清顺治四年（1647年），清咸丰七年（1857年）又进行大规模翻修，由土城墙改建为砖城墙，建有城门六座，东门叫"仰生"，意思是官府、官员仰仗众生而存在；西门叫"台城旧志"，表明它是旧城的标志；南门叫"惠迪吉"，意思是顺从天道就能吉利；小南门叫"迎祥"，意思是迎来吉祥；北门为"中正"，意为中正仁和；小北门叫"承恩湛露"，意思是承蒙上苍恩典，享受浓浓的甘露。

三、参将署 ☆

这座官式建筑是参将署，俗称大衙门。建于清康熙二十二年，为清朝正三品参将行署。参将统领骑兵600余人，负责管辖220华里（110千米）运河河道的工程防护及漕运治安。1938年年初，第三集团军副司令沈鸿烈在此设军火库，这批军火在台儿庄大战时发挥了重要作用。

清代的参将为副总兵，相当于现在的军区副司令员。一个沿运城镇，为什

图 3.7.3　参将署

么会委派这样一位高官进驻呢？这儿还有一个典故。据史书记载，清顺治皇帝继位后，令江南织造赶制了一套龙袍，在运送回京的途中，在台儿庄以南的骆马湖遭到抢劫。皇帝的龙袍被抢，朝廷对这一带的河道安全异常重视，设立专门机构，委派三品参将负责防务。

一个沿运城镇委派这样一位高官进驻，反映了台儿庄古城明清时期水旱码头的重要地位，同时在古代战略位置的重要性。

资源拓展：

门前照壁

参将署门前的照壁，上面的砖雕动物是传说中的贪婪之兽——"猰"。这只怪兽长着龙的头，麒麟的身子，狮子的尾巴，牛的脚。相传，它原是天上的一只神兽，非常贪心，不吃五谷杂粮，专吃金银财宝，连八仙的宝贝都被它霸占，它却还不满足，还妄想吞吃天上的太阳，结果还没能靠近就被太阳给烤死了，最后掉进了大海。照壁刻上这种怪兽，意在警诫驻守天下第一庄的参将，不要贪赃枉法。在此也是警醒广大党员干部要牢记使命，切勿贪腐。

四、"水陆通衢"牌坊 ☆

这座牌坊为台儿庄"水路通衢"牌坊，展现了台儿庄重要的地理位置和曾经的繁荣盛景。据出土的古石碑文记载"台（儿）庄当地孔道为水陆通衢也"。

台儿庄是重要的水旱码头，水路和陆路交通特别发达。水路指的是京杭大运河，而陆路指的是大衙门街，它

图 3.7.4　"水陆通衢"牌坊

是古代的一条官道，运河与官道的存在也直接造就了台儿庄在明清时期的繁盛。

在"水陆通衢"四个字下方，有一块木制标牌，写有"海峡两岸交流基地欢迎您"。2009年12月17日，经国台办批准，全国首个海峡两岸交流基地在山东省枣庄市台儿庄成立，台儿庄为海峡两岸的政治、经济、文化交流发挥着重要的作用。

难点注释：

牌坊的种类

牌坊只有三大类：石坊、砖坊和木牌楼。在林林总总的古牌坊中，就用途、性质、功能、建造场合等诸因素综合而言，大约可分下列17种：

（1）军政功德牌坊。多为褒奖军功显著的武将和政绩卓著的文臣而立。如：福建福州旌表张经功绩的"东南战功第一"坊、福建厦门旌表施琅功德的"绩光铜柱"坊等。

（2）忠正名节牌坊。多为旌表刚正不阿的忠烈之臣和赤心报国为民的英贤豪杰而立。如：海南省海口市海瑞陵墓的"粤东正气"坊、浙江杭州岳王庙的"碧血丹心"坊等。

（3）科甲功名牌坊。多为旌表科举考试金榜题名者而立。如：安徽歙县桂林镇芳塘村的"金殿传胪"坊、广西桂林市清代贡院里的"三元及第"坊、"状元及第"坊等。

（4）官宦名门牌坊。多为夸耀官居高位、世代为官、一门多人为官的名门望族而立。如：安徽黟县西递村"胶州刺史"坊、江西高安市的"帝师元老"坊等。

（5）孝子懿行牌坊。多为旌表"孝子"以倡行孝道而立。如：安徽歙县棠樾的"鲍灿孝行"坊、台湾新竹市紫桥里的"李锡金孝子坊"等。

（6）贞妇节女牌坊。多为旌表遵从封建礼教、操守高洁的贞妇节女而立。如：江苏镇江市梳儿巷的"吴氏贞节坊"、浙江湖州南浔镇小莲庄"钦旌节孝"坊等。

（7）仁义慈善牌坊。多为褒扬在做仁义之事、行慈善之举方面有突出表现的人而立。如：浙江湖州南浔镇小莲庄"乐善好施"坊、福建仙游县城东门外的"乐善好施"坊等。

（8）百岁寿庆牌坊。多为祝福自古稀少的百岁寿星、特别是子孙满堂的百岁寿星而立。如：贵州省贵阳市青岩镇的"赵理伦百岁坊"、四川绵阳市青义镇的"五世同堂"坊等。

（9）历史纪念牌坊。多为纪念某一重大或有意义的历史事件而立。如：安徽歙县槐塘村的"龙兴独对"坊、湖南芷江县城东的"抗日战争胜利受降纪念坊"、北京中山公园的"保卫和平"牌坊等。

（10）学宫书院牌坊。多为渲染弘扬学宫、书院、贡院高雅浓厚的文化气息和良好的学术氛围而立。如：北京国子监的"学海节观"琉璃牌坊、南京城南贡院西街夫子庙前广场上的"天下文枢"坊等。

（11）文庙武庙牌坊。多为表达对孔子和关羽的敬仰纪念之情而立于孔庙和关帝庙。如：山东曲阜孔庙的"金声玉振"坊、山西运城市解州关庙的"气肃千秋"坊、"大义参天"坊、日本横滨中华街关帝庙牌坊等。

（12）衙署府第牌坊。多为官宦、豪门、权贵为装饰美化、炫耀标榜自己府第而立。如：河南内乡县原清代衙署门前的"菊潭古治"坊、安徽歙县岩寺后街的"进士第门坊"等。

（13）街巷道桥牌坊。多为标识、装饰、点缀、美化而立于街衢中、道路口、巷子口、桥头等交通枢纽处。如：北京安定门的"成贤街"牌坊、北京颐和园内谐趣园的"知鱼桥"牌坊等。

（14）会馆商肆牌坊。此类牌坊多起标识、装饰作用，立于商社会馆大门和店肆的门面。如：山东聊城市东关的山陕会馆山门牌楼、北京颐和园仿清苏州街商肆牌坊等。

（15）陵墓祠庙牌坊。多为表达对死者和先人的纪念、颂扬之情而立于陵园大门口、墓道上、墓冢前和祠堂、祠庙前。如：南京中山陵"博爱"坊、浙江奉化溪口"蒋母墓道"牌坊、安徽歙县棠樾世孝祠门坊等。

（16）坛庙寺观牌坊。多为营造庄严、肃穆、神秘气氛而立于各种寺观庙宇和神坛的建筑群中。如：北京中山公园社稷坛棂星门、山东泰安泰山南麓的岱庙坊、江苏扬州大明寺"栖灵遗址"牌坊等。

（17）胜景胜迹牌坊。多立于名山大川、园林苑囿及名人遗迹处，以使山水园林胜景更具魅力，更富人文内涵。如：苏州北塔公园"北塔胜迹"木石混合牌坊、山东泰山"岱宗坊"等。

五、扶风堂 ☆☆☆

大门

运河漕运的发展，给台儿庄带来了得天独厚的繁荣机遇，各路商贾在此落户安家，繁衍生息，成就了燕、尤、赵、万四大家。扶风堂就是台儿庄四大家之一——万家的宅第，俗称万家大院，为晋派建筑格局。

扶风堂正门上方的木雕非常讲究，上层是诗、棋、书、画，下层是人物，为老人与儿童欢愉的场景，展现了万家的祥和美满。大门两侧的砖雕，左手边雕刻的是芙蓉，右手边是荷花，体现了万家的富贵和谐。门前的抱鼓石古代称为"门当"，门上方凸起的门簪称为"户对"，我们今天所说的门当户对就是由此演变而来。

一进院

院落中间是一个元宝，这个元宝上圆下方，代表天圆地方，是万家对天的祈福，希望万家能够永久富贵、永世传承。

图 3.7.5　扶风堂大门

门厅上方有一对童男童女，手持如意，寓意着向人间播撒如意。门厅两侧的木雕雕有松鼠和成串的葡萄，寓意是"送子""多子多福"；门前的垂带石是南瓜造型，寓意万家子嗣绵延，男丁兴旺。

二进院

进入第二进院落，正前方向是一棵有400多年历史的银杏树，又名公孙树，为"爷爷种树、子孙受益"的一个说法。我们看到古银杏树的基面比古城平均地基高出了1米多，这个高出的部分就是台儿庄的"台"。台儿庄地势低洼，降水丰富，历史上就是洪水走廊。老百姓筑台而居，这种独特的居住方式使得这个地方被称为"台"庄，台儿庄海拔逐年抬高。台儿庄历史上经历了9次大规模筑台，1958年台儿庄最后一次发洪水，老百姓把"台"筑到银杏树基面的高度，而古城恢复建设时，平均基面下挖到1938年台儿庄大战时期，即银杏树基面是1958年的"台"，而我们脚下踩的是1938年的"台"。

图 3.7.6　公孙树

这个院落也是整个古城的缩影，"院院有水景、院院有展馆、院院有主题文化"的院落特色得到了很好的展现。这个院落的文化为"公孙文化"，南面门上这块砖雕书有"祚胤永锡"，"锡"通"赐"，意为赐给；"祚"为福分；"胤"即后代。"祚胤永锡"即永远赐给后代福分，引申为忠孝富贵永远相传，而这块砖雕正对面北面门上书有"孝悌节让"，"孝"为孝敬父母,"悌"为敬爱兄长,引申为晚辈对长辈要尽孝道,同时周围的砖雕是"二十四孝"故事,弘扬了中华民族"百善孝为先"的传统美德。

砖雕下面的木雕为"松竹梅"岁寒三友,反映了主人高雅的生活品位。

资源拓展:

万家发家史

万家的先人,是一位郎中,医术非常高,而且悟性好,治病基本上是手到病除。当年有一位漕运提督得了一种怪病,求诊了很多郎中没有看好,于是找到万郎中。万郎中经过悉心治疗,终于将他的病治愈。怪病治好之后,这位漕官非常高兴,派人给万郎中送来了四个金元宝,以示感谢。万郎中婉言谢绝,但提出一个要求,他想搭载官船做几趟生意,漕官满口答应,于是这位行医出身的山西人,把兰陵美酒、峄县石榴、山亭干果运到南方,又从南方换来茶叶、丝绸。因为搭载官船,不用报税,也不用花运费,几年下来,就赚了官银四十万两,折合成今天的人民币是1.8个亿,当年就是个亿万富翁,一度成为台儿庄的首富。万家门前的码头叫四十万码头也体现出当年万家的富有。

六、台庄驿 ☆☆

台庄驿站,是京杭大运河上一处重要的水驿。

驿站是古代飞报军情、接送客人、运输军需的中转机构。历代王朝都十分重视邮驿,称之为"国之命脉"。驿站的功能就相当于现代的"机关招待所",主要是供过往使臣投宿,凡持有"驿关"证件的官员,可免费享受驿站提供的住宿、膳食的服务。台庄驿为水驿,是伴随着漕运发展而设立的。

图3.7.7 台庄驿

驿站整座建筑为苏州园林风格,院内小桥流水,清幽典雅。现为驿站文化主题酒楼,内部展区向游人展示中华民族三千年邮驿文明史及台儿庄水驿发展历程。

台庄驿前广场西侧壁画为"天下第一福"。原福字为康熙御笔,石碑珍藏在恭王府秘云洞内。周总理将其命名为"中华第一福",又称"天下第一福"。这个"福"的书写不同于民间常用的饱满方正,其字形窄而狭长,为瘦,谐音就是长寿的"寿",民间称"长瘦福",也就是长寿之福。这个福除了可理解为寿外,还可分解成"才""子""多""田"四个字,有"多子多才多田多福多寿"的美好寓意。

七、翠屏学馆 ☆☆

图 3.7.8　翠屏学馆

这座庙堂式建筑名为翠屏学馆,它是古城的一所私塾学校。因其隔着古运河与翠屏山遥遥相对,故取名"翠屏学馆"。

翠屏学馆是文庙的建制,由棂星门、大成门、大成殿和两侧的庑房组成。

门前的牌坊上有"明道"二字,意思就是明白道理的地方,私塾生活是古代封建社会求取功名的学子必须要经历的过程。

大成门前这副楹联"跬步休轻,可酬胸内摩云志;寸阴莫误,请听门前流水声"是一幅劝学的楹联。意思是:学子循序渐进的脚步,是实现凌云壮志的基础;在学习的道路上,不要耽误一寸光阴,因为时间像流水一样,匆匆逝去,永不回头。后一句也让我们想起孔老夫子"逝者如斯夫,不舍昼夜"的教诲。

大殿里面供奉的是至圣先师孔老夫子。唐朝初年,唐太宗下令全国各州县建立文庙,封孔子为文宣王,宋徽宗尊孔子为大成至圣,所以叫大成殿。孔子塑像上方悬挂"万世师表"匾额,两侧庭柱书写"气备四时,与天地日月鬼神合其德;教垂万世,继尧舜禹汤文武作之师"。

孔子是我国古代伟大的政治家、思想家、教育家,儒家学派的创始人。如果您想要表达对孔子的崇敬之情,在夫子塑像前上香致敬的时候,请按照古代礼节,鞠躬作揖,作揖时要左手抱右手,以示尊敬。

八、天后宫 ☆☆☆

各位游客,我们面前的这座大型闽派宗教建筑,是天后圣母宫,简称天后宫。它兴修于雍正年间，祭祀海神林默。1938年，天后宫毁于台儿庄大战战火。今天重建的天后宫，是目前我国建筑工艺最精美的一座，总建筑面积1508平方米，为二进庭院格局。由正殿、左右厢房、钟鼓楼等建筑构成。这座建筑，脊饰镂空灰塑

图 3.7.9　天后宫

二龙戏珠，线条舒展流畅，木雕精美，彩绘点染，雕梁画栋，金碧辉煌。这是天后宫的庙前广场。当年乾隆皇帝第四次下江南的时候，在天后宫庙前广场登岸，接受地方官员朝拜，并御笔亲题"天下第一庄"5个大字，成为台儿庄永恒的名片。

　　古代航运技术较差，海员、船夫会时刻面临沉船的危险。人们恐惧大海的凶险，把得以生存、平安渡海寄托于海神的保佑。天后宫供奉的天后圣母原是福建民间信仰的海神。后来，天后信仰跟着闽商的脚步传到全国各地。雍正十一年，天后列入祀典后，台儿庄便兴修了天后宫。

　　正殿中供奉的便是天后圣母。据《历代封典录》记载，天后姓林氏，福建莆田县人，降生于宋太祖建隆元年三月二十三日。因她出生时不哭不闹，因此取名为"默"。林默幼时便神通广大，能乘席过海。13岁学习佛法，具有千里眼、顺风耳等特异功能，曾多次救助遇难船只，被众人称道。雍熙四年九月九日，林默舍身救人，感动天地。莆田人便把她奉作神灵，立祠祭拜。

　　莆田人在航海中遇到风险时，就祈祷林默的保佑，逐渐成为一种精神寄托。林默信仰起初只是在民间广为流传，宋、元、明三代对她4次加封，雍正二年正式加封为天后圣母。民间尊称她为"圣母娘娘"，福建、台湾等南方省份也称她为"妈祖"。

　　在台湾地区，天后是信仰最普遍的神明。无论城市或者乡村，港口或者山区，都可以看到妈祖庙。天后庙宇作为各宗乡和社会组织信仰的场所，使世界华人更加团结，更具凝聚力。

　　台儿庄作为大陆首家海峡两岸交流基地，为了更好地促进两岸文化交流，同时也为两岸人民祈福求平安，特在原址恢复重建了这座天后宫。

难点注释：

台儿庄作为内陆城市，为什么会有天后宫？

以前的台儿庄有两座天后宫，一座南天后宫，一座北天后宫，我们今天看到的是南天后宫。它最早建于清朝初期的雍正年间，由福建商人建造，而福建沿海地区船民信仰妈祖最为广泛。闽商在明代是海外贸易，而清代实行的是"闭关锁国"的政策，禁海运，兴漕运，闽商也是跟随运河的开通把他们的信仰传入了这里，本身这是船民的信仰。而今天台儿庄运河依然繁忙，使船的人非常多，所以现在依然保留了这一种信仰。

资源拓展：

闽南建筑的建筑特点

闽南民居建筑主要有三个特点：一是采用红砖红瓦，颜色比较艳丽而张扬。二是大量使用石材，窗户为大多为石窗。因为闽南、福建地区空气潮湿，雨水比较多，用木头容易腐蚀，用铁的容易生锈，所以大量采用石材。三是闽南民居的屋顶正脊为马鞍脊或者燕尾脊，都是中间凹陷两端微翘的优美曲线，有飞黄腾达之意。

九、中国运河招幌博物馆 ☆☆

中国运河招幌博物馆经国家工商总局批准，由山东省广告协会、商标协会筹资，枣庄市工商局承建，是目前我国唯一的一座以招幌为主题的专题博物馆。

图3.7.10 运河招幌博物馆

博物馆以"城汇商脉、城聚商萃、承继商魂"为主旨，展陈了新中国成立前各式各样的招幌形态。

所谓招幌，通俗地讲，就是中国传统的商业广告。狭义的招幌是指招牌和幌子，它们以图形、色彩等视觉标识播布招徕信息。广义的招幌还包括招徕市声。招徕市声是指用来招徕顾客的语言或者器乐音响。本博物馆所称的"招幌"取其广义，既包括招牌、幌子，也包括招徕市声。博物馆对运河沿线的一些著名的中华老字号进行了场景复原，并以此为载体，展陈了明清及民国时期的各式招幌500余件、招徕市声60余种，再现了过去京杭运河沿线地区，特别是台儿庄绚丽多姿的商业文化风情。

我们面前看到的是北宋时期济南制造细针的刘家针铺的一块广告铜版印件，铜版半尺见方，以白兔为商品标识。

图3.7.11 "兔儿为记"的图样

这枚广告印刷铜版，长18.4厘米，宽13.2厘米，既有文字，又有图形，近于正方形。版面以双线为框，内分三层，第一层框内阴刻楷书"济南刘家功夫针铺"8字，表明这个针铺系刘氏家庭私人经营，功夫即下功夫精心制作之意；第二层中部系白兔持杵捣春图案，与古代神话传说中的白兔制造长生不老药有关，两侧各有四个楷书阳文为"认门前白兔儿为记"，意思是刘家针铺门前有白兔标记，提请人们认清光顾；第三层栏内是七行楷书阳文，行四字，为"收买上等钢条，造功夫细针，不误宅院使用，各转兴贩，别有加饶，请记白"，寓意选材精良，制作考究，质量过硬，使用方便，批发优惠，欢迎代理等多重意思。

"济南刘家功夫针铺"广告印刷铜版，是迄今为止我国发现最早的商标，也是世界上最早的印刷广告，该印版现保存在中国国家博物馆。

难点注释：

招幌分类

一、音响招幌。主要有三种：响器声、吆喝声、韵语说唱声。

二、招实物招幌。主要有两种形式：以货物作招幌，以器皿工具作招幌。

三、文字招幌。主要形式有三种：一是店铺招牌，二是堂号招牌，三是以姓氏作店铺或产品名称。

四、标志招幌。主要有三种形式：一是商品象征性招幌，二是行业象征性招幌，三是副产品作招幌。

十、船型街 ☆

这条街是船形街。船形街四周环水，形似扬帆起航的巨船，寓有"大河行舟，一帆风顺"之意。

图3.7.12　船型街

据史书记载，运河开通之后，每年经过台儿庄的船只，有万艘之多。正是因为如此多的船只从台儿庄经过，才使得台儿庄成为"天下第一庄"。

船形街两侧建筑门上的木雕全是船的造型，一共有468艘，是台儿庄人对过往船只的祝福。

船型街中心位置的戏台为"后乐亭"，取自范仲淹"先天下之忧而忧、后天下之乐而乐"的名句，戏台上演出的戏曲是柳琴戏。柳琴戏俗称拉魂腔，因主弦月琴形若柳叶，故称柳琴戏。该戏曲起源于鲁南地区，流传于台儿庄运河两岸的鲁南苏北一带，有100多年的历史，以独树一帜的拖腔，夺人魂魄。

鲁南枣庄至今流传着一段名为"四大香"的顺口溜："绿豆米饭、羊肉汤，旱烟锅子、拉魂腔。"还有"拉魂腔一来，跑掉了绣鞋；拉魂腔一走，睡倒了十九"等民谣。这些民谣道出了几百年前，在社会文化原始落后、娱乐活动极其贫乏的历史时期，枣庄人民对家乡戏曲"拉魂腔"的喜爱迷恋程度。来台儿庄古城游览，听两声拉魂腔，可以说别有一番情趣，现为国家非物质文化遗产。

十一、闸官署☆☆☆

1.闸官署正门

现在我们来到的地方是台庄闸官署旧址。这座闸官署，是闸务官员办公的地方，为一层官式建筑。目前设置为台儿庄运河奏疏展馆，以陈展运河奏疏的形式，向您讲述台儿庄运河的故事。

当年的台庄闸就位于门前的古运河上，它是北上进京漕船由江苏驶往山东时通过的第一道船闸，因此被称为"山东第一闸"。运河改道台儿庄之初，国家规定南来的漕船必须走泇河经台儿庄入京，返程时依然走黄河运道，因此通过台庄闸的船只都是自下游而来，河弯水急，落差

图3.7.13　闸官署

又大,非常危险。所以,为保佑船只安全过闸,闸官署门前的牌坊上便题有"升平"二字,这跟今天过境道路上"一路平安"的问候语非常相似。

2.台儿庄运河八闸图

屏风上是《台儿庄运河八闸图》,它详细地描绘了清代泇运河的水文形势及台儿庄运河八闸的具体位置,具有很高的史料价值。台儿庄自古以来地势低洼,如果把上游的微山湖比喻成一口大锅的话,台儿庄比微山湖的湖底低9米,比湖面低20多米,落差大,水流急,当年为了保证过往船只的安全及旱季的通航,一共设置了8座船闸。台儿庄闸处于北上漕船进入山东的第一道船闸,北上的漕船要想过闸就要在此等候。由于古代过闸技术落后,少则等候十天半月,多则数月,使得大量的商人在此滞留,人流、物流、信息流在此涌动和交会,让台儿庄在当时成了一个大型物流集散地。时间一长,台儿庄由此就慢慢兴盛起来了。

难点注释:

什么叫奏疏?

奏疏是中国古代社会臣僚向君王进言时使用的文书,主要有奏章、表议、题本、奏折等几种形式。

奏折是清代特有的最高上行文件,始行于康熙年间,当时只有少数高官有权上奏。雍正时人数逐渐增多,扩至四品以上官员。上奏内容为言事和对策,封、底有折,故称奏折。

朱批奏折是皇帝亲自做出批示处理的奏折,因为皇帝批示用红色颜料,所以称朱批奏折。

十二、古运河 ☆

眼前的这条河就是京杭运河的古河道,它最早开挖于明代的万历年间,自开挖以来至今未曾断流,城内保留3千米的京杭运河古河道和明清时期的古驳岸、古码头,古船闸、古村落,被世界旅游组织誉为"活着的运河""京杭运河仅存的遗产村庄"。

图 3.7.14　古运河

2014年6月22日，在卡塔尔首都多哈召开的第38届世界遗产大会上，中国大运河项目成功入选世界文化遗产名录，这段古河道是大运河申遗过程中的重要节点。

十三、三寸金莲展室 ☆☆

图 3.7.15　三寸金莲展室

现在我们来到的地方是三寸金莲展室，在这里，陈列了不同地域、不同形式、不同花色、不同年代的三寸金莲。

三寸金莲跟我国古代妇女裹足的习俗有关。相传，夏商时就有女子缠足。史学界认为，"三寸金莲"起源于南唐李后主时期，宋代由宫廷传到民间。元代继续发展，但没有普及。明代以后，缠足之风开始兴盛。

这里集中展示了流行山东和江苏一带的平头金莲以及流行于浙江和福建一带的翘头金莲。古代女子新婚穿的三寸喜莲、冬天穿的棉金莲以及贵族女子穿的高筒金莲；雨天穿的油莲、夏天穿的草莲以及农闲时穿的木莲。有金莲癖的男子行酒令时用的三寸金莲形状用品，三寸金莲形状的辟邪物，三寸金莲形的烟袋和三寸金莲形的油灯等一系列和三寸金莲有关的展品。

古人把裹过的脚称为"莲"，而不同大小的脚是不同等级的"莲"，大于四寸的为铁莲，四寸的为银莲，而三寸则为金莲。三寸金莲是当时人们认为妇女最美的小脚。

清军入关后，朝廷多次禁止女子缠足，不仅没有奏效，反而激起汉人对小脚的痴迷。以至脚的大小、形状成为评判女性高下的标准，影响个人的命运。装扮小脚的绣花鞋，也成为审美对象，衍生出畸形的审美文化。太平天国禁止缠足，未能成功。维新运动领袖康有为还写了声讨缠足的檄文，可是没有得到民众响应。1912年，孙中山以中华民国临时大总统的身份发布禁止缠足的命令，内陆地区照缠不误。1949年新中国成立后，延续了1000多年的缠足陋俗，才被彻底清除。

十四、大战遗址公园 ☆☆☆

前面这片区域是台儿庄大战遗址公园，占地面积40亩，将在保证原真性的基础上，建成兼具台儿庄大战遗址和台儿庄古城遗址双重性质的博物馆。公园内现存台儿庄大战战火后留下的11处民房，不少墙体弹孔密布，成为战争的历史见证。

这面弹孔墙，是台儿庄大战激战后留下的历史见证。像这样的弹孔墙，在台儿庄很多地方都能见到。其中清真北寺西小讲堂80厘米乘以80厘米的一面砖墙上有70多处密密麻麻的弹痕，这块墙面已于1988年10月被中国革命历史博物馆移去陈列。

图 3.7.16　台儿庄大战遗址公园

这两处纪念碑，纪念的是台儿庄大战期间涌现出的两个英雄人物。他们一个是国民党空军上尉副队长何信，一个是湖南少女刘守玟。

何信是广西桂林人。他在1938年1月任国民政府中央空军第八队上尉副队长，率队参加鲁南会战。曾数次出击，创建战功，获得嘉奖。3月25日，他又率机14架与敌机17架战于枣庄上空，击落敌机6架。在率机队返航至马牧集上空时，复遇敌机24架来攻。激战中，何信胸部为敌弹击中，这时弹药也已用尽。于是他便毅然驾机全速撞向敌机，与敌人同归于尽，牺牲时年仅25岁。新中国成立后，中央人民政府追认何信为革命烈士。

刘守玟原是湖南长沙女子中学的一名学生。抗日战争全面爆发后，湖南长沙女子中学的学生们也和全国各地学生一样，热血沸腾，纷纷参加各种形式的抗战救国活动。刘守玟怕父母不同意，就瞒着家里加入了抗战救护队，经过一定训练后，转入台儿庄抗战前线。她多次冒着生命危险，到阵地救护伤员。在救助一位受伤的连长时，日军上来了。当其刺刀刺向连长时，刘守玟愤怒地搬起一块石头向日兵猛砸。就在这时一块炮弹片飞来，刘守玟不幸负伤。随后，她被送到徐州附近的铜山陈塘村疗养。终因伤重，不治而亡。牺牲时，年仅18岁。弥留之际，刘守玟掏出一封信、两块大洋和一张照片，请求一位陈姓老乡帮她转寄回家。但因为日军突袭，刘守玟留下的家书没能及时寄出。2004年清明，陈氏的孙子陈开灵又找到家书，并通过媒体寻找到了刘守玟的湖南亲人。2004年7月，长沙万人空巷，迎接抗日英雄刘守玟回家。时隔60多年，烈士遗骨终于迁返故土，安葬在湖南革命陵园。

资源拓展：

台儿庄大捷

台儿庄大捷，又称台儿庄战役、鲁南会战或血战台儿庄。台儿庄战役的起止时间有几种说法，一般认为从1938年3月16日开始至4月15日结束。战役由淮河阻击战、滕县保卫战、临沂阻击战、台儿庄大战和日军的溃退、中国军队的追击作战等部分组成。

在历时1个月的激战中，中国军队约29万人参战，日军参战人数约5万人。中方伤亡约5万余人，毙伤日军2万余人（日军自报伤亡11 984人）。

它打击了日本侵略者的嚣张气焰，坚定了全国军民坚持抗战的信心。这次战役鼓舞了全民族的士气，改变了国际视听，消灭了日本侵略者的威风，歼灭了日军大量有生力量。此次大捷是中华民族全面抗战以来，继平型关大捷后，中国人民取得的又一次重大胜利，是抗日战争爆发以来中国军队在正面战场取得的最大胜利。

战役由民族英雄李宗仁、白崇禧、孙连仲、汤恩伯、张自忠、田镇南、关麟征、池峰城、王铭章等抗日将领指挥。战役期间，中国抗战最高统帅蒋介石曾三次赴徐州视察、督导、调配兵力。其中第一次，蒋介石在台儿庄战斗最激烈的时刻亲赴台儿庄南站观战，并亲自勉励池峰城，前线将士因而士气大振，大大增强了前线将士的战斗力。

毛泽东在《论持久战》中写道："每个月打一个较大的胜仗，如像平型关、台儿庄一类的，就能大大地沮丧敌人的精神，振起我军的士气，号召世界的声援"。

周恩来评价"台儿庄大捷"说："这次战役，虽然在一个地方，但它的意义却在影响战斗全局、影响全国、影响敌人、影响世界！"

十五、清真寺 ☆☆

北面这座寺庙，是台儿庄古城里的清真寺。

台儿庄大战期间，清真寺一度为中国守军的城防司令部所在地，成为中日双方争夺的重点。连续7天7夜的拉锯战，使清真寺沦为焦土，断壁残垣上的尸山血河，凝固成极为惨烈的悲壮画卷。2005年，全国人大副委员长何鲁丽、政协副主席周铁农、张思卿一同到清真寺凭吊抗战遗存，并题写下"扬威之地、遗址永存"8个大字。2006年，清真寺和关帝庙等台儿庄大战遗址被国务院列为第六批国家重点文物保护单位。

建寺274年来，清真寺先后经过7次大规模重修，目前东西长96.3米，南北宽46.4米，占地面积约4261.6平方米，建筑面积约900平方米，共建有门楼、礼拜殿、望月楼等各类建筑60间。回民依寺而居，推举成立清真寺管委会，民主管理教务。与古城内重建的寺庙不同，这座清真寺仍在正常使用中，是台儿庄3500多名回民同胞心目中神圣不可亵渎之地。因此，请大家注意留心这里的提示牌，文明参观，不要大声喧哗，更不要闯入宗教场所。

图 3.7.17　清真寺

中国的清真寺与阿拉伯地区礼拜寺的作用不尽相同。清真寺不仅是礼拜的场所，而且是穆斯林群众性活动和集会的场所，是穆斯林举行婚丧仪式和宰牲以及处理民事纠纷的场所。因此，清真寺是回族同胞维持其民族特征的最重要场所。它的存灭，不仅关系到宗教信仰，更是上升到整个民族是否能得以延续这一最根本的问题。因此，在台儿庄古城重建时，我们充分尊重回民意愿，不擅自对清真寺的内外格局和设施进行任何改变。文物保护和文化展示等方面，也都是在与回民民主选举产生的清真寺管委会沟通后，以无偿支援的方式进行的。同时，为方便广大回民朋友到清真寺活动，台儿庄古城的管理机构还免费为本地回民及其亲属办理了可以终生使用的入城证件。这些举措的实施，不仅延续了古城原有的文化传统，而且让回、汉两族人民更加相亲相爱，也进一步凸显了台儿庄古城的人性关怀。

资源拓展：

西小讲堂

北讲堂西侧是3间小讲堂，也是台儿庄大战遗存建筑。1938年3月22日，中国守军186团进驻台儿庄，将指挥所作战室设于此。

3月27日6:30，日军步兵六七百人在炮火掩护下向台儿庄猛扑，北城墙、小北门均被毁。186团2营（营长禹功魁）官兵群情激奋，顽强拼搏，牺牲殆尽。300多名日军突入城内，占领清真寺，当即竖立日旗数面。中国守军被迫向街心区后撤，迅速占据一栋民房，继续抵抗。8连连长裴克先率领全连战士逆袭，与日军展开肉搏，全连将士全部殉国。紧接着，7连连长徐运太率领全连战士在后大路中段阻击日军的进攻。临街的重机枪阵地上先后倒下3名机枪手，最后徐运太连长亲自顶上去。每次扫射下来，都有五六名日军被毙杀。日军则使用掷弹筒加重机枪反制，徐运太身中9弹，壮烈牺牲。清真寺被日军占领后，成为入城日军的临时指挥所。186团不得不将指挥所转移到城南远离前线的关帝庙内。

3月29日，186团团长王冠五督率部队向清真寺强攻。北京大学入伍生连司务长张增焕手持大刀冲入敌阵，连砍7人后壮烈殉国。一时抗战健儿同仇敌忾誓死拼搏。日军竟施放毒气阻止我军前进。

4月6日，全城对日军进行围剿，寺内日军放火烧毁清真寺，企图逃命。守城官兵一鼓作气将龟缩在寺内的二百余名日军全部歼灭。

收复后的清真寺残垣断壁几成废墟，礼拜堂全部被焚毁，两株苍柏也化为焦木。残存的西小讲堂弹痕累累，其特别密集的80平方厘米之砖墙，已于1988年10月被中国革命历史博物馆移去陈列，现展藏于国家博物馆复兴之路展厅内。据测定，当年这面墙上，每平方米多达90多个弹孔。

知识问答：

1. 台儿庄古城有几种主要的建筑风格？分别是哪些？

答：有八大建筑风格，分别为北方大院、徽派建筑、鲁南民居、水乡建筑、闽南建筑、岭南建筑、欧式建筑、宗教建筑。

2. 京杭大运河沟通了哪些水系？

答：海河、黄河、淮河、长江、钱塘江。

3. 开凿泇运河的六项好处？

答：一是泇河开，可使运道不借助黄河，避免了黄河枯水期对通航影响；二是避开黄河，可不再受洪水的困扰；三是可以随时见机治理运河；四是花费相对较少，功效更加明显；五是可以通过开河招募民工，为穷困无着的人提供了的生计；六是可以将通航时间从春末大大提前。

4. 工匠祖师爷是谁？他是哪国人？发明了什么工具？

答：鲁班，鲁国人，尺子、锯子。

5. 哪家公司发行了中国历史上第一张股票。

答：中兴公司。

6. 台儿庄古城三大宝是什么？

答案：菜煎饼、咸鸭蛋、长红枣。

7. 晋派建筑的主要特点是什么？

答案：半面翘。

8.古代的"六艺"分别指哪些?

答：礼、乐、射、御、书、数。

9.世界三大宗教分别指哪些?

答：基督教、佛教、伊斯兰教。

10.伊斯兰教信徒被称为什么?

答：穆斯林。

11.枣庄的市树、市花是?

答：枣树，石榴花。

12.我国建筑行业工程质量方面的最高荣誉奖是什么?

答：中国建筑工程鲁班奖。

13.枣庄市目前共有2项国家级非物质文化遗产分别是?

答：柳琴戏、鲁班传说。

14.中国历史上最后一位状元是谁?

答：刘春霖。

15."连中三元"分别指什么?

答：会元、解元、状元。

16.中国近代流行的皮影有哪些?

答：河南皮影、河北唐山皮影、山西皮影、山东皮影。

17.成语"悬壶济世""壶"指的是哪个行业的招幌?

答：医药。

18.京杭大运河途经哪些省市?

答：北京、天津、河北、山东、江苏、浙江。

19.台儿庄古城的形象定位是什么?

答：大战故地、运河古城、江北水乡、时尚生活。

第八节　天下第一泉景区

导学

天下第一泉风景区是济南市唯一的国家AAAAA级旅游景区，由"一河、一湖、三泉、四园"组成。一河是护城河，一湖是大明湖，三泉是趵突泉、黑虎泉、五龙潭三大泉群，四园是趵突泉公园、环城公园、五龙潭公园、大明湖风景区。

最佳游览时间为4-10月。

推荐游览路线：

趵突泉南门—万竹园—白雪楼—沧园—趵突泉主景区—三大殿—李清照纪念堂—漱玉泉—龟石及东门—五龙潭—大明湖概况—铁公祠—历下亭—北极阁—汇波楼—南风祠—护城河

导览图

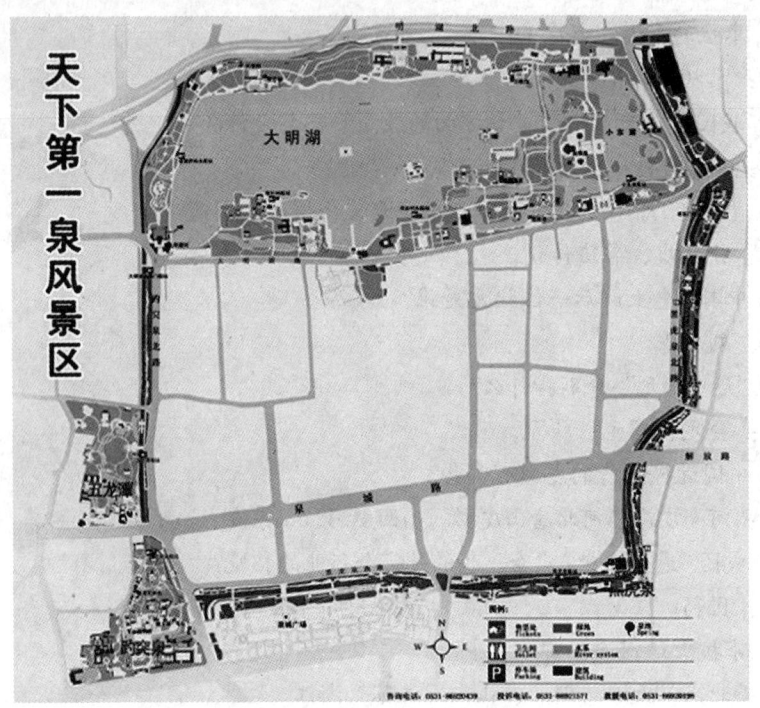

图 3.8.1　天下第一泉导览图

一、天下第一泉景区概况 ☆☆☆

各位贵宾大家好，欢迎来到天下第一泉景区参观游览，我是景区讲解员××，很高兴为您提供讲解服务，希望我的讲解能够带给您愉快的心情。

天下第一泉风景区是济南市唯一的国家 AAAAA 级旅游景区，同时还是国家重点公园、全国精神文明建设工作先进单位、国家级风景名胜区。景区总面积3.1平方千米，由"一河、一湖、三泉、四园"组成。一河是护城河，一湖是大明湖，三泉是趵突泉、黑虎泉、五龙潭三大泉群，四园是趵突泉公园、环城公园、五龙潭公园、大明湖风景区，是集独特的自然山水景观和深厚的历史文化底蕴于一体的旅游景区，风景优美。其中趵突泉被称为天下第一泉，大明湖则被誉为"泉城明珠",护城河宛若玉带环绕古城,"一河连百景"。

景区内泉流成河、再汇成湖,并与明府古城相依相生,泉、河、湖、城融为一体,集中展现了独特的泉水水域风光。泉河湖泊之外,还有人文景观、建筑小品 200 余处,重要人文建筑 20 余处。

二、趵突泉公园

(一) 趵突泉概况 ☆☆

趵突泉就如同繁华闹市之中的一颗水晶,用它清冽甘甜的泉水净化着人们的心灵。其实趵突泉在新中国成立前只有 3.4 公顷,老百姓多是依泉而居,所以那个时候的趵突泉是一个集卖艺、说唱、占卜和摆小摊于一体的场所。1956 年,济南市政府为趵突泉整修泉池、疏浚河道、挖山堆石、广植名木,把它辟建城公园,后来经多次扩建改造和整修,使其逐渐形成了现在这个以观泉为主、小巧玲珑、清静幽雅的自然山水公园,面积达到了 10.5 公顷。在公园中散布着大小泉池 27 处,其中有 14 处列于济南七十二名泉之中,像金线泉、漱玉泉、马跑泉、卧牛泉、柳絮泉等,众多的名泉组成了趵突泉群,在济南四大泉群之中位居首位。

趵突泉公园不仅自然风光秀丽,而且人文景观众多,如李清照纪念堂、沧园、万竹园、李苦禅纪念馆和王雪涛纪念馆等,有的气势恢宏,有的古朴典雅,和众多的名泉、碑文石刻共同承载了济南的历史积淀和名泉文化。

资源拓展:

泉城济南

每个著名的旅游城市都有一个好听的别称,如哈尔滨被誉为冰城,昆明被称为春城,广州被称为花城,而济南则因为泉水众多被称之为泉城。

济南自古以来就有"齐多甘泉,甲于天下"的美誉,以七十二名泉闻名于世。其实我们所说的"七十二"只是个泛指数,仅济南市区内就有涌泉 136 处,其中名泉 72 眼,加上郊区共有泉眼 700 多处,其数量之多举世罕见。

(二) 趵突泉公园南门 ☆☆

各位贵宾,现在我们所在的位置是趵突泉公园的南门,它始建于 1995 年,占地面积 1575 平方米,不仅融合了中国古代建筑特色,同时集合了济南的地方特色。迎门匾额上"趵突泉"三个贴金大字是取自于乾隆皇帝的手迹,两边抱柱上的楹联"济上林泉此处允称绝胜,域中圣哲仲尼乃为独尊"是由山东大学教授吉常红撰联,著名书法家蒋维崧题写。意思是说:在济南众多的泉水之中趵突泉是名泉之冠,先秦圣人之中孔子独占鳌头。南门又叫泺源门,因临近泺水源头而得名,"洑源门"三个大字是集王羲之的手笔。

三、万竹园☆☆

万竹园,始建于元代,因园中多竹而得名,又名张家花园,曾是山东督军张怀芝的私家花园。万竹园坐落于趵突泉公园西南部,占地面积1.2万平方米,有3套院落,13个庭院,186间房屋,还有五桥四亭一花园。前、东、西三院成品字形排列,在建筑风格上吸取北京王府、南方庭院、济南四合院建筑特点糅合而成。院落层层叠叠,各院曲廊环绕,院院相连,楼堂亭榭,参差错落。石雕、砖雕、木雕精美逼真,被称为"三绝"。

按逆时针方向游览,进院门右拐,首先是李苦禅纪念馆,之后依次是石榴院、玉兰院,西行则为木瓜院、海棠院、杏院等,各院落皆以院内植物命名。

院内空间一环套一环、庭院一层深一层,使人有步步深邃之感;关闭门户,各院又自成一体,颇有"庭院深深深几许"的意境。院内还有登高泉、望水泉等明泉。

现在,我们就从李苦禅纪念馆开始,领略这座"万竹园"非同一般的绝佳美景吧。

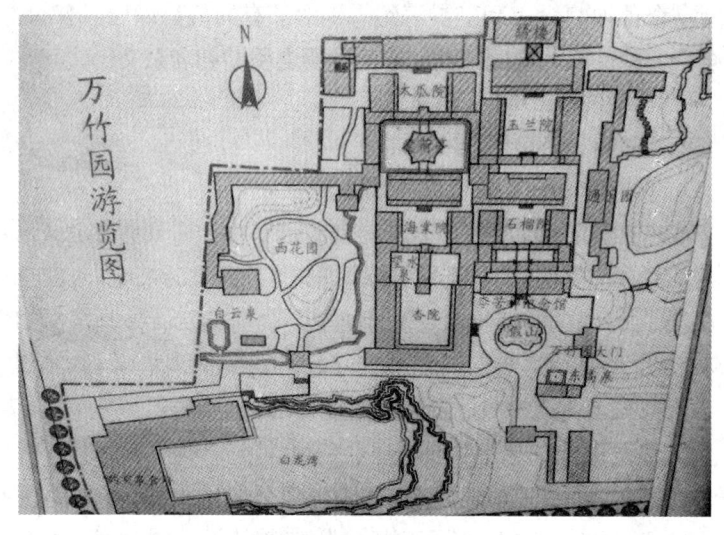

图3.8.2 万竹园游览示意图

四、白雪楼☆☆

右手边这个建筑就是白雪楼了,白雪楼原来是著名的文学家李攀龙的藏书处。李攀龙是济南历城人，字于鳞，号苍冥居士，中国文学史上的后七子的领袖，他倡导文学复古运动，并写下了不少出色的五言七言诗，有人称之为三百年绝调，并著有《苍冥先生集》。他在1543年考中进士，1553年任陕西按察副使，明世宗嘉靖三十五年辞职东归，在济南东郊的鲍山脚下和大明湖畔建藏书楼，都取名为白雪，取自战国楚人宋玉《对楚王问》赋中"阳春白雪""曲高和寡"之意，表明自己孤高自诩，不同流俗。李攀龙去世几十年后，明万历年间，山东按察使叶梦熊感慨昔日的白雪楼不复存在，便用自己的俸钱在趵突泉李攀龙年少时的读书处沧源附近建造了一座白雪楼以作纪念，后因年久失修毁坏。

现在的白雪楼是1996年重建的，主体300多平方米，是一座带戏台式仿古二层建筑。楼上房檐下悬挂着1803年金光悌所书的"白雪楼"匾额。迎门匾额"泺源讲社"4个字是山东著名的书法家魏启后所书。两边抱柱楹联"人拟古今双学士，天开图画两瀛洲"取自边习的诗句，正厅内陈放着李攀龙全身坐姿铜像。他低眉紧蹙好像在沉思，厅内是由其弟子及当代名人所题写镌刻的诗文匾额，墙上悬挂的《会友图》，再现了李攀龙先生传诵诗词的胜景。正中匾额"大东风雅"4个字是吴富恒书写，两边对联"白雪曲高传异域，泉源上奋汇沧溟"是由徐北文撰书。

资源拓展：

白雪楼门前的3处泉池

公园中27处泉，白雪楼门前就有3处泉池，自东向西依次是酒泉、石湾泉和湛露泉，它们在金代的《名泉碑》以及明代的《七十二泉诗》中均有所著录。其中酒泉约8米方圆，其水甘甜醇厚，美如佳酿。中间水面最大的是石湾泉，由自然石砌垒成不规则形连体泉池，泉池周围怪石嶙峋，假山林立，池壁假山石上镌刻着泉名，池边有高达的法国梧桐树，池中饲养着锦里种植了荷莲，别有一番情调。明代诗人晏璧有一首这样描写："石湾池接槛泉南，涌出清流味更甘。旋汲井花烹石鼎，鹊华秋净暮烟涵。"说的就是石湾泉畔的景象了。西边的这处泉池是湛露泉，因泉水清如湛露、其味甘香，故得名湛露泉。

资源拓展：

白雪楼大戏台

在白雪楼的后面是一个100多平方米的大戏台，它是于1996年和白雪楼同期建造的二层连体仿古建筑. 戏台长12米，宽6米，两边配有是化妆室和音响室。墙壁正中匾额"振兴京剧艺术，弘扬民族文化"是江泽民手书，著名书法家欧阳中石撰写的"乐奏箫韶""临泉集盛展我家国粹，漱玉宁馨邀天下名贤"分别悬挂于上匾和抱柱。最上面白底黑字的匾额"履无咎盒"是乾隆年间刘墉题写，意思是说为人正直，做事没有犯过错。这里经常演出京剧、吕剧、曲艺等多种曲艺剧目，全国梨园名家多次临台献艺，白雪楼现已成为戏曲文化的活动场所。早在清代，济南就与北京、天津并称曲艺界三大码头，享受"曲山艺海"的美誉。因此公园也为老百姓修建了这样一处戏曲演出交流的文艺空间。

资源拓展：

双御碑

在清朝历史上，康熙和乾隆两位皇帝可以说是鼎鼎大名，因为两位皇帝都喜爱游山玩水、题诗留墨，而济南的趵突泉也曾多次在两位皇帝的诗中笔下出现。如今在趵突泉公园里有许多铭文碑刻，其中最具代表性的就是大家前方的这块双御碑，因为在这一块石碑上同时刻有康熙和乾隆祖孙两代皇帝的手笔。面对大家的一面是乾隆皇帝在1771年来到趵突泉时所题的《再题趵突泉作》一诗，通过题目中的再字，您可以感受到，是乾隆皇帝第二次来到趵突泉时所提的作品，我们可以来拜读一下："济南城南古观里，别开仙境非尘世，至我清跸两度临，却为突泉三窦美"。他的大意就是，趵突泉旧时位于济南的城南古道观里，就像仙境一样脱俗于尘世，它这种三窟迸发、壮美绝伦的景象使得我这大清皇帝也两次亲临此处来观赏泉水。但是最后他又说道："拟换天龙醒痴眠，今宵一洒功德水"。意思是我要唤醒沉睡的天龙，祈求上天来降下甘霖之雨缓解当地旱情。其实整篇大意是在祈雨的，因为乾隆皇帝是两次来趵突泉，1748年来到趵突泉时，泉水喷涌相当旺盛。几十年以后，也就是1771年，乾隆皇帝怀着故地重游的梦想再次来到济南想观趵突泉水，但当时正直济南大旱，趵突泉也停喷了，他感到非常可惜，就写下了这篇祈雨作品，据说在写完之后，果然天降大雨缓解了旱情。但是如何刻字立碑却难倒了众大臣，因为早在1684年，乾隆皇帝的爷爷，也就是康熙皇帝已经在泉畔立了一块石碑，上书"激湍"两个刚劲有力的大字。在同一个泉边立祖孙两代皇帝的手迹似乎不大合理，于是乾隆皇帝想出了一个办法，就是把自己的诗作刻在康熙帝所立的石碑背面，正所谓承前启后，继往开来。两位皇帝在同一块石碑上题词作诗在全国也是非常罕见的。当然，其实这块石碑只是个复制品，真正的双御碑是在娥英祠院内用玻璃罩罩起来予以保护的。

五、沧园

沧园，原名"勺沧园"，取沧海一勺之意。为纪念明代文坛领袖"后七子"

之一李攀龙而建。沧园为四合院建筑，面积达2500平方米，有三厅二院和围廊，青砖黑瓦白粉墙，素朴幽雅。

1987年1月，济南市人民政府将此园改为当代著名小写意花鸟画家王雪涛之纪念馆，珍藏和陈列王雪涛先生遗作及先生生前用过的文房四宝等。

六、趵突泉主景区 ☆☆☆

转过身来，您所看到的就是有"天下第一泉"之称的趵突泉了，长方形泉池长30米，宽18米，水深2米。趵突泉历史悠久，据河南安阳出土的甲骨文考证，趵突泉有文字可考史可追溯到3500多年前，据《春秋》记载，鲁桓公十八年，公会齐侯于泺，泺指的就是趵突泉，是说鲁桓公和齐襄公曾在这里谈判鲁国和齐国的边界问题。在北魏时，泉边建有娥英祠，当时的趵突泉叫娥英

图3.8.3　趵突泉主景区

水。金代时又称槛泉，瀑流泉和爆流泉。趵突泉的名字是唐宋八大家之一的曾巩所取，出自他的《齐州二堂记》。"趵"是足字旁，代表跳跃的意思，"突"是奔突向上，"趵突"又如同泉水喷涌的声音，可谓是音形俱全，贴切传神，从宋代一直沿用至今。可以说济南的趵突泉如同大地流淌出的血脉般，用她的血液在哺育着历代的文人墨客。明代胡缵宗有《咏趵突泉》一诗写道："王屋流来山下泉，清波聊酌思凛然，云含雪浪频翻地，河涌三星倒映天。"清朝刘鹗在《老残游记》中记载"三股大泉，从池底冒出，翻上水面有二三尺高"，气势壮观，形成济南八景之一的"趵突腾空"的画面。趵突泉水清澈见底，水质清纯甘洌，含菌量极低，经化验，符合国家饮用水标准，是理想的天然饮用水，可以直接饮用。当年乾隆皇帝在北京时封了北京的玉泉为第一泉，下江南时，带了玉泉的泉水供路上饮用。当他来到趵突泉，品尝了趵突泉的水后，认为趵突泉水比北京玉泉水还要好喝，于是把玉泉更名为"玉泉趵突"，又封趵突泉为天下第一泉，并倒掉了玉泉水，换上了趵突泉水供路上饮用。用趵突泉的水泡茶味醇色鲜，杯满而不溢，堪称"趵突一绝"，素有"不饮趵突水，空负济南游"之说。

大家看一下，在我们前方有几块石碑，左边趵突泉三个字的石碑上突字宝盖上少了一点，这是为什么呢？有两种说法：一是这表达了人们的一种愿望，希望趵突泉永远喷涌，没有尽头，故意写成这样的；一种说法是当年趵突泉喷涌的势头非常旺盛，明代的大书法家胡缵宗在泉边书写立碑后，泉水把突字的点给冲掉了，顺水流到大明湖去了，所以大明湖的"明"字由原来的日月明写成了目月明。当然，这只是一个传说而已，那么据考究，突上少了点是因为在古代书法作品之中，古人追求古汉字的平衡美和圆润饱满性，所以就没有写这点了。现在右边"第一泉"三个字是清代著名书法家王钟霖题写的。其实被誉为第一泉的除了趵突泉外，还有北京的玉泉，江西庐山的谷帘泉以及江苏镇江的中冷泉。

对面的观澜亭是观赏泉水的最佳场所，观澜亭的名字取自《孟子·尽心》中"观水有术，必观其澜"的意思。亭上匾额"观澜亭"三个字是明代书法家刑侗书写，两边楹联"三尺不消平地雪，四时常吼半空雷"是由当代著名书法家武中奇书写的元代散曲家张养浩的诗句，亭下石碑上"观澜"两字是山东布政使张钦书写。当年乾隆皇帝以及1953年毛主席来时都是在那里观赏趵突泉的。泉池南边的水榭、漏窗和半壁曲廊是后来所建，与北岸的泺源堂相互衬托，形成对景。

泺源堂门前的抱柱楹联"云雾润蒸华不注，波涛声震大明湖"是元代赵孟頫的咏泉句，由当代著名书法家金棻先生所写，将趵突泉的特点表达得淋漓尽致。趵突泉水常年恒温18℃，而济南的冬天非常寒冷，最冷时可达零下十几度，温差相差很大，这时趵突泉的水面上会形成一层水汽，水汽蒙蒙上升，将位于济南东北部的华不注山都给遮住了，趵突泉喷涌的轰鸣声在大明湖畔都可以听到。很多人认为这是夸张手法的描述，其实非也，因为古时候大明湖是在现在的五龙潭处的，也就是趵突泉北门北侧，那个时候泉水涌泉比现在大，加之，夜晚没有任何汽车等交通工具的嘈杂声音，所以在旧时很有可能在大明湖可以听到趵突泉的喷涌声音。

七、三大殿 ☆☆

前方我们可以看到一组较大的古建筑群，通称三大殿，院内有三座坐北朝南的建筑，1979年公布为市级重点文物保护单位。最北边是三圣殿，供奉的是尧、舜、禹三位圣帝，中间的是娥英祠，奉祀的是尧的女儿、大舜的两个妃子娥皇和女英，南边的是泺源堂，最早是宋代文学家曾巩所建，堂内展示了历史上和近年来有关趵突泉的照片。

八、李清照纪念堂 ☆☆☆

（一）李清照纪念堂概况

唐天宝四年，大诗人杜甫曾经在北海太守李邕邀请之下来到过济南，当时写下了《陪李北海宴历下亭》一诗，诗中写到"海右此亭古，济南名士多"一联，说济南名士特别多，说到济南名士，我们家喻户晓的当然不能落下南宋女词人李清照这样一位人物。说到她，那现在您前方的这处建筑就是李清照

图 3.8.4　李清照纪念堂

纪念堂，这个纪念堂是在 1959 年利用清末丁宝桢祠旧址的基础上重建的，2001 年又新扩建了易安旧居部分，整个占地面积达到 4160 平方米，成为全国李清照纪念堂中面积最大、内涵最丰富的一个。

首先看到的这块"李清照纪念堂"的牌匾是郭沫若先生于 1959 年题写的，同时在入口处有一个屏风，正面是一代词人，背面刻有传颂千秋也是郭沫若的墨宝，现在进入的这个小院占地面积 360 平方米，院内还根据李清照的词意配置了各种名贵花木。夏天，海棠滴绿，芭蕉泻翠，不由让人想起李清照描写芭蕉的一首词"窗前谁种芭蕉树？阴满中庭。阴满中庭，叶叶心心舒卷有余情。"左边这个亭子叫溪亭，取自李清照的《如梦令》中的第一句"常记溪亭日暮"中的"溪亭"，下方抱住楹联"梁燕语多终日在，蔷薇风细一帘香"由著名书法家魏启后书写。右边的半壁曲廊取名叠翠轩，镶嵌了 30 多方由当代书法家刻写的李清照的诗词佳句。正厅部分就是"漱玉堂"了，迎面的牌匾是郭沫若的墨宝，下方还有一副楹联，上联是"大明湖畔趵突泉边故居在垂杨深处"，主要是说李清照的故居是在大明湖畔、趵突泉边，也是对周边地理环境的简要概述，下联是"漱玉集中金石录里文采有后主遗风"，讲述的是李清照的著名词集《漱玉集》以及后来她为丈夫的《金石录》所做的序都具有南唐后主李煜的风格。

（二）李清照纪念堂正厅

接下来我们参观一下正厅部分，这里面是从图、文、书、像、画等不同层面

展现了李清照的一生及其伟大的成就。首先看到正面一尊李清照全身雕像,这是著名雕塑家王昭善等人用汉白玉制作而成,表现了李清照清清白白的一生。在雕塑的后面有一首诗:"一代词人有旧居,半生漂泊憾何如。冷清今日成轰烈,传诵千秋是著书。"这是郭沫若为李清照所写,也是对她一生的高度概括。刚刚我们在入口处屏风上面看到的"一代词人"和"传诵千秋"就是引自这首诗。右边这部分是历代文人墨客对李清照的不同评价,左边这几幅图画展现的是李清照在全国的几处故居,像济南章丘、浙江金华、山东青州等,最中间的四首词是李清照一生不同时期最具代表性的词作。左边这一部分是李清照的详细生平及行踪图。李清照是我国封建时代为数不多的女词人中最优秀的一位,人称"词圣",她诗词文赋无所不通,尤以词作闻名于世。宋钦宗靖康元年(公元1126年),金兵大举入侵,直犯京师。李清照夫妇为保护多年收藏的文物和学术成果,随逃难的队伍渡过淮河,又渡过长江,来到南京。建炎二年(公元1128年)九月,赵明诚受命为建康知府,不久去职,遂从水路经芜湖、始孰(安徽当涂),去赣水(江西赣江),暂时定居。建炎三年(公元1129年)五月,夫妻俩行至贵池(安徽贵池),朝廷又命赵明诚去湖州。这年六月十三日,赵明诚将家眷暂时安顿在贵池,独身赴召。由于途中受暑,行至建康(南京)时身患疟疾。李清照接家书后日夜兼程由水路赶到南京,但赵明诚由于治疗不当逝世。从此,李清照便陷入纷繁的战乱中,举目无亲,漂泊无依。当时李清照46岁,迭遭国家空前变故和家破人亡的打击,她以超凡的意志,抱病疏散众人,赶往洪州(江西南昌)投亲。不想洪州再陷,李清照历尽艰辛保存下来的15车书器珍品尽被丢弃。这时偏又飞来所谓"张飞聊事件"的横祸,她无奈只好一路追随朝廷,在浙江的越州(绍兴)、台州、温州、杭州一带飘泊奔波。其实,李清照两次途经金华,绍兴四年(1134年)十月,金兵渡淮,江、浙危险,51岁的李清照已在杭州整理完成《金石录》,并写成了《金石录后序》。最终李清照在浙江杭州逝世,具体年龄无从考证,有的书中记载她活到73岁,在那个朝代也算是高龄了。李清照一生著述较多,但现存的只有著名的《漱玉集》,她前期的作品多描写其悠闲的生活,抒发了对祖国大好河山的热爱,并写有许多吟咏自然风光的诗词佳句。她渴望自由,追求幸福的爱情生活,有的作品表现了她敢于冲破封建礼教的束缚,大胆地流露和抒发了怀念故国、深沉的爱情和感情。接下来我们去后院的易安旧居参观一下,届时再为大家详细地介绍李清照的一生。易安旧居部分主要分东西两个跨院,整个面积是3500平方米,中国园林的造景手法有很多,像借景、障景、对景等,而您现在可以通过墙上的漏窗看到对面的七十二名泉之一——马跑泉,这是采用的漏景的手法。最先进入的东院取名"静治堂",取自李清照和赵明诚夫妇二人居住在莱州时宅第名,寓意是静心治家。在静治堂里主要陈列了四组蜡像,每组蜡像既相互对立又有机结合,生动地再现了李清照一生的生活场景。

图 3.8.5　李清照纪念堂正厅

(三)四组蜡像

首先看这第一组蜡像"父母教诲"。李清照出身于一个书香世家,父祖都是北宋文章名流。左边坐在椅中穿红色上衣的是李清照的父亲李格非,当时他官居礼部员外郎,精通经史,以文章受之于苏轼,是"苏门"后四学士之一(苏门四学士为:黄庭坚、张耒、秦观、晁补之。苏门后四学士为:廖正一、李格非、董荣、李禧)。右边是李清照的母亲王氏,她是状元王拱臣的孙女,同样知书善文、资质聪慧,诗词散文样样精通。所以李清照生活在如此的家庭背景之下,也为她后来成为一代女词人奠定了良好的基础。

我们这边请看一下第二组蜡像的"诗坛绽秀"。李清照成名非常早,在十六七岁时就小有名气。这组蜡像中有四位人物,中间的是李清照,左边坐在椅中的是李清照父亲的好友张耒,是著名的文学家,右边一位是黄庭坚,一位是周邦彦,这三位既是李清照的老师,在辅导她,同时也在细细品味李清照的作品。在这一时期她有一首代表性的词作叫《如梦令》,就是最上方墙壁上挂的那首词"昨夜雨疏风骤,浓睡不消残酒,试问卷帘人,却道海棠依旧,知否?知否?应是绿肥红瘦",大意是说昨天夜里雨下得淅淅沥沥,风急速地刮,夜里的熟睡并没有消除残余的酒意,问正在卷窗帘的侍女,院子里的海棠怎么样了?侍女说和以前一样,你知道吗?应该是绿叶显得多了,红花显得少了。这是李清照早期的惜春小词,虽然只有短短六句,却塑造了两个性格迥异、栩栩如生的人物，对春色体察入微的女主人和对此漠不关心的侍女，生动地表现了女主人惜春的心情。这首小令也是奠定李清照才女地位之作，一时轰动了朝野。她的词无论是感情、形象的表现手法，还是语言的锤炼都非常自然真实，几近完美。她善于运用白描的手法塑造鲜明生动的艺术形象，人称"易安体"。在词学评论上她提出了'词别是一家'的口号。

第三组蜡像"志同道合"，描绘的是李清照的中年生活。李清照18岁时嫁给了当朝宰相赵挺之的小儿子赵明诚。赵明诚是山东诸城人，宋代著名的金石学家，所谓金石学是指中国古代传统文化中的一类考古学，其主要研究对象为前朝的铜器和碑石，特别是其上的文字铭刻及拓片；广义上还包括竹简、甲骨、玉器、砖瓦、封泥、兵符、明器等一般文物。婚后夫妻二人恩爱美满，志同道合，这组蜡像描绘的是李清照和赵明诚居住在青州13年所作《金石录》的场景。但是好景不长，在1127年，金兵入侵中原，宋王朝南渡，在南渡之初，赵明诚病死于建康，也就是现在的南京，当时的李清照只有46岁，之后的她孤身一人度过了漂泊凄凉的晚年。第四组蜡像"流寓江南"就是描写了这一时期的景象。在这一时期李清照有一首代表作，叫作《夏日绝句》"生当作人杰，死亦为鬼雄。至今思项羽，不肯过江东"，这首诗写得慷慨激昂、正气凛然，充分表现了她宁折不弯的高尚气节和爱国主义精神。现在我们所在的这个连接两个院落的长廊是2003年重建的，主要是词配画石碑，大的2.4米，小的不到1米，有词有画，而且内容大都是李清照居住在济南时所创作的诗词，从而也形成了一道新的文化景观。前面这个厅堂叫有竹堂，取自李格非的开封府邸之名，同时也取竹子"出土有节，凌云虚心"的意思。大厅正中墙壁上悬挂着李清照全身仕女图，这是由著名的工笔画家金克全先生所绘制的31岁时的李清照样貌。图画上方悬挂着一块写有"清芬韵籍"的匾额，四周墙壁上悬挂的是在2004年为了纪念李清照诞辰920周年，在全国书画家笔下征集来的对李清照的描绘，四周橱窗里展示的是各个朝代使用过的铜镜等器物。

九、漱玉泉 ☆

各位贵宾，这边请，在趵突泉公园中泉池众多，除了趵突泉三股水十分有欣赏价值外，还有一处泉池是颇为独特的，就是您前方看到的这处漱玉泉了。明代诗人晏璧曾在诗中写道"泉流北润瀑飞琼，静日如闻漱玉声"的赞语，说的就是前方看到的这处漱玉泉。此泉在金明清三代济南七十二泉中均有著录。在过去人们把女子的牙齿称之为玉，相传宋代女词人李清照常在此填词吟诗，掬水梳妆，她的作品《漱玉集》即以此命名。还有一种说法是根据《世说新语》中记载的"漱石枕流"这一典故演化而来。据历史记载，孙子荆年少时想隐居，他告诉王武子自己要漱流枕石，但是口误说成了漱石枕流。王武子问他"流可枕，石可漱乎？"孙子荆灵机一动答道："所以枕流，欲洗其耳；所以漱石，欲砺其齿。"寓意是磨砺其志的意思。漱玉泉用玉代石，更加贴切的表现了泉水的清洁柔润的水质。泉池长 4.8 米水，宽 3.1 米，深 2 米，四周装饰雕石栏杆，北侧嵌"漱玉泉"三个字，由济南书画家关有声在 1956 年题写。泉水从南边的溢水口汩汩流出，此泉采用"滞水明流"的造景方式，并且有个最大的特点，就是泉水不是从池底向上冒出，而是从四周石壁上平展地溢出，状如水晶帘幕，泻入前方 20 多公尺的螺丝泉中。在水势旺盛时，螺丝泉中的水泡旋转上升，像一串串螺丝一样，所以将其命名为螺丝泉。泉畔立有一块石碑，上刻"鸢飞鱼跃"四个大字，由时年 78 岁的宫保琛在光绪年间书写，形容的就是当时泉畔的景象。

十、龟石、东门 ☆

中国有句古话说"凡名园必有名石"，前方这块矗立在竹林丛中的石头就是趵突泉公园的第一名石——龟石。它高 4 米，重 8 吨，是一块产自江苏无锡的水太湖石，具有太湖石品中"瘦、漏、皱、透、秀"这五大特点。而且它历史悠久，最早被宋徽宗看中，后来到了元朝又被散曲家张养浩所收藏。张养浩非常喜欢收集名石，他的一生共收集了 10 块石头，总称"十友"，其中有 4 块按照它们的形状分别命名为龙、凤、龟、麟，现在龙石下落不明，凤和麟已经损坏，只保存下这块完整的龟石。龟石原在文庙，1977 年移入趵突泉公园供游人观赏。它已被收入《中国赏石大典》，具有很高的观赏价值和文物价值。

现在我们所处的位置就是趵突泉公园的东门，您可以看到，此处有一处假山景观。这些南部山区运来如太湖石一般的石头，我们称之为北太湖石。公园在建造时也是利用了园林造景手法之中障景手法，让您进入公园后不能对公园的景色一览无余所专门设置。

好，各位来宾，不知不觉此次赏泉观园行程也将结束，在此感谢各位来宾对我工作的支持，接下来我们前往大明湖参观！

五龙潭公园

十一、五龙潭公园 ☆

五龙潭公园，位于山东省济南旧城西门外，泺源桥北，因内有五龙潭而得名。由潭、池、溪、港等景观构成，是一座以质朴野逸为特点的园林水景园。

五龙潭泉系是济南四大著名泉群中水质最好的泉群。有水自池底涌出，形成累累串珠的古温泉、东流泉、回马泉、濂泉；有水从碗口粗的泉眼腾涌，水花飞溅，状若趵突的玉泉、青泉、潭西泉；有水从池岸石隙漫溢，跌落清溪，形似瀑飞的宫家池、虬溪泉；还有"地涌千珠乱，天重一镜湖"的天镜泉，"滋味美如饴，一饮似天浆"的蜜脂泉，以及其他一众名泉。

公园内有山东省领导机关旧址、秦琼故宅旧址、古历亭旧址及武中奇书法篆刻作品等，大家可一一参观。

大明湖公园

十二、大明湖公园概况

大明湖作为一处风景名胜，之所以生命渊博、历久弥新，自有其与众不同之处，那就是它自然风景和人文内涵兼而有之，不仅风光秀丽，更有深厚悠久的文化积淀。因为自古以来济南就是齐鲁文化交会之地，所以人文荟萃，文教昌盛，又因大明湖风物绝佳，更受到深厚文士名流的钟爱，吟诗作赋，在这里留有大量的遗迹，历代文人也都有诗文留在大明湖。古代的时候大明湖比现在大几十倍，它的名字也几经变更，宋朝时称湖，北魏和唐朝时因这湖里盛产莲子而得名莲子湖。"大明湖"的称谓最早是在金代诗人元好问的《济南行记》中。

十三、铁公祠

图3.8.6　铁公祠

前边就快到铁公祠了，我先给大家介绍一下这个人物。铁公原名铁铉，是河南郑州人，自幼聪明好学，深得明太祖朱元璋的赏识，他处事明断，办案公允，明太祖特赐字"鼎石"。曾任过山东布政司使和兵部尚书等官职，公元1400年，明燕王朱棣与其侄朱允炆(wen)争帝位，挥师南下，至济南时，铁铉固守城池，誓不开城，还险些放石砸死朱棣。燕王只好又回到北京，两年后又发兵绕道而行，到得南京推翻文帝，遂收复济南，铁铉孤军奋战，不敌被擒。传说铁铉忠贞节烈，对朱棣破口大骂，朱棣命人割下他的鼻子和耳朵，让他吃下去，又架起铁锅，放铁铉下去受沸油煎熬之苦。铁铉不肯求饶，在油锅里还不肯正眼看朱棣。朱棣大怒，命人用铁钩将他翻过来，突然之间，油花飞溅，众人近身不得，只好作罢，就地埋了。当时铁铉只有37岁。乾隆皇帝感念他忠心孝主，1792年建了此祠以纪念。

我们面前的这座园中之园就是铁公祠了，园中之园是中国园林构景手法之一，增加借景的内容和游赏的层次美感，获得"大中见小，小中见大"的开敞和封闭。宏大宽广和精美小巧的对比，增强了环境的审美情趣和艺术效果。园内有曲廊花窗，小巧别致，古色古香，与曲廊相接的就是佛公祠和铁公祠。佛公祠用来祭祀山东巡抚佛伦，是佛伦的族孙阿林保捐资修建铁公祠时同时修建的。佛公祠居东，铁公祠于西。铁公祠再向西的两层建筑见于1929年原名为"湖山一览楼"，因于楼上可观览对面群山和明湖全景，故而得名，1978年改称荷香村饭店。这座园中之园还有一大特点，南边不建围墙而是架长廊，把园外大明湖的自然风光和园内的人工亭台楼阁连为一体。不知大家有没有去过颐和园，那里的长廊就是采取了这种借景的手法，有人可以从两边眺望，丰富了景观的层次。秋高气爽的时候站在这里可以看到济南八景之一的"佛山倒影"。这边的山间水榭就是闻名遐迩的小沧浪亭了。小沧浪是1792年以修铁公祠的余料仿照苏州沧浪亭而修建的，上面的匾额是清代书法家阮（ruan）元的隶书题字。大家看我们面前的这座圆形门两旁有一副对联"四面荷花三面柳，一城山色半城湖"，是历代题咏大明湖的佳句中最著名的一句。当年清代书法家铁保和诗人刘凤浩在小沧浪亭上饮酒对弈，刘凤浩一时兴起随口吟出这两句诗，铁保挥毫题字，后镶嵌在这里，为世人传唱。

十四、历下亭

如果说大明湖是姑娘的美目，那历下亭就是美目中的眸子了。

前方小岛上的亭子就是大明湖的点睛之笔——历下亭。它年代久远，几经兴废，唐朝时，在现今五龙潭附近，清初移至湖中，唐天宝四年时，著名诗人杜甫，和当时任北海太守的大书法家李邕曾饮

图3.8.7　历下亭

宴于此，杜甫即兴作诗一首《陪李北海宴历下亭》，历下亭就由此而得名。诗中的名句"海右此亭古，济南名士多"就题在游廊的门上，为清代书法家何绍基的手迹。

岛上有一座八角攒尖重檐式的亭子，上面的匾额"历下亭"是清乾弘历皇帝的正楷手书。名士轩是清代的木质结构建筑，门上的楹联"杨柳春风万方极乐，美渠秋月一片大明"就是郭沫若先生的传神之笔。

十五、真武庙/北极阁

大明湖主要的景点多在北岸，我们面前高台上的这座气象巍峨的庙宇，就是真武庙，济南现存最大的道教庙宇。

资源拓展：

道教

想必大家都知道，中国有四大宗教，其中唯一的土生土长的一种就是道教。先秦时期道家学派的创始人李耳（又名老聃）被尊为道教的教祖，他的著作《老子》（又名《道德经》）是道家的主要经典。道家的至上神是三清真人，即玉清原始天尊、上清灵宝天尊和太清道德天尊（即太上老君）。道教分为两派，金代形成全真派，主张练气，清修，道人要出家修行。他的创始人就是《神雕侠侣》中提到的那位武功盖世的"中神通"王重阳，在元代形成的正一派可谓俗家弟子，崇拜鬼神，画符念咒，代表人物是张天师张陵。金元之际，济南道教兴盛，全真派的高人丘处机曾来济南传教，真武庙就建于元代。

各位请看，台阶前这对活灵活现的小狮子非常精美。我有个问题要问大家了，请问哪一个是雌狮子，哪一个是雄狮子呢？……对了，这位朋友答得非常好，左边这头脚下是一头小狮子，右边这头脚下是一个绣球，所以左边是雌，右边是雄，现在我们上去看一看，大家一起数一下一共有多少级台阶。一共是36级，为什么是36呢？道教的数字很有讲究，有三十六小洞天、七十二福地之

图3.8.8　北极阁

说,另外,皇帝被尊为九五至尊,四九三十六,就是说比皇帝要低一个等级,可见皇帝是真龙天子下凡,连神仙也要让他一筹。

真武庙里供奉的是真武大帝,真武原名玄武,是道教的四方神(青龙、朱雀、白虎、玄武)之一,北天星区,色黑属水。大家看这座英明神武的金身坐像就身着黑袍,人们把真武大帝供奉在大明湖畔就是希望他能镇住水里的妖魔鬼怪。左右墙上的彩绘壁画画的就是真武大帝的生平。传说真武大帝原来本是西方净乐国的一位王子,自幼慕道,而且非常奇异,从小喜欢与猛虎相伴戏耍,太上老君见他有慧根,便点化他去武当山修炼。历经42年,受尽磨难,终于修成正果,得道成仙。升仙之际为了脱去凡胎,他刨开肚子,拿出自己的肠子和肝脏,变成了龟蛇二将,成为自己手下的护法神。真武大帝立志要"斩尽天下妖魔,普救众生",别看这鬼蛇二将长相丑陋,他们的本事可不小,帮着真武大帝降妖捉怪立下了汗马功劳。前边这两座塑像原塑于明代,是当时庙里塑像中最为生动传神的两座,二将肌肉突兀,神采飞动,具有很高的艺术价值,可惜被毁坏了,只有前边这座小的铜铸龟蛇合体像是庙中的真品。两边的14位神仙也都是真武大帝手下的爱将,最后面四座就是风伯、雨师、雷公、电母。

我们再到后面看一看启圣殿。该殿于明成化年间增修,供奉真武大帝的父母,两座塑像手中都拿着笏板,因为人神不能对视,手拿笏板,才能与真武大帝相见。大家看笏板上画有北斗七星图,也是真武大帝的符号,上面的匾额所题"父母天长",取"天长地久"之意,祝愿父母健康长寿,是艺术大师刘海粟的题字。大家一定注意到了,落款写道"年方八八"的意思就是,尽管我88岁了,在父母面前我还是孩子,刚刚88岁。各位朋友可以上一炷香来祝愿父母福寿安康。

从北极庙可以饱览泉湖风光,因为这里地势高峻,俯瞰碧波荡漾的湖面更别有一番情趣。湖上的百极洲、湖心亭、历下亭三座小岛则代表了道家胜境蓬莱三岛。

资源拓展:

大明湖"青蛙不叫,蛇不见"

大明湖有一个特异之处就是"青蛙不叫,蛇不见"。说是唐朝时,湖边真武庙里有一位高天师,呼风唤雨法力无边,他收了个门徒,徒弟出师时要考试,就是捉拿湖里的蛇精蛙怪,徒弟挥舞着神箭,不一会儿就把蛙怪打得落花流水,活捉了蛇精,高天师收了蛇精作真武大帝手下的一员大将,而青蛙呢,被打得又聋又哑,再也叫不出声来了。后来人们分析说因为大明湖的水是泉水,常年在18℃,水温低,不适宜水蛇生长,青蛙不能发情,所以也叫不出声来。

十六、汇波楼

大明湖公园面积 86 公顷,其中湖面面积约为 46 公顷,它的水源是济南七十二名泉的泉水,水质清冽而且水量充足,固有"久旱不干"的特点。前方那座精巧别致、色彩明快的建筑是"汇波楼",傍晚登临,霞光满天,映在湖面上别有情趣,这就是济南八景之一的"汇波晚照"。汇波楼始建于元代,下面的这座北水门原为旧城的城门,宋代时修建有泄洪排水的作用,大明湖多余的湖水就是从这里流入城外的小清河,最后汇入大海。因此大明湖"久雨不涨"的关键就在于此。那么,这座北水门又是谁兴建的呢?说起他来,那可是鼎鼎大名,唐宋八大家之一的曾巩。当时曾巩任齐州知州,爱民如子,颇有政绩,后人为纪念他就在这里修建了一座"南丰祠",就是左边这一组院落。

十七、南丰祠

南丰祠是一座清静幽雅的古典式庭园,总占地面积 2500 余平方米,由大殿、戏厅、水榭、游廊等建筑构成。

图 3.8.9　南丰祠

北边为大殿,厅内立有曾巩木雕像,像高 2 米,峨冠博带,手持书卷,儒雅潇洒,是以曾巩故乡江西南丰的一棵千年香樟雕刻而成。堂内门前有抱柱楹联书写:"北宋一灯传作者,南丰两字属先生"。

1987 年 10 月起,在北厅内设"剑门书画馆",陈列孙墨佛先生的书法珍品。

祠堂对面,是济南市区现存较大的古戏楼——南丰戏楼。戏楼青瓦粉墙,雕梁画栋,油漆彩绘,可同时容纳二百余人观看演出。游人旅途疲劳,在此小憩品茶,感受当年刘鹗在《老残游记》中描述黑妞、白妮唱梨花大鼓之风韵!

与殿堂相对,靠近湖岸有水榭三间,现在名为"雨荷厅",红柱雕窗,青瓦飞檐,四周环廊,东西北三面环水,内植荷莲。据说,这儿就是电视剧《还珠格格》中所说的乾隆皇帝与民女夏雨荷相见相爱之处。

殿堂东侧为明末始建的晏公台,上有"明昌钟亭"。院内绿柳翠柏,一片葱茏。

好了,大明湖的讲解就到这里,大家可以自由活动了,我建议各位租一条小船到湖上领略一下这湖光山色,一定会有一种人在画中游的感觉,"明湖泛舟"可是济南八景之一,现在大家可以亲身体验一下。

护城河

十八、护城河/环城公园☆

护城河,也称济南环城公园,地处繁华的老城区,全长4.71千米,总面积26.3公顷。它像一条绿色的项链环绕古城,把黑虎泉、趵突泉、五龙潭及大明湖连接在一起,是颇有独特性的全开放公园,堪称"玉带绕古城,一盒连百景"。

图 3.8.10　护城河一角

欣赏护城河之美,除了漫步河岸,最好的方式就应该算是画舫游河了。从黑虎泉乘船,画舫可以载着我们绕护城河一周,尽情欣赏"济南风景赛江南"的旖旎风光。

让我们登船,开始我们的护城河之旅吧。

十九、泉城夜宴灯光秀

"泉城夜宴"包括"一湖一环"景观照明和"明湖秀"两个项目。

其中,"一湖一环"项目是以大明湖、环城公园为核心,在两岸及周边通过绚丽多彩的灯光勾勒出小桥、泉水、古建筑等轮廓,力求展现泉城独特的历史韵味和文化特色。结合了景区的历史遗迹、古建筑等特点,共使用了48款灯,包括庭院灯、瓦楞灯、照树灯、河道灯等,在造型上,灯具大量使用荷花、柳叶等济南特色元素。泉水汇集而成的水系是景区最特别的地方,结合济南的传统文化和地域特色,"一湖一环"景观照明工程主要突出一个"泉"字。

"明湖秀"项目则是以泉城浓厚的历史文化和秀丽的自然风光为创作源泉,深入挖掘济南的泉水特色及人文元素,精心打造的一台大型商演水上动态实景表演。它利用表演大船、水景喷泉、荷形浮台等载体,给游客带来一场美轮美奂、精彩纷呈的视觉盛宴。在这里人们将欣赏到大型摇摆喷泉,而水幕、纱幕投影等屏幕则展演源远流长的泉城及齐鲁历史文化,再伴以灯光、古船、浮台和烟火,营造出动人心魄的表演场景。"明湖秀"的喷泉最高能喷117米,相当于40层楼那么高,而且有两个表演内容为中国济南专属,第一个是30米的水柱摇摆,另一个是直径9米的扇形表演,这两项喷涌表演的尺寸、形式将是全球唯一。

我强烈推荐大家利用晚上的时间,充分领略"泉城夜宴"灯光秀,这是一场济南乃至山东人民为大家准备的盛大宴请。

知识问答:

1. 天下第一泉景区的"一河、一湖、三泉、四园"分别指什么?

答:一河是护城河,一湖是大明湖,三泉是趵突泉、黑虎泉、五龙潭三大泉群,四园是趵突泉公园、环城公园、五龙潭公园、大明湖风景区。

2. 万竹园的"三绝"是什么?

答:万竹园内石雕、砖雕、木雕精美逼真,被称"三绝"。

3. 趵突泉"双御碑"是由哪两位皇帝题写的?

答:康熙和乾隆两位皇帝。

4. "云雾润蒸华不注,波涛声震大明湖"的含义是什么?

答:趵突泉水温恒定,冬季形成水雾,使人看不清北边的华不注山;泉水喷涌声音很大,在大明湖都可以听到。

5. 趵突泉中的四大名泉是什么?

答:金线泉、趵突泉、漱玉泉、柳絮泉。

6. 泺源堂抱柱上的楹联是谁写的、什么朝代、内容是什么?

答:赵孟頫,元代。内容为:云雾润蒸华不注,波涛声震大明湖

7. 简单介绍万竹园的情况?

答：万竹园位于济南市趵突泉公园内，面积21亩，是一座兼有南方庭院与北京王府、济南四合院风格的古式庭院。万竹园始建于元代，因园中多竹而得名。明隆庆四年（公元1570年），当朝宰相殷士儋曾归隐于此，并易名"通乐园"。清康熙年间，济南诗人王苹在园内筑书室，名"二十四泉草堂"。清末民初年间，山东督军张怀芝重建了这座庭院式住宅，故又名张家花园。这次重筑，集江南江北之能工巧匠，历时10年，始成今日规模。园中空间一环扣一环，庭园一层深一层，有"庭院深深深几许"景意。该园有3套院落，13个庭院，186间房屋，还有5桥4亭1花园及望水泉、东高泉、白云泉等名泉。园内曲廊环绕，院院相连，楼、台、亭、阁，参差错落，结构紧凑，布局讲究。石栏、门墩、门楣、墙面等处，分别有石雕、木雕、砖雕，雕刻细腻逼真、精美雅致。石雕、木雕、砖雕为万竹园"三绝"。园内还植有修竹、翠柏、芭蕉、玉兰等多种花木。整组建筑玲珑雅致，古朴清幽。1986年，当代著名大写意花鸟画家李苦禅纪念馆设于园内，常年展出李苦禅画作。李苦禅画竹与竹园两相辉映。

8. 趵突泉东门的特点是什么？

答：清新淡雅，具有江南园林建筑特色，卷棚顶式民族建筑。

9. 万竹园的名泉有几个？分别是什么泉？

答：3个，分别是白云泉、东高泉、望水泉。

10. 介绍双御碑。

答：位于三大殿景区院内，康熙三游和乾隆两游趵突泉，两人都对趵突泉赞不绝口，康熙皇帝题词"激湍"，描写了趵突泉喷涌的气势；乾隆皇帝的"再题趵突泉作"，对趵突泉的美景给予了极高的评价。因为两个皇帝在同一块碑上题过词，故得名"双御碑"，这种情况在国内是非常少见的。

11. 李清照、辛弃疾的词风有什么不同？

答：李清照的词风清丽婉约，辛弃疾的词风豪迈奔放。

12. 龟石的特点？

答：瘦、漏、透、秀。

13. "漱玉堂"抱柱楹联的内容是什么？

答：大明湖畔漱玉泉边故居在垂杨深处，漱玉集中金石录里文采有后主遗风

14. 简述东门牌坊的题词和作者。

答：正面，武中奇：趵突胜境；背面，蒋维崧：观澜知源。

15. 观澜亭中"观澜"的来历于哪？

答：出自《孟子·尽心》"观水有术，必观其澜"。

16. 趵突泉公园内的三大殿有哪些？

答：泺源堂、娥英祠、三圣殿。

17. 李清照蜡像馆的四个组成部分是什么？

答：分别是"书香门第""词坛绽绣""志同道合""流寓江南"，从不同时期再现了李清照的生活。

18. 李清照名句举例。

答："常记溪亭日暮，沉醉不知归路。兴尽晚回舟，误入藕花深处。争渡，争渡，惊起一滩鸥鹭。"（《如梦令》）；

"蹴罢秋千，起来慵整纤纤手。露浓花瘦，薄汗轻衣透。见客入来，袜划金钗溜。和羞走，倚门回首，却把青梅嗅。"（《点绛唇》）；

"红藕香残玉簟秋，轻解罗裳，独上兰舟。云中谁寄锦书来，雁字回时，月满西楼。花自飘零水自流，一种相思，两处闲愁。"（《一剪梅》）；

"寻寻觅觅，冷冷清清，凄凄惨惨戚戚"（《声声慢》）；

"生当作人杰，死亦为鬼雄。至今思项羽，不肯过江东。"（《夏日绝句》）。

19. 小沧浪亭的建筑风格是什么？

答：仿苏州园林。

20. 小沧浪景区由几部分构成?

答：小沧浪亭、荷花池、湖边回廊等。

21. 李邕在北海任太守，北海在什么地方？

答：济南。

22. 大明湖公园中属于济南八景的有哪三个？

答：历下秋风、汇波晚照、佛山倒影。

23. "四面荷花三面柳，一城山色半城湖"联是哪个朝代谁的作品，又是谁挥毫书写的？

答：清代，刘凤诰吟诵，铁保书写。

24. 南丰祠为了纪念谁？

答：纪念曾巩，因曾巩是江西南丰人，称南丰先生，故名"南丰祠"。

25. 南丰祠门口的对联是什么？

答："北宋一灯传作者，南风两字数先生。"这是对曾巩的赞扬。

26. 大明湖"蛇不见，蛙不鸣"的原因是什么？

答：大明湖湖水由众多泉水汇聚而成，水温偏低。

27. 真武庙的镇庙之宝是什么？

答：铜铸的龟蛇合体像。

28. 小沧浪亭上最有名的一副对联是什么？作者是谁？

答:"海佑此亭古,济南名士多",作者杜甫。

29."杨柳春风万方极乐,芙蕖秋月一片大明"作者是谁?

答:郭沫若。

30.为什么要建北极庙?

答:玄武主北方,属水。济南又是一座泉水之城。有建庙镇水之意。冀望风调雨顺。

31.为什么大明湖"淫雨不涨,久旱不涸"?

答:泉水汇聚而成所以不涸,北水门可向小清河泄水所以不涨。

32.大明湖南门的特点?

答:五间七彩、重昂单檐式门坊,房顶三间错落。绘有苏式彩画。

33.大明湖的三绝是指什么?

答:铁铉铜像、曾巩樟木像、明昌铁钟,简称一铜一木一铁。

34.明湖"三名"是指什么?

答:名亭(历下亭、名士轩、铁公祠、稼轩祠、南丰祠等);

名诗(杜甫名句"海右此亭古、济南名士多");

名书法(何绍基摘杜甫诗佳句刻写的楹联)。

35.明湖三大特产是指什么?

答:白莲藕、蒲菜、茭白。

36.唐宋八大家是谁?

答:唐宋八大家是唐宋时期八大散文代表作家的合称,即唐代的韩愈、柳宗元和宋代的欧阳修、三苏(苏洵和他儿子苏轼、苏辙)、王安石、曾巩。

第九节 沂蒙山旅游区

导学

沂蒙山旅游区由龟蒙景区、云蒙景区和沂山景区三个景区组成,三个景区既统一又各具特点。统一指的是三个景区同属山东省十大文化旅游目的地品牌之一的"亲情沂蒙"文化品牌;三个景区又各具特点,龟蒙景区的福寿文化,云蒙景区的森林娱乐,沂山景区的镇山文化都各具特色。

龟蒙景区、云蒙景区和沂山景区有各自的登山线路,沿途景点众多,由于篇幅有限,仅对三个景区的重要景点加以介绍。

导览图

图3.9.1 沂蒙山旅游区全图

一、沂蒙山旅游区概况 ☆☆☆

尊敬的游客朋友们，大家好，欢迎各位来到美丽的沂蒙山旅游区观光游览。不知各位游客朋友在来山东之前心中是否有一个疑问："沂蒙山究竟在哪里？"曾几何时，一首美丽动听的《沂蒙山小调》唱遍了祖国大江南北，沂蒙山和井冈山、延安一起成为一个时代的集体记忆。时至今日，仍然有不少游客来到山东，寻找歌声中那个"风吹草低见牛羊"的美丽地方。

为了解开大家心中这个谜团，首先我给大家解释三个概念：

第一个概念是沂蒙山，也就是大家通常所说的沂蒙山区。传统意义上的沂蒙山区是个人文地理概念，指的是以蒙山、沂山两座山系为地域标志的革命老区，这个概念形成于抗日战争和解放战争时期，为了抵御日本侵略者的侵略、争取民族解放事业，中国共产党领导蒙山、沂山一带的人民群众创建了红色革命根据地，从此，这片红色的热土就被称为沂蒙山区。当年的沂蒙山区的区域范围现在主要包括山东省临沂市全部，临沂市周边各市的部分地区，甚至包括江苏省北部的部分地区，由于包含区域广大，沂蒙山更多的时候是一种民族精神的代表。

第二个概念是沂蒙山旅游区，这是一个旅游景区概念，现为国家5A级景区。任何一种精神都需要有承载其内涵的载体，而沂蒙山旅游区就是全域旅游时代承载"沂蒙山"人文精神的旅游载体。沂蒙山旅游区由三部分组成，分别是沂蒙山旅游区龟蒙景区、沂蒙山旅游区云蒙景区和沂蒙山旅游区沂山景区。其中，龟蒙景区和云蒙景区属于临沂市的蒙山山系，前者位于蒙山南麓，后者位于蒙山北麓；沂山景区属于沂山山系，该山系跨临沂、潍坊两市，沂山景区位于潍坊市临朐县境内。

第三个概念是蒙山及其分区，蒙山最高峰海拔1156米，是山东省仅次于泰山的第二高山，同时蒙山山系也是山东省面积最大的山系，总面积达1125平方千米，是泰山面积的2.6倍，堪称山东省第一大山。蒙山按照不同区域各自的特点划分为龟蒙、云蒙、天蒙、彩蒙四个景区，其中龟蒙和云蒙景区位于临沂市蒙山旅游度假区境内，是5A级旅游区沂蒙山旅游区的重要组成部分，天蒙景区位于临沂市费县，彩蒙景区位于临沂市沂南县。

游客朋友们，通过我的介绍，相信大家对沂蒙山已经有了初步的了解，接下来我将为各位朋友介绍一下沂蒙山旅游区的三个特点：

首先，沂蒙山旅游区自然风光秀丽。巍巍八百里沂蒙山，三十六峰、七十二崮，奇峰罗列，鹰窝峰如刀劈斧削，狮子崮似雄狮横卧，云蒙峰为山字之源。一年七十二场浇花雨的丰沛雨量，使流泉飞瀑遍布沂蒙山，百丈崖瀑布若九天银河，飞流直下，中国瀑布辗转三叠，酷似中国版图。沂蒙山旅游区素有"天然氧吧"之称，森林覆盖率达95%，空气中负氧离子含量极高，被称为超洁净地区、养生长寿圣地，拥有中国首座生态名山、国家森林公园、国家地质公园、国家水利风景区等荣誉称号。

其次，沂蒙山旅游区历史文化悠久。早在西周初期，周天子就封蒙山脚下的颛臾（zhuān yú）国为东蒙主，负责祭祀蒙山，蒙山成为中国古代祭山文化发源地之一。汉武帝在沂山立祠祭祀，沂山遂为"中国五大镇山之首"。"孔子登东山而小鲁"，这里的东山即是蒙山。历史上共有十朝十六位帝王曾登封沂山，更有李白、杜甫、苏轼等文人墨客闻名而来，留下数不尽的精美诗篇。沂蒙山幽静的自然环境同样吸引了不少隐士、圣僧、高道前来隐居，儒道释三家在此融汇，留下了万寿宫、东镇庙、翠云观等名胜古迹。

第三，沂蒙山旅游区是一片红色的热土。习近平总书记是这样评价沂蒙精神的,"沂蒙精神与延安精神、井冈山精神、西柏坡精神一样,是党和国家的宝贵精神财富。"一首《沂蒙山小调》唱响了海内外,沂蒙红嫂乳汁救伤员的事迹感人至深,沂蒙六姐妹、火线桥的故事代代相传。"最后一口粮,做军粮。最后一块布,做军装。最后一个儿子,送战场!"沂蒙人民用自己的汗水和鲜血,铸就了共和国不屈的脊梁!就像陈毅元帅曾经说过的,"我就是躺在棺材里也忘不了沂蒙人,他们用小米供养了革命,用小车把革命推过了长江!"

"老区不老,红色更红!"继承了先辈们沂蒙精神的沂蒙山旅游区,在全域旅游的新时期面貌一新,作为好客山东十大文化旅游目的地之一——"亲情沂蒙"品牌的主打产品,沂蒙山旅游区欢迎各位游客朋友的到来,请大家随我一起走进沂蒙山,感受这座大山的魅力,谢谢大家!

龟蒙景区

二、沂蒙山旅游区龟蒙景区概况 ☆☆☆

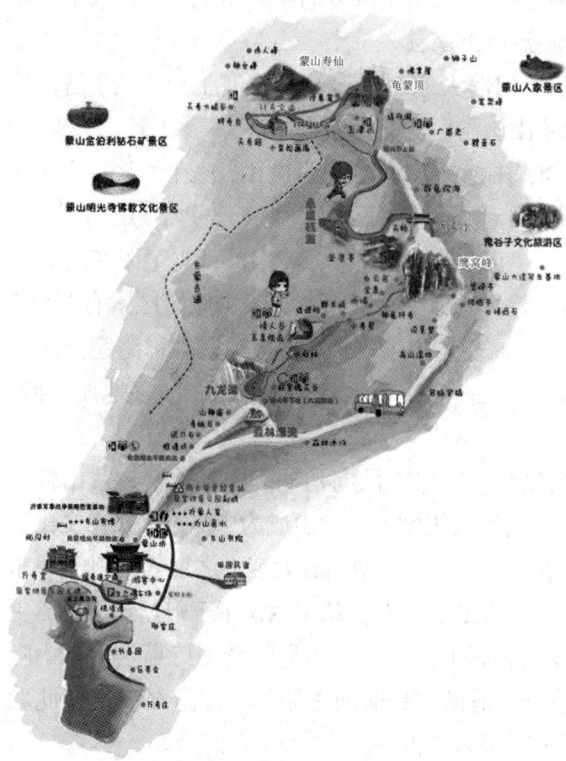

图3.9.2 龟蒙景区导览图

尊敬的游客朋友们,大家好,欢迎来沂蒙山旅游区龟蒙景区游览。

沂蒙山由蒙山和沂山两座山系组成,其中蒙山位于山东省临沂市境内,总面积1125平方千米,为山东省第一大山。古人云,"山南曰阳,山北曰阴",龟蒙景区和云蒙景区分列蒙山南北,宛若太极图的阴阳两仪,代表了蒙山南北各不相同但又融会贯通的美丽风景。

纵观中国的名川大山,山之阳因日照时间充足,大都历史文化气息浓厚、名胜古迹甚多,龟蒙景区也不例外。早在西周初年,周天子就封蒙山之阳的颛臾王为东蒙主，主祀蒙山，留下了古蒙祠遗迹；孔子自蒙山之阳登临蒙山，留下了"登东山而小鲁"的感慨；李白、杜甫、苏轼等诗人游历蒙山，留下了吟诵千年的佳句；康熙、乾隆皇帝巡游至此，御笔题诗；龟蒙景区道教文化历史悠久，万寿宫为江北第一道观，白云岩清虚观神秘莫测，道教养生文化源远流长。

龟蒙景区内的景点大都透着一股阳刚之气，其中不乏"第一""最"等字眼：蒙山寿仙载入世界吉尼斯记录，为世界上最大的山体雕刻；龟蒙景区负氧离子含量瞬间峰值达 220 万个每立方厘米，居全国之最；蒙山悬崖栈道是江北最长的悬崖栈道；龟蒙景区 3D 玻璃栈桥位于海拔 1000 多米处，为齐鲁海拔最高的 3D 玻璃栈桥；主峰龟蒙顶海拔 1156 米，是沂蒙山最高峰、鲁南地区最高峰；鹰窝峰是临沂旅游最具代表性的景点。

游客朋友们，龟蒙景区登山线路有三条：西路是东蒙古道，为古人登蒙山的道路，现在尚未开发，是户外运动爱好者的天堂；东路是车行道，有需要的朋友可以乘坐景区观光车直达山顶停车场；中路是步行道，共有 2888 个台阶、全程 7.8 千米。请大家随我一起进入景区，开启沂蒙山旅游区龟蒙景区之旅。

三、鹰窝峰 ☆ ☆

图 3.9.3　鹰窝峰

游客朋友们，现在我们来到了龟蒙景区海拔 895 米的地方，前方有一个观景平台。来到这里后，请各位游客朋友向对面观看，眼前一座山峰于深壑峡谷中拔地而起，直刺苍穹，四周如刀劈斧削，极其险峻，只有苍鹰可以盘旋其上，筑巢栖息，那里成了苍鹰的家园，故而得名"鹰窝峰"。

远观鹰窝峰，您会发现，这座山峰与湖南张家界的砂岩峰林地貌十分相似，因此鹰窝峰又有"小张家界"的美称。"放大的盆景，缩小的仙境"是世人对它惟妙惟肖的形容。但是任何人工盆景与它相比，都会黯然失色，让人不禁感慨大自然造物的鬼斧神工。每当夕阳西下，群峰渐渐隐没，万道霞光洒照在鹰窝峰上使其熠熠生辉，形成了"暮色苍茫千嶂暗，万山丛中一片霞"的奇丽景观，古人称之为"鹰峰夕照"，为"古蒙十景"之首。

神峰往往与奇松相伴，在鹰窝峰顶端，一棵奇松从石缝中生长而出，似华盖罩顶，又似一柄巨大的灵芝，这棵奇松完全靠吮吸天地的灵气生长起来，为鹰窝峰增添了无限生机，好一个"石为母，云为乳，蒙山奇松不知土!"游客朋友们，看到这棵生生不息的沂蒙山奇松，您是否联想到了"沂蒙精神"，战争年代，沂蒙人民正是凭着这种百折不挠、自强不息的精神"用小米供养的革命，用小车将革命推过了长江"！

全国人大原常委会环境与资源委员会主任曲格平游历龟蒙景区后，曾欣然题词："蒙山集华山之险、黄山之秀、泰山之壮、长白山之翠于一体，神山也"，蒙山之险，鹰窝峰是典型代表。"不到鹰窝峰，妄为蒙山行"，游客朋友们可以在此拍照留念，5分钟后我们继续前行。

四、悬崖栈道和3D玻璃栈桥 ☆

游客朋友们，现在我们来到了龟蒙景区海拔1000米的东天门，此处也是步行中路和车行东路交会的地方。1998年3月，中国科学院环境评价部门曾在附近做过环境测定，此处峡谷中负氧离子瞬间峰值含量高达220万个每立方厘米，为国内第一，是大气平均值的4400倍，蒙山由此得名"天然氧吧"。

为了让更多的游客感受"天然氧吧"的魅力，龟蒙景区先后在此处打造了悬崖栈道和3D玻璃栈桥两个重点项目，让每一位来到龟蒙景区的游客朋友能够一边欣赏蒙山最美的风光，一边呼吸最新鲜的氧气。

图3.9.4　蒙山3D玻璃栈桥

蒙山3D玻璃栈桥是齐鲁海拔最高的3D玻璃栈桥，2017年9月25日营业，桥长99米、宽3.04米，距沟底深110米。玻璃栈桥的外形轮廓为弧形，是国内首座弧状外形的玻璃桥。将玻璃桥设计成弧形可以为游客提供更多的拍照空间，从而不影响其他游客的通行。3D的概念指玻璃桥两端的地贴画面，拍照时会呈现立体的体验效果。

图 3.9.5　蒙山悬崖栈道

蒙山悬崖栈道 2013 年 5 月 19 日开通，全长 2999 米，由悬崖栈道和森林木栈道两部分组成，其中悬崖栈道 1999 米，森林木栈道 1000 米，为江北第一栈道。悬崖栈道的特点可以用三个字来概括——"险、奇、幽"。"险"指的是悬崖栈道在蒙山光滑的悬崖峭壁上修建，游客从上经过，脚下是万丈深渊，耳边是呼啸的山风，如在云中漫步一般；"奇"指的是栈道两边遍布奇石，有的如凤凰展翅，有的似鳄鱼临渊，有的如群龟拜寿，让人不禁感慨大自然造物的神奇；"幽"指的是隐于苍翠之间的森林木栈道，古人云，"曲径通幽"，漫步森林木栈道，您可以领略蒙山带给您的那一份幽静。

五、蒙山寿仙 ☆☆

游客朋友们，沂蒙山旅游区龟蒙景区是著名的养生长寿圣地，接下来我将带领大家去拜会一位长寿老人，这位老人脑门大、胡子长，左手扶鸠（jiū）杖，右手托蟠桃，长得慈眉善目，常有仙鹤伴其左右。对了，有的朋友已经猜出来了，这位长寿老人就是中国古代神话中的长寿之仙——南极仙翁。

图 3.9.6　蒙山寿仙巨雕

难点注释：

鸠杖

所谓"鸠杖"就是在手杖的扶手处做成一只斑鸠鸟的形状。鸠杖在先秦时期是长者地位的象征，汉代更是以拥有皇帝所赐鸠杖为荣。传说鸠为不噎之鸟，刻鸠纹于杖头，可望老者食时防噎。

游客朋友们可能在一些影视作品、图画中见到过寿仙的形象，但是用整座山峰雕刻的寿仙，相信大家一定没见过。蒙山寿仙巨雕由河北曲阳雕刻大师安荣杰创作完成。安荣杰先生被称为"世界巨雕大王",他的作品有三个被载入了吉尼斯世界纪录,蒙山寿仙巨雕是其最为满意的作品。寿仙巨雕工程始自2000年10月,2003年4月26日竣工,历时999天,与道教以九为尊正好契合。整个寿仙巨雕高218米,宽198米,是四川乐山大佛的三倍。2003年,寿仙巨雕作为世界上最大的山体雕刻被载入吉尼斯世界纪录。

　　游客朋友们,此处是拜寿台,蒙山寿仙已经在大家的正前方笑逐颜开地迎接大家了,各位仔细观察会发现,蒙山寿仙最为传神的是他的一双眼睛,其实寿仙的眼睛是两个巨型山洞,一个山洞的长度就有13.5米,俗话说,"眼睛里揉不得沙子",但是蒙山寿仙的一只眼睛就可以并排站十几人,而蒙山寿仙微笑的嘴巴更是长达19米,不愧为全世界最大的山体雕刻!

　　为了弘扬蒙山养生长寿文化,2013年4月26日,正值蒙山寿仙巨雕落成10周年之际,第一届蒙山"拜寿大典"在龟蒙景区拜寿台隆重举行,以后每年的4月26日,蒙山"拜寿大典"都会如期举办。将养生长寿文化与旅游相结合,蒙山拜寿大典现已发展成为山东省乃至全国著名的旅游节庆活动。

　　游客朋友们,请和我一起面对蒙山寿仙双手合十,为自己的家人送上祝福,祝各位朋友的家人身体健康,福寿康宁!

六、龟蒙顶 ☆ ☆

　　游客朋友们,现在我们即将游览的是龟蒙景区的最后一站——龟蒙顶。龟蒙顶海拔1156米,是山东省第二高峰、沂蒙山区最高峰,因山顶形似一只巨龟俯卧于云端天际而得名。登龟蒙顶的石阶有99级,寓意人生长长久久,请各位游客朋友随我一起登顶。

　　登上几级石阶后,首先映入大家眼帘的是这座牌坊,牌坊正面书"蒙顶奇观"。这四个字是从东蒙古道南天门的一个明代石碑上拓来的,由于年代久远,已不能辨认题字的作者,留下了一个千古之谜;牌坊背面题"万古风云",是由明代王寿庸所题写。

　　继续前行,在各位的左

图3.9.7　龟蒙顶

手边有一棵松树,他的形状如蛟龙回首,当地人称之为"卧龙松"。大家都知道,诸葛亮是山东临沂人,号"卧龙",少年时,诸葛亮因战乱随叔父到南方避难,后辅佐刘备建立蜀汉政权、三分天下有其一,诸葛亮遂成为一代名相。家乡人为了纪念诸葛亮,于是便在蒙山的最高处种下这棵"卧龙松"。

在卧龙松的旁边有一个石碑,上书"孔子小鲁处"。据《孟子·尽心上》记载,"孔子登东山而小鲁,登泰山而小天下",这里记载的东山即蒙山,这句话的意思是,"孔子登上蒙山,觉得鲁国变小了,登上泰山,觉得天下变小了"。为了纪念孔子登临蒙山,后人还在此处建了一座小鲁亭,亭内有孔子画像石碑。

游客朋友们,在孔子小鲁处对面就是蒙山极顶了。首先欢迎大家的,是两座仿汉代石阙,阙在古代是威仪的象征,因左右分列、中间形成缺口而得名。通过汉阙后,在我们的左手边是蒙山极顶标志碑,碑的四面分别用中、英、日、韩四国文字镌刻着"蒙山极顶1156米"。极顶碑之后是两座赑屃石雕,赑屃为龙的第九个儿子,善于负重,而蒙山极顶的这两座赑屃驮的是两个巨型元宝,寓意招财进宝。赑屃石雕后面,一座高台拔地而起,名曰瞻鲁台,为华南理工大学设计,高13.9米。接下来就请大家一起随我登上瞻鲁台,欣赏八百里沂蒙山的壮美山河!

游客朋友们,在龟蒙顶的西北方向有一座苍翠掩映的山峰,因酷似仰卧在北京毛主席纪念馆的毛主席,得名"伟人峰"。1999年,毛主席纪念堂管理局的范局长来此观看后,连声说,"像,太像了,简直和真人一模一样。"巧合的是,伟人峰下有一个村庄叫毛家庄,历史上毛姓人家在此居住。

各位游客朋友,沂蒙山旅游区龟蒙景区游览完毕,感谢大家对我工作的支持,也欢迎大家有时间到沂蒙山旅游区云蒙景区和沂山景区游览,最后祝大家在日后的工作和生活中事事顺心、万事如意、福寿康宁!

云蒙景区

七、沂蒙山旅游区云蒙景区概况 ☆☆☆

尊敬的游客朋友们,大家好,欢迎来沂蒙山旅游区云蒙景区游览。

位于蒙山北麓的云蒙景区以秀美的自然风光和刺激的森林娱乐而著称。

纵观中国名川大山,山之阴日照时间相对山之阳较短,所以山的北麓更容易蓄含水分,加上一年七十二场浇花雨的丰沛雨量,使得云蒙景区境内植被茂密、山泉瀑布遍布:中国瀑布辗转三叠,似中国版图;响水涧湍流跌宕、飞泉击石;流碧桥下浴仙池清澈见底、形如碧玉;翠云观内乔全井长年不枯,清洌甘甜;蒙山天池周边林木茂密、四季风光变幻旖旎。

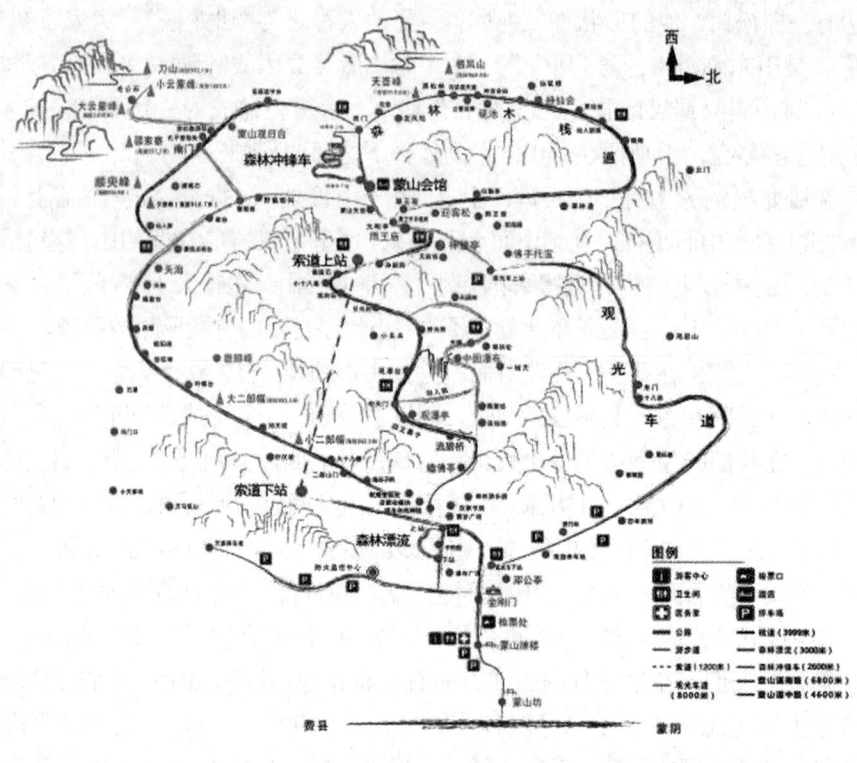

图 3.9.8 云蒙景区游览图

云蒙景区充分利用优越的自然环境打造了众多刺激有趣的森林娱乐项目：森林漂流全长3000米，让您体验在森林中穿梭的惊心动魄；森林冲锋车由德国专家设计，位于景区海拔850米处，滑行速度达每秒10米，各种直道、弯道、急道惊险刺激；森林观光缆车采用三快两慢的速度，沿途蒙山卧佛、中国瀑布、雄狮峰等景观尽收眼底；采摘园、森林娱乐园、森林栈道等也是您到云蒙景区不可错过的景点。

游客朋友们，云蒙景区登山线路有四条：北路为车行道，南路和中路为步行道，另外还可以选择乘坐森林观光缆车登山，四条道路在海拔900米的蒙山会馆相会，之后您可以走一走全长3999米的森林木栈道环线，体验下森林氧吧的新鲜空气。

各位游客，请随我一起进入景区，开启沂蒙山旅游区云蒙景区之旅。

八、金刚门 ☆ ☆

游客朋友们，现在我们所在的位置是沂蒙山旅游区云蒙景区停车场，在我们的对面,有一座雕刻精美的大型石质牌楼,该牌楼分七门九楼,面阔40米,高16米,上书毛体"蒙山"两个大字。牌楼前有两座汉白玉华表,穿过牌楼后,10座整石雕刻的蟠龙石柱分列左右。整组建筑坐西向东、气势宏伟,迎接各位"紫气东来"的贵宾。

图 3.9.9　牌楼

前方是景区检票口,各位游客朋友,蒙山是国家级森林公园,景区内禁止携带打火机等引火设备,请吸烟的朋友将您的打火机寄存在检票口。

经过检票口,登上3层台阶,我们现在所在的位置是金刚文化广场。在广场的前端,有7座石雕佛塔,记载了过去七世佛的圣迹,过去七世佛指的是包括释迦牟尼及其以前的六世佛陀。中国佛教场所大都供奉三世佛,云蒙景区的七世佛塔在国内比较少见。

广场的中央是圣泉池,观音菩萨坐在池中间一块岩石上,一条神龙盘于岩石之下。民间有观音三十三应化身的说法,我们眼前的这尊观音雕像即为其化身之一的龙头观音。

圣泉池后面这座雄伟的大门便是金刚门,门柱由前四后四共计八尊整石雕刻的金刚塑像组成,金刚门顶部有四尊菩萨雕像。金刚门"八金刚、四菩萨"的造型灵感来源于古印度的一个故事:一个杀虐深重的屠夫经过寺庙,将写有三千尊佛名字的纸张带回家里供奉。他的妻子不久生下一个肉团,破开有八个相貌丑陋、性格暴烈的男孩,他们长大后无恶不作、为害四方。后来妻子又生下一个肉团,有前车之鉴的屠夫打算把肉团扔掉,不料空中却传来一个声音,"不能轻易损害,要好好保护",肉团破开后,出来了四个相貌端严、人见人爱的女孩。她们虽然未读书却能识字、出口成章。四姐妹受持斋戒、一心向善,八个哥哥受其感化,遂弃恶从善,最后兄弟姊妹全部修成正果,八个哥哥为"八金刚",四个妹妹为"四菩萨"。

游客朋友们,仔细想来,这则短小的佛教故事不正好契合了现如今提倡的"和谐社会"的道理吗?接下来就请各位带着这份感悟和我一起继续我们的登山之旅吧。

九、中国瀑布 ☆ ☆

图 3.9.10　中国瀑布

游客朋友们，现在我们所处的位置是观瀑亭，此处是观赏中国瀑布的最佳位置。之所以叫中国瀑布，是因为瀑布所挂悬崖的轮廓酷似中国版图，各位游客请向版图的东北方向观看，这个地方植被茂密，恰好与中国东北地区森林资源丰富相吻合，让人不禁感慨造物的神奇。

中国瀑布是江北罕见的三叠式瀑布，流水从高约百米的悬崖上一跃而下，中间为两道断崖阻隔，旋即又腾身直泻，形成了飞流奔涌、轰鸣溅跳的叠式瀑布。相传在瀑布的最上边层崖中间曾有一个石洞，洞口为瀑布所掩，故中国瀑布又名水帘洞瀑布，在当地百姓之中流传着鬼谷子在洞中传授孙膑、庞涓兵法的故事，为这座瀑布又增添了几分神秘的色彩。

在瀑布的第二层崖壁上刻有一个榜书"涛"字，榜书源自古代科举取士告知天下的榜文，榜文的榜首都是一张纸写一个字，后人便把写大字称为"榜书"，也称"大字"。中国瀑布的这个榜书"涛"字出自山东莱阳籍书法家邓晓川之手。邓先生字涛之，书号"齐鲁晓川"，被尊为"榜书大师"。他的作品"涛"字被国务院办公厅收藏于中南海。游客朋友们，邓先生所题中国瀑布的这个"涛"字蕴含了三层意思，您猜一猜都是哪三"涛"呢？对了，有的朋友可能猜到了，这三"涛"就是水涛、松涛和云涛。

历史上，壮丽的中国瀑布吸引了不少文人墨客前来一睹芳容，明代著名文学家、诗人公鼐(nài)在他的《蒙山瀑布》中赞曰："岂是银河落，飞来万丈余。谪仙如可见，不复问匡庐。"公鼐诗中对如银河落地的中国瀑布赞不绝口，认为如果谪仙李白见到了中国瀑布，就不会再去庐山了。

资源拓展：

公鼐

公鼐（1558—1626）字孝与，号周庭，今山东蒙阴（今山东临沂市蒙阴县）人。明代著名文学家、诗人，明朝万历前期"山左三大家"之一。

历史总是充满了偶然性。1000 多年前，李白与杜甫的那次蒙山之行遗憾地错过了深藏在蒙山之阴的中国瀑布，不然那句著名的"疑是银河落九天"诗句很有可能就写给蒙山瀑布了。游客朋友们，当年诗仙错过的瀑布就在各位眼前了，请大家在此拍照留念，5分钟后我们继续前行。

十、翠云观（雨王庙）☆☆

游客朋友们，现在我们来到了云蒙景区海拔850米的地方，在我们的正前方有一新一旧两组建筑，当地人分别称之为"新、老雨王庙"。但是当我们走到"老雨王庙"门前会发现，庙门的牌匾却题写着"翠云观"三个字，这究竟是怎么回事呢？雨王究竟又是何许人也？请各位游客随我到翠云观也就是"老雨王庙"一探究竟。

图3.9.11　翠云观

翠云观面积不大，有三个小殿堂，左殿祭祀观音菩萨，右殿祭祀鬼谷子王禅，正殿祭祀的就是那位神秘的雨王。走进正殿，大家会发现雨王像似乎没有什么特别之处，在这里我给大家解开第一个谜团——蒙山雨王究竟是谁？上古年间，居住在蒙山南北的是伏羲的后人，他们建立了一个名为"颛臾"的国家，都城建在蒙山之阳。西周初年，周天子封颛臾国国王为"东蒙主"，专门负责祭祀蒙山，后来颛臾国都城被敌人攻破，国王力战而死，王子率部分难民逃至蒙山之阴，并将国王葬在蒙山之阴。颛臾国虽灭，但是蒙山周边百姓为感谢历代颛臾王的恩典，纷纷建祠纪念，后来经过历代皇帝的加封，颛臾王被神化为蒙山神。随着岁月的流逝，周边百姓又将蒙山神演绎成了雨王，这就是蒙山雨王的来历。

接下来我为大家解开另一个谜团——老雨王庙为何叫翠云观。原来翠云观的旧址处曾建有雨王庙，历史可上溯到金朝明昌年间。后来雨王庙毁坏，清朝道士尹仁遂在旧址上建翠云观，内设殿堂供奉雨王，大概是因为周边百姓向雨王求雨大都灵验，所以百姓大都记住了雨王庙的名字，反而将道观真正的名字翠云观忽视了。1997年，香港恒基兆业有限公司杨士行先生和蔡凤小姐又捐资在翠云观下方修建了一座新的雨王庙，于是当地人又称翠云观为"老雨王庙"。

游客朋友们，翠云观院内还有三宝，这第一宝是一株300年树龄的三尖杉，因该树种在北方极难成活，因此被称为"江北第一杉"；第二宝是千年何首乌；

第三宝是长年不枯的"乔仝井"。

游客朋友们，翠云观参观结束了，请大家随我到下一站继续游览。

十一、云蒙峰 ☆

图 3.9.12　云蒙峰

游客朋友们，现在我们去观赏云蒙景区的主峰——云蒙峰，沿途会经过一些景点，我将给大家一一讲解。

首先呈现在大家眼前的是森林冲锋车，这是由德国专家为云蒙景区设计制作安装的高山管轨滑道，也是很多游客来到云蒙景区都喜欢体验的娱乐性项目。森林冲锋车位于云蒙景区海拔850米处，上下垂直距离300余米，滑道行程2300余米，滑行速度每秒达10米，滑行时间1分多钟。不过为了给大家留点期待，我们先乘坐冲锋车上山去观赏云蒙峰，回程的时候我们再来体验冲锋车的刺激。

抵达森林冲锋车上站之后，前方有一段100米左右的森林木栈道，这是全长3999米的云蒙森林木栈道的其中一段。漫步森林木栈道，呼吸着清新的空气，仿佛洗过肺一样顺畅。在这段森林木栈道上向西北方向观看，一座山峰的山顶巨石非常奇特：巨石顶部的小松树是壶盖，左侧伸出的是壶嘴，后方圆柱形的是茶杯，当地人形象地称这座山峰为天壶峰。

游客朋友们，我们现在到达的地方是仓颉造字台，这里是观赏云蒙峰的最佳位置。为什么要把这里命名为仓颉造字台呢？大家请向正西方向观看，远处三座山峰并立，中间的山峰高，左右两侧的山峰略低，三座山峰组成了一个汉字"山"的造型，据说当年黄帝时期的造字史官仓颉就是在此处获得了灵感，从而创造了汉字"山"字，因此这三座山峰也被称为"山字之源"。三座山峰中最高的那座就是云蒙景区的最高峰——大云蒙峰，海拔1026米，因山势陡峭，极难攀登，需手脚并用才能登顶；西侧的山峰叫小云蒙峰，海拔1003米，相比大云蒙峰更难攀登，据说至今尚无人能登顶；东侧山峰尚未命名。

在观赏完云蒙峰之后，请大家随我原路返回，体验森林冲锋车一冲而下的快感！

各位游客朋友，沂蒙山旅游区云蒙景区游览完毕，感谢大家对我工作的支持，也欢迎大家有时间到沂蒙山旅游区龟蒙景区和沂山景区游览，最后祝大家在日后的工作和生活中事事顺心、万事如意!

沂山景区

十二、沂蒙山旅游区沂山景区概况 ☆☆☆

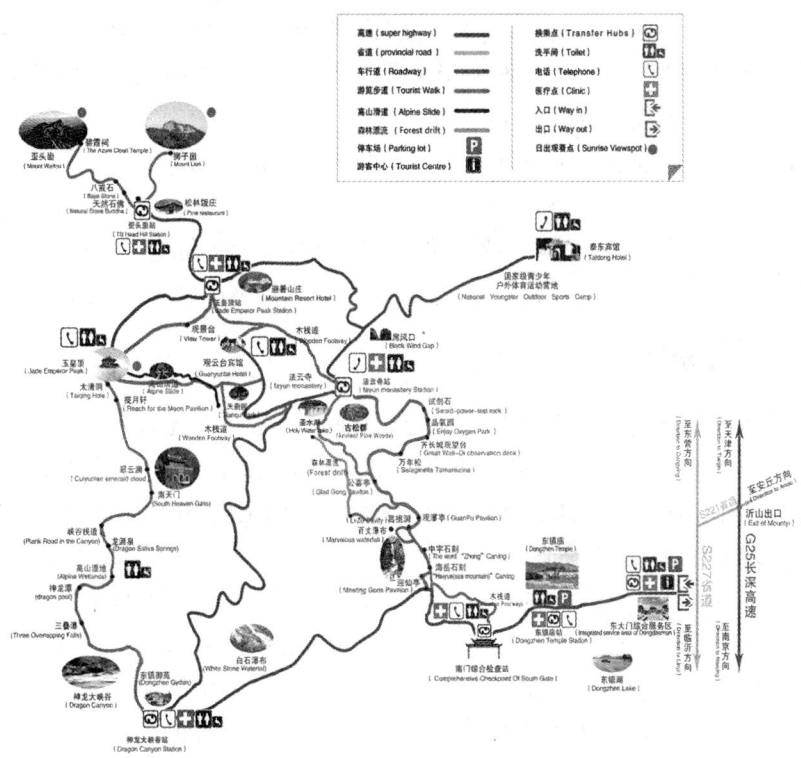

图 3.9.13　沂山景区游览图

尊敬的游客朋友们,大家好,欢迎来沂蒙山旅游区沂山景区游览。

沂蒙山由沂山和蒙山两座山系组成,其中沂山风景区位于山东省潍坊市临朐县境内,总面积65平方千米,主峰玉皇顶海拔1032米,为山东省第五高峰,素有"鲁中仙山"的美誉。

沂山景区以历史悠久的镇山文化和美丽的山岳景观而闻名。

提起"五岳",相信游客朋友们并不陌生,但是说起"五镇",很多游客朋友可能并不熟悉。五镇是中国古代仅次于五岳的东西南北中五座名山,其中东镇为沂山,为五镇之首。相传远在上古时期,黄帝就曾登临沂山;有史可查的第一位登临沂山的帝王是汉武帝,《史记》中记载他曾在此封山立神祠,此后的隋、唐、宋、元、明、清等朝代，都有帝王莅临或者封赏沂山。据统计，历史上共有十朝十六位帝王曾经登封沂山。不仅如此，"五镇之首"的美名还吸引了不少文人墨客前来一睹沂山的风采，李白、欧阳修、范仲淹、苏轼、苏辙、刘墉等都曾前来览胜，留下许多流传千古的佳句。

沂山山清水秀、自然风光秀美。主峰玉皇顶上可一览众山，是观赏云海日出绝佳地点；百丈崖瀑布总落差86米，似白练垂天，蔚为壮观；狮子崮如雄狮俯卧天际，惟妙惟肖；歪头崮三面陡绝千仞、下临深渊，奇险无比；神龙大峡谷谷深林密，峡谷内飞瀑流泉、怪石嶙峋。

游客朋友们，沂山风景区现分为五个景区，分别是东镇庙景区、百丈崖瀑布景区、法云寺景区、玉皇顶景区和神龙大峡谷景区。游览期间我们将选择乘车、步行、乘坐滑道和漂流等多种游览方式，让您能全方位地欣赏沂山。

各位游客，接下来请随我一起进入景区，开启沂蒙山旅游区沂山景区之旅。

十三、玉皇顶☆☆

游客朋友们，现在我们将要参观的景点是玉皇顶，首先映入大家眼帘的是这块巨石，上刻"灵气所钟"四个大字，为康熙皇帝亲笔所题，原御碑现存于山下的东镇庙中，这四个字高度概括了沂山的特点，以至现在临朐县的旅游宣传口号都是"灵气所钟，山水临朐"。

继续前行，各位眼前这座宏伟的三层仿古建筑便是沂山的标志性建筑——玉皇阁，该建筑是一座三重檐、十字脊歇山、四面加抱厦构成的复合式建筑，糅合了中国古代多种建筑要素。先来看屋顶，所谓"歇山顶"也称"九脊顶"，共有九条屋脊，除最上方的正脊外，由正脊两端向下延伸的四条屋脊中间折断了一次，变成八条屋脊，就好像"歇"了一歇，故而得名歇山顶，"十字脊歇山"就是由两个歇山顶呈十字相交而形成的；三重檐被形象地称为"重檐三滴水"，是因为下雨的时候，雨水要经过三层屋檐才能滴落到地上。再来看玉皇阁建筑的四面，四面接建出来的空间叫"抱厦"，十字脊歇山与抱厦叠加组合使建筑看起来更加美观。

走进玉皇阁，正中供奉的是玉皇大帝铜质神像，高9米，两侧供

图3.9.14 玉皇顶

奉金童玉女铜像，左捧御玺，右持宝剑。玉皇大帝起源于上古先民对天帝的崇拜，古人认为山川河流、风雨雷电都由神掌管，这些神中最高级别的就是玉皇大帝。玉皇大帝坐像后面设有楼梯，可通过楼梯到达暗层和二层观瞻。

出玉皇阁后，在一块巨石上刻有"极顶1032米"的字样，这便是东镇沂山极顶的标志石。在极顶石不远处，一个黄色琉璃瓦的小亭和一块感觉要掉落山崖的巨石相伴。亭子名叫望海亭，因此处凸出如台，下临悬崖，面向东方，适合于人们观赏日出、眺望东海而得名；巨石名曰探海石，当天气晴朗之时，立于此石之上，向东南眺望，可观东海，故而得名。

游客朋友们，玉皇顶参观结束，请随我到下一个景点继续参观。

十四、百丈崖瀑布 ☆

游客朋友们，现在我们所处的位置是百丈崖停车场，接下来我们要参观的景点是百丈崖瀑布。

在停车场旁边有一块高约六米的花岗岩巨石，上刻"百丈瀑布"四个大字，为著名书法家沈鹏所题。

从此处到百丈崖瀑布崖底有600多级石阶，沿途有许多古今名人为百丈崖瀑布题写的诗词名句，首先在大家正前方200米处有一"迎仙亭"，亭子对面山体上是一幅现代石刻，为原临朐县委书记王庆德题写的《沂山行》。

继续前行，各位朋友眼前这块"海岳"石刻为沂山现存最大的石

图3.9.15　百丈崖瀑布

刻，该石刻高1.9米，宽1.5米，为清康熙年间临朐当地贡生陈占所写，因沂山位于大海和泰山之间，所以古人称沂山为"海岳"。

游客朋友们，我们沿途看到的很多诗文出自明代临朐名士王居易编撰的《东镇沂山志》。王居易年轻时感慨"海岳既各有志，而东镇独无"，后在临朐籍官员吕三才的帮助和资助下著成3万余字的《东镇沂山志》。现在我们眼前的就是吕三才为百丈崖瀑布所题写的《游百丈崖》。继续前行，眼前这块巨石上题有一个大大的"中"字，相传为明朝道人雪蓑书写，中字寓意"乐在其中"。

过了"中"字石刻，登上较为平坦的开阔地段，百丈崖瀑布就呈现在各位眼前了。只见一条白练若九天银河，从百米的悬崖上倾泻而下，溅出的水花形成

大片喷雾，像一团乳白色的青烟薄云，恰似人间仙境一般，即使在酷暑难耐的伏天，这里仍然寒气逼人，临朐旧八景有云，"百丈瀑布六月寒"。夏季观飞瀑，冬季赏冰瀑，数九寒天，一幅巨大的冰挂似大树伸出的玉臂琼枝，蔚为壮观。

百丈崖瀑布的胜景吸引了历史上无数文人墨客前来一睹芳容，并在崖下留下了流传千古的诗篇。据不完全统计，载入史书文献的赞文颂诗多达300余篇，仅在东镇庙碑刻载诗词歌赋就有百余首，在百丈崖瀑布崖下留有十余处珍贵的题刻。

游客朋友们，被誉为江北瀑布之冠的百丈崖瀑布就在各位眼前了，请大家在此拍照留念，10分钟后我们继续前行。

十五、东镇庙 ☆ ☆

游客朋友们，接下来我们要参观的是东镇庙景区。东镇庙内供奉的主神是东镇沂山之神，与泰山脚下的岱庙功能相似，东镇庙集聚了沂山悠久的镇山文化。

各位游客请看，眼前的这座仿午门建筑就是东镇庙的庙门，匾额"东镇庙"三个大字由书法家欧阳中石先生题写。细心的朋友会发现，此处有三个山门，中间最大的那个正门是关闭的，在古代，只有皇帝到东镇庙祭拜的时候才会开启，到了现代，每年四月初八东镇庙庙会等大型活动，正门也会开启。

穿过庙门便是护法殿，在佛教寺庙里，护法殿供奉的是大肚弥勒佛、韦陀和四大天王，东镇庙是道教神府，里面供奉的是主神王灵官和四位元帅。王灵官本名王善，是宋徽宗时期的人；西边两位护法元帅，一位是马元帅，俗语所说的"马王爷三只眼"指的就是他，另外一位是《封神榜》里的赵公明赵元帅；东边两位护法元帅，一位叫温元帅，是东岳大帝的部将，另外一位是家喻户晓的岳飞岳元帅。

经过护法殿，一个宽阔的院落呈现在我们眼前，院落的尽头是气势宏伟的东镇庙正殿——东安王殿，两侧是古树和内外碑廊。内外碑廊共存放历代帝王名人所题古碑125块，其中最著名的是这块康熙皇帝御笔亲题的"灵气所钟"碑，"灵气所钟"四个字高度概括了沂山的特点，现已成为临朐县对外旅游宣传口号。东镇庙院内现存古树7棵，其中这两棵古柏非常神奇，

图 3.9.16　东镇庙

相传为汉武帝来沂山时所植,一棵叫"吼柏",据说每当遇到自然灾害和战乱的时候,它会发出一种吼叫声,故而得名。另外一棵叫"铁柏",因木质坚硬、锤声如铁而得名。

东安王殿前方为古祭台,据中国古建专家组组长罗哲文教授研究,该祭台是目前全国保留最完整的宋式古祭台。

游客朋友们,眼前这座高大的建筑就是东安王殿,它建在三层汉白玉台基之上,屋顶为重檐庑殿式建筑风格,建筑等级为古代建筑最高级。匾额"东安王殿"由原中国道教协会会长任法融先生题写。大殿内供奉神像七尊,正中主祀的这位便是东镇沂山之神,当地人称为东镇爷爷,主神像前两侧为金童玉女,东西两侧为文臣武将站像,共四尊。大殿内后墙和两山墙上分别是与东安王或沂山有关的故事彩绘壁画。

东安王殿后面是寝殿和斗母宫,寝殿主要反映东安王及其夫人的生活场面;斗母宫分两层,一楼为十六帝王蜡像馆,二楼供奉先天斗姆元君和六十元辰神像。

各位游客朋友,沂蒙山旅游区沂山景区游览完毕,感谢大家对我工作的支持,也欢迎大家有时间到沂蒙山旅游区龟蒙景区和云蒙景区游览,最后祝大家在日后的工作和生活中事事顺心、万事如意!

知识问答

1. 沂蒙山旅游区属于山东十大文化旅游目的地品牌的哪个品牌?由哪三个景区组成的?

答:亲情沂蒙;龟蒙景区、云蒙景区和沂山景区。

2. 习近平总书记是如何评价"沂蒙精神"的?

答:"沂蒙精神与延安精神、井冈山精神、西柏坡精神一样,是党和国家的宝贵精神财富。"

3. 曾经登临蒙山的历史名人有哪些?

答:孔子、李白、杜甫、苏轼、康熙、乾隆。

4. 沂蒙山旅游区龟蒙景区都有哪些"最"?

答:蒙山寿仙为世界上最大的山体雕刻;龟蒙景区负氧离子含量居全国之最;蒙山悬崖栈道是江北最长的悬崖栈道;龟蒙景区3D玻璃栈桥为齐鲁海拔最高的3D玻璃栈桥;龟蒙顶是沂蒙山最高峰、鲁南地区最高峰;鹰窝峰是临沂旅游最具代表性的景点。

5. 鹰窝峰是如何得名的?

答：因四周如刀劈斧削，极其险峻，只有苍鹰可以盘旋其上，筑巢栖息，所以得名。

6. 被称为"古蒙十景"之首的是什么？

答："鹰峰夕照"。

7. 蒙山3D玻璃栈桥弧状设计外形的优点是什么？

答：将玻璃桥设计成弧形可以为游客提供更多的拍照空间，从而不影响其他游客的通行。

8. 蒙山悬崖栈道的三个特点是什么？

答："险、奇、幽"。

9. 蒙山寿仙的高和宽各是多少米？

答：高218米，宽198米。

10. 每年蒙山"拜寿大典"的举办时间是？

答：4月26日。

11. 蒙山主峰龟蒙顶海拔多少米？

答：1156米。

12. "孔子小鲁处"的典故出自哪部著作？

答：《孟子·尽心上》。

13. 云蒙景区主要有哪些水体旅游资源？

答：中国瀑布、响水涧、浴仙池、乔仝井、蒙山天池。

14. 云蒙景区的主要森林娱乐项目有哪些？

答：森林漂流、森林冲锋车、森林观光缆车、采摘园、森林娱乐园、森林栈道。

15. 金刚门文化广场由哪三部分组成？

答：七世佛塔、圣泉池和金刚门。

16. 金刚门造型主要由哪些佛教人物构成？

答："八金刚、四菩萨"。

17. 中国瀑布崖壁上的"涛"字属于何种书法？由谁题写？

答：榜书，邓晓川。

18. 背诵公鼐的《蒙山瀑布》。

答："岂是银河落，飞来万丈余。谪仙如可见，不复问匡庐。"

19. 蒙山雨王是谁？

答：颛臾王（蒙山神）。

20. 翠云观内"三宝"是指哪三宝？

答:"江北第一杉"、千年何首乌和"乔仝井"。

21. 蒙山森林冲锋车由哪国专家设计安装?

答:德国。

22. 大、小云蒙峰和旁边的无名山峰三座山峰被称为什么?

答:"山字之源"。

23. 被称为"五镇之首"的是哪座山?

答:沂山。

24. 历史上共有多少位帝王登封沂山?

答:16位。

25. 沂山的标志性建筑玉皇阁属于哪种复合式建筑?

答:三重檐、十字脊歇山、四面加抱厦构成的复合式建筑。

26. 沂山主峰玉皇顶海拔多少米?

答:1032米。

27. 沂山现存最大的石刻是哪块石刻?

答:"海岳"石刻。

28. 百丈瀑布沿途诗文多出自哪部著作?

答:《东镇沂山志》。

29. 东镇庙内最著名的古碑是哪块?由谁题写?

答:"灵气所钟"碑;康熙皇帝。

30. 东镇庙的正殿叫什么?主祀的是谁?

答:东安王殿,主祀东镇沂山之神(东镇爷爷)。

第十节　青州古城旅游区

导学:

青州古城旅游区总揽青州古城、青州博物馆、云门山三大板块,是融自然景观、人文景观于一体,城景合一的文化旅游区。2017年2月正式晋升为AAAAA级旅游景区。

最佳游览时间:全年

推荐游览路线:青州古城(阜财门–天主教堂–偶园–基督教堂–青州府贡院)–青州博物馆(青州历史展厅–龙兴寺佛教造像精品厅)–云门山(望寿阁–"寿"字–云门洞–云门山题刻–云门山石窟造像)

游览亮点：青州古城每天都上演着精彩的非物质文化遗产表演

景区节庆活动：每年腊月二十三日——正月十五日青州古城过大年活动

每年三月初三——九月初九云门山庙会

导览图

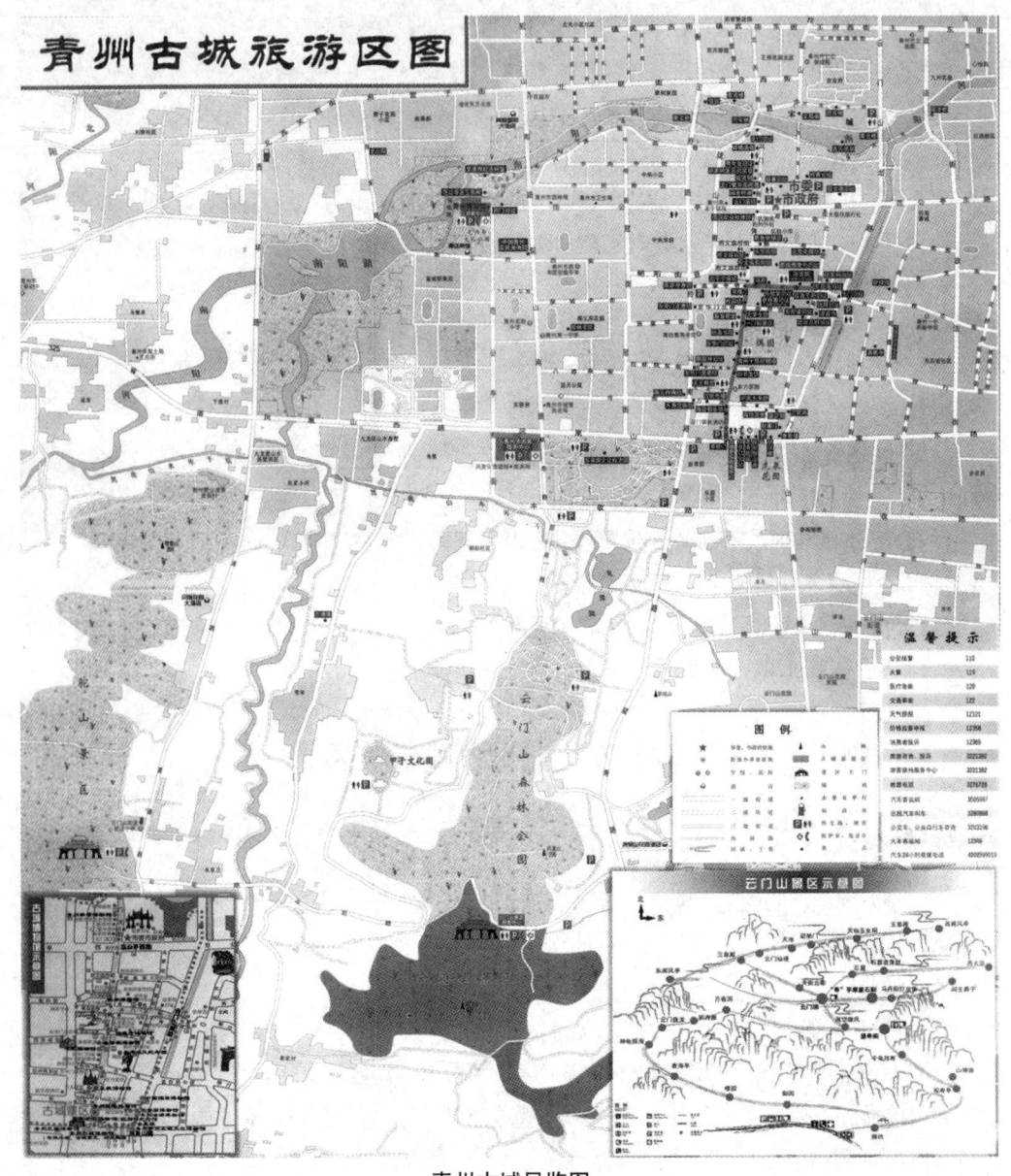

青州古城导览图

一、青州古城旅游区概况 ☆☆☆

青州古城旅游区是青州历史文化千载传承的重要载体，总揽青州古城、青州博物馆、云门山三大板块，是融自然景观、人文景观于一体，城景合一的文化旅游区。2017年2月正式晋升为AAAAA级旅游景区。

青州古城是国内外罕见，至今保存完好、山水城一体的明清古城。大量衙署建筑遗存、遍布古街的牌坊、120多条明清古街巷及众多传统民居，蔚为大观。数百家老字号、特色店铺以及上百种青州府传统名吃，延续着海岱都会的繁华。世界上最早的拉弦乐器——青州挫琴、国家级非物质文化遗产——青州回族花毽以及满族八角鼓等70余项非物质文化遗产，述说着青州古城独具魅力的地域文化。

青州古城历史脉络清晰，城建格局完整，至今完整地保留原貌。汉、回、满等多个民族、2万多原住民完整延续着古青州地区的传统文脉。这里，先后走出了800名进士，12名状元，国内罕见；北魏贾思勰在此著成世界农学史上最早的专著之一——《齐民要术》；四大古典文学名著多处涉及青州古城；清真寺、天主教堂、基督教堂、奎星楼、三官庙等上百处古建筑凸显了宗教文化、名人文化、民俗文化、建筑文化共融共生的青州古城文化。

云门山明代摩崖石刻"寿"字，通高7.5米，宽3.7米，是世界上最大的古代摩崖石刻"寿"字，被誉为"天下第一高寿"。景区内有我国东部规模最大、最完整的佛教石窟造像群，雕刻于南北朝时期，是国家级重点文物保护单位。站在云门山巅可观赏到全长2600米的"青州山体巨佛"，它叠连9座山头组成，是世界最大的山体造像。

博物馆是全国唯一的县级综合性国家一级博物馆，馆藏文物5万余件，国家一级文物142件。龙兴寺窖藏佛教造像数量多达400余尊，被列为1996年中国十大考古发现之首，是20世纪中国100项重大考古发现之一，其特色鲜明的"青州风格"改写了东方艺术史。博物馆馆藏东汉"宜子孙"玉璧，是世界上保存最完好的出廓玉璧；赵秉忠状元卷是唯一存世的明代及明代以前殿试状元卷，填补了我国明代宫廷档案的空白。

青州历史悠久，地望攸重，文化底蕴十分深厚。早在7000年以前，东夷先民就在这里繁衍生息，生产生活，创造了灿烂的东夷文化，是东夷文化的发源地。战国时期的地理著作《尚书·禹贡》就有"海岱惟青州"之说。作为中国古九州之一，青州长期以来曾是山东地区的政治、经济、军事、文化、贸易中心，曾有12年作为国都，1000余年作为省级政治、经济、军事、文化中心，1600

余年作为州、郡、府治，2200余年作为县治的历史，素有"东方古州""三齐重镇""海岱都会""海岱明珠"的美誉。自汉初至今，青州市境内至少曾先后建有6座古城池，分别是广县城、广固城、东阳城、南阳城、东关圩子城和满族旗城。我们现在所说的青州古城旅游区指的就是古南阳城的一部分。

青州市位居齐鲁大地的腹心，山东半岛的咽喉处，是山东东部的交通枢纽。1986年3月，经国务院批准撤县设市，由原来的益都县改为青州市，市域面积1569平方千米，辖4个街道、8个乡镇和1个省级经济开发区，常住人口94万左右。有回族、满族等多个少数民族，是全国重要的少数民族聚居区，已连续6年被评为全国民族团结进步模范集体。青州市还先后获得中国优秀旅游城市、国家历史文化名城、国家园林城市、国家卫生城市、中国长寿之乡、国家地质公园等多项荣誉称号。

青州古城

二、青州古城概况 ☆☆☆

青州古城是国家AAAAA景区青州古城旅游区的一部分，是一座至今仍保存完好、山水城一体、国内外罕见的明清古城。这座古城历史脉络清晰，城建格局完整；历史悠久，地望攸重；名人辈出，文化底蕴十分深厚。在这里，汉、回、满等多个民族、2万多原住民完整延续着古青州地区的传统文脉，隆盛糕点、金城药铺等几百家老字号和特色店铺及上百种青州府传统名吃，延续着海岱都会的繁华；世界上最早的拉弦乐器——青州挫琴、国家级非物质文化遗产——青州回族花毽以及满族八角鼓等70多项非物质文化遗产。开放与包容的文化特征，不仅铸就了佛教、道教、伊斯兰教、基督教、天主教五大宗教和谐共处、一城而居的独特景观，也赋予了青州文运昌盛的风骨与机缘。这里，先后走出了800名进士、12名状元，国内罕见；四大古典文学名著多处涉及青州古城；北宋名臣范仲淹、富弼、欧阳修先后知任青州，惠及青州百姓；李清照客居青州，留下无数清丽婉约的千古佳作。

三、阜财门 ☆

阜财门，也称云山门，是古南阳城的南门，现为按原貌复建。城台占地面积1085平方米，长45.2米，宽24米，高12.7米。城门楼为砖木结构，面阔五间，进深一间，二层重檐带周围廊歇山式建筑，为砖木结构，建筑面积516平方米。南城门城台内设两层，古时作为藏兵洞，城台中部的券洞内两侧各设有三个券洞门进入藏兵洞,通过楼梯可上达城门楼内,现打造为"记忆古城"专题展馆供游客参观游览。城台东西两侧另设43.5米长的东西登城马道。复建的城门楼坐落在高大的城台之上,城台与城门楼总高26.42米,是一座体量庞大、造型优美、庄重大气、神圣不可侵犯的地标性建筑。

图3.10.1 阜财门

四、天主教堂 ☆☆

图3.10.2 天主教堂

天主教堂始建于光绪元年(1875),最初规模较小。光绪二十六年(1900),由法国梅神父接管后第一次购地扩建。1931年,益都天主教堂正式由烟台教区划出,直归罗马教区管辖,设立青州教区,统管益都、临朐、昌乐、寿光、临淄、高苑、博山、博兴、广饶等十县的教务。由法国神父卫国栋任独立教区的第一任主教。随着天主教的不断发展,1933年,天主教会又在原址上重建了规模更大的天主教堂。主教堂外形为西方哥特式建筑风格,大门坐西面东,门楼为西洋尖拱式。

教堂以南为修女院,当地百姓称作"老姑院",另辟东大门,但也有便门与教堂院相通。解放前教会在此院办过孤儿院,收容社会孤儿数十名。新中国成立后这里由政府接管,院内孤儿都陆续做了妥善安置,少数孤儿于20世纪50年代初随同修女、大姑并入坊子孤儿院。解放前夕,华东局创办的青州建设研究会曾在此办公,原设在弥河镇大关营村的华东局保育院南迁前也曾在此暂住。

五、偶园 ☆☆☆

偶园,明代为衡王府东花园,到了清代成为康熙年间文华殿大学士刑部尚

图 3.10.3 偶园

书冯溥告老还乡后的住所。冯氏自明清时代起就是青州的名门望族,自始祖冯裕开始,世代为官清廉,政绩卓著,诗书文脉代代传承。

冯溥学识渊博,生性刚正不阿,深得康熙帝的重用,康熙皇帝称其为"辅弼重臣",并赞扬他"端敏通达""勤劳素著"。冯溥秉性耿直,敢于直谏,向皇帝提出过许多治国安民之策,为百姓做了很多好事。

冯溥在京城时,曾得元人之万柳园,园内因遍植柳树而得名。康熙二十一年,74岁的冯溥告老还乡,购得此园,取"无独有偶"之意,谓之"偶园"。

偶园北面与古朴宽大的冯氏宗祠、楼台参差的冯宅连为一体,互相衬托,实际上是一组宅第、宗祠、园林相结合的三位一体古代建筑群体,至今已有500多年的历史。

因曾为衡王的东花园,所以这里布局和规模都跟皇宫内的御花园相仿。四株明代的桂花,三株明代迎春花,400年来花香依旧;"福、寿、康、宁"四大奇石,兼具了太湖石"瘦""皱""漏""透""秀"的特点,蕴含着书法篆刻的神韵,在中国赏石界占有重要地位,在当时就有"一两石头一两银"的说法;"十三贤石""春夏秋冬"等奇石更是彰显了这座园林昔日的气派与辉煌。

佳山堂坐落于"石景园",是冯溥待客和写作的场所。园内怪石点缀,古柏苍翠,令人心旷神怡。冯溥在偶园内生活了10年,写下了许多优美的诗篇,记录了他晚年的悠闲生活,所著《佳山堂集》就是以佳山堂命名的。

堂前是三峰环绕的假山,构思巧妙、手法高超。其艺术构思与叠石风格技巧与中南海瀛台完全一致。经园林专家考证,鉴定为明代造园名家张南垣之子张然的作品。它浓缩了九州的山川秀水,被誉为"国宝"。假山取材于四川峨眉山和青州南山上的花纹怪石,而且山石的堆砌也是按照岩石固有的纹路有机排列的,既达到了弄假成真的效果,又不失天然之美,让人叹为观止。

六、基督教堂 ☆☆

1875年,基督教开始传入青州。1879年,英浸礼会传教士怀恩光、库寿宁等来到青州在民主街中段路西购置部分土地,建了平房,成为青州基督教最早的活动场所。1909年,牧师卜如斯、聂德华等偕英籍工程师,由英浸礼会投资,在原址正式创建了大基督教堂。该教堂建筑风格以欧式为主调，与天主教堂不同之处是，它巧妙地融入了中国传统建筑的风格。大教堂前月台下南北各有平房11间，北为办公场所，南为教会原先建的博物堂。据考证，青州博物堂始建于1897年，而公开资料显示中国目前最早的博物馆南通博物馆建于1905年。因此可以断定，青州博物堂是当今中国最早的博物馆，它比南通博物馆早了8年时间。

历经百年，基督教堂仍然是基督教民活动中心。2012年，基督教堂建筑群被公布为潍坊市级重点文物保护单位。

图3.10.4　基督教堂

七、青州府贡院 ☆☆☆

青州府贡院，即考院，是当时科举考试的场所。它的前身是明代山东布政司衙署。万历四十年（1612年）改为书院，按察副使高第为之命名曰"云门书院"。清雍正四年（1726年），确立考选制度，即成为"学使按临之所，遂专考院之名"，民间俗称其为"考院"，直到清末（1905年）废科举，这里作为府城考选各县秀才场所，长达数百年之久。《聊斋志异》的作者蒲松龄就是在这里考中的秀才。民国初年，全省师范调整，青州、莱州、登州、胶州、武定（今惠民）各府所办师范共组为山东省立第四师范，校址就在这里。新中国成立后，初为山东工农速成中学，1954年为益都第二中学校址，2006年，二中迁入新建校址后，改为"青州市云门双语学校"。

青州自古文运昌盛，科举成果蔚为大观。据史料记载，仅今青州市范围内就出了6名状元，分别是文状元苏德祥、王曾、张唐卿、普颜不花、赵秉忠以及武状元丁殿祥。其实，还有一名状元与青州有关，那就是清末著名的

图3.10.5　青州府贡院

外交官洪钧。洪钧本籍苏州，当年随母逃难来到青州森盛号做学徒，主人看他聪明，让他陪儿子一起读书，后来高中状元。所以，青州就有了这样一句俗语"有状元徒弟，没有状元师傅"。

青州博物馆

八、青州博物馆概况 ☆☆☆

图 3.10.6　青州博物馆

　　青州博物馆是国家 AAAAA 级景区青州古城旅游区的一部分，坐落于风景秀丽的南阳河畔，为一组仿古建筑群，占地 42 亩（约 2.8 公顷），建筑面积 12 000 平方米，陈列面积达 7000 平方米。2008 年 5 月，青州博物馆被国家文物局评为"国家一级博物馆"，是全国首批 83 家博物馆中唯一的一家县级综合馆。

　　截至 2017 年底，青州博物馆存有馆藏文物 5 万余件，国家珍贵文物 3000 余件，仅国家一级文物就达 142 件。青州博物馆展出门类齐全，包括陶瓷、青铜、书画、石刻、雕塑、玉器、杂项等，有"小大博物馆"之称。其中战国玉人、东汉"宜子孙"玉璧、明赵秉忠殿试卷，或为全国唯一出土，或为天下仅存。特别是 1996 年在青州市龙兴寺遗址窖藏出土的 400 余尊佛教造像，时间跨度近 500 年，因其数量多、品种全、雕刻精美、贴金彩绘鲜艳完好、跨越时间长，引起社会各界的高度关注，被评为"1996 年全国十大考古新发现"之一，随之入选"中国 20 世纪 100 项考古大发现"，被誉为"新中国成立以来佛教考古史上的奇迹""改写东方艺术史及世界美术史的重大发现"，为研究我国北朝佛教的历史、艺术提供了有力的证据。这批造像多次在世界各地著名博物馆举办大型专题展和精品展。2006 年发掘的青州香山汉墓陪葬坑，出土各类陶器、陶俑、青铜器、铁器 4000 余件，这些陶器、陶俑表面大都保留色彩鲜艳的彩绘，是目前我国同时期同类文物中彩绘保存最好的一批，为研究西汉时期的历史文化提供了珍贵的实物资料。

九、青州历史展厅（史前—1840年）☆☆☆

（一）苏埠屯墓葬

图3.10.7　苏埠屯墓葬出土部分文物

中国商代晚期的墓群。位于山东青州市苏埠屯村。1965和1986年，考古人员对苏埠屯墓葬进行了系统性的发掘，出土了大量带有"亚丑"铭文的青铜器、珍贵的原始青瓷、玉器以及带有"融"和"册融"字样的器物。

苏埠屯一号墓，墓葬整体呈"亚"字形，墓口南北长15米，东西宽10.7米，深8.25米，有四条墓道，墓室附近有三个殉葬坑，共有48个殉葬奴隶，6只狗和一只不知名小兽。其规模之大、殉葬人数之多，仅次于河南安阳武官村大墓，是商王陵以外全国最大的商代墓葬。墓主人可能是仅次于商王的方伯一类的人物。

出土文物中最珍贵的当属铜钺，铜钺主要是一种用来作战或者刑罚的工具，后来逐渐演变为仪仗和王权的象征。其中一件上面铸有"亚丑"铭文。"亚丑"二字是郭沫若先生考证的。

（二）父己铜爵

"父己"铜爵，是商代的饮酒器。在古代，"爵"音读作"雀"音。下面有三个扁扁长长的尖足，中间是圆筒形的杯身，杯身的一侧装有把手，方便把握和举持。器形最特殊的地方在于口部，圆形的器口被向两侧拉长，前端开出一个长长的凹槽。如将爵侧倾，酒便可以顺着这个凹槽流出来，后端则上翘，形成一个尖尖的尾巴。整体造型舒展空灵，外形就像一只雀鸟。在饮用时，饮者手持酒爵，一仰面就能将

图3.10.8　"父己"铜爵

爵中的酒一饮而尽。有趣的是，这个铜爵的爵口上还有两个像蘑菇和伞状的小柱。有种说法是：这两个小柱可能是用于拴挂香料包的，就像我们今天喝袋装茶一样，古人将香料包泡在酒里，喝酒时香料包因拴在小柱上而不至于一起被倒出来。也有一种说法是古人不剃胡须，成年男子的胡子都很长，这两个小柱可以分开胡须，饮酒时，胡须不会沾上酒。这件铜爵其上有铭文"父己"，指的是商王武丁的儿子，因为非常孝顺，世人也称他为"孝己"。

用爵饮酒并非专为饮食，更是着重于礼，作为礼器来使用，不同的贵族使用不同等级的酒杯。

（三）齐国刀币、刀币范

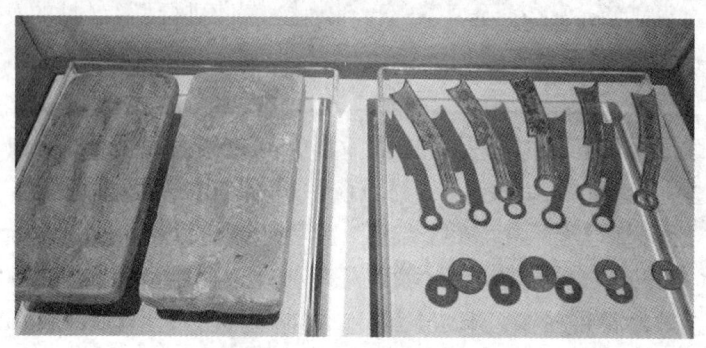

图3.10.9　刀币、刀币范

春秋战国时期，青州货币经济发达，是齐国的铸币中心。齐国所用的刀币被称为"齐刀币"，它是仿照当时制造竹简的刀制成的。齐刀币比较厚重，以厚大精美而著称，由刀首、刀身、刀环、刀柄四部分组成，面、背有文字或饰纹。刀币没有面值，不分大小，一个物件值几个刀币就给几个刀币。

这组刀币范是全国仅存的最完整的刀币范，1965年出土于青州市前范王村。范呈长方形，长27厘米，宽13厘米，子范和母范合厚5.7厘米。夹砂灰陶制作，钱模完整。该范刻有三枚钱模，钱模顶部有相通模口。正面陶模刀币上刻有阴文反字"齐法化"，背面陶模阴刻很浅，刀币上部刻有三道横线。刀币范是当时铸造刀币的模具，使用时将子范和母范对合起来，从凹槽处注入铜液，待铜液冷却凝固后，将刀币范打开，就可以制成刀币了。这组刀范对研究齐国的铸钱技术和当时的货币经济提供了珍贵的资料。

（四）金环首

金环首，是金制刀剑的把手，具有浓厚的草原文化特征。整体造型是一种长着鹰嘴、犄角，身上长毛、腿部有蹄的神兽，是鹿鹰的结合体。这种造型的器物在东亚、西亚发现过,属于斯基泰文化。斯基泰文化是一种游牧民族的艺术,经常使用兽禽搏斗或者怪兽交缠在一起的图案。金环首的出现说明早在战国时期青州就与域外有贸易往来。古青州生产的丝绸通过陆路销往斯基泰人生活的地区。

图 3.10.10　金环首

(五)"宜子孙"玉璧

1982 年在青州市谭坊镇马家冢子村发现一座甲字形的大型墓葬,出土了大量的陪葬品,其中以"宜子孙"玉璧最为珍贵。据考证,墓主人应该就是东汉中晚期北海国的王室成员。

"宜子孙"玉璧是用上等的和田玉雕刻而成的典型出廓璧,下为圆形,内区饰蒲纹及 158 个乳丁,外区饰蟠螭纹。廓的部分是两条透雕的夔龙出没于祥云之中,二龙之间是篆书"宜子孙"三个字,代表子子孙孙,宜室宜家。该玉璧保持了一种和谐统一的美感,充满着动态和灵气,是汉代玉器的上乘佳作。这块"宜子孙"玉璧以体形大、雕刻精湛而著称,是目前我国国内罕见的一件刻有汉字的汉代大型馆藏玉璧。

图 3.10.11　"宜子孙"玉璧

(六)赵秉忠殿试状元卷

此卷为明代万历年间青州郑母镇人赵秉忠考中状元的殿试状元卷,全文共十九折册页,分前后两大部分,前一部分是状元赵秉忠及其上三代的简历,为仿宋体,共 4 行。首折上方有篆书"礼部之印"四字方印,这一部分是弥封的,封条上盖有"弥封

图 3.10.12　赵秉忠殿试状元卷

关防"的水印，避免批阅试卷时有舞弊现象。后一部分为正文，正文共15折册页，全文共2460字，用馆阁体小楷写成。试卷首页右上角顶天头有万历皇帝朱翊钧御笔朱批"第一甲第一名"六个大字。正文之后是大学士及礼部尚书、兵部尚书、户部尚书等9位阅卷官的官职和姓名。

古代殿试也称"对策"，就是考生在皇帝面前答题。赵秉忠在殿试中慎重用墨，一气呵成，字迹端正，无一误笔。赵秉忠在试卷中用中肯的语言，深入浅出地分析了当时的社会矛盾，提出了三大论点，实政说、实心说和天民说。正是由于赵秉忠这一番披肝沥胆的策对，使万历皇帝龙颜大悦，钦定"第一甲第一名"，即状元。

这份状元卷是1983年由赵秉忠的第十三代孙赵焕彬捐献出来。据北京故宫博物院专家鉴定，殿试卷为明代原物，被确定为国家一级文物，它填补了我国明代宫廷档案的空白，成为海内外孤本。

十、龙兴寺佛教造像精品厅☆☆☆

（一）东魏时期贴金彩绘佛菩萨三尊像

像通高310厘米，是出土造像中最大的一件。主佛的面部、胸部、皮肤裸露部分均有贴金。主尊螺发高髻，上施宝蓝色，杏眼长目，面部表情温和，胸前有结带，饰头光和身光。

图3.10.13 贴金彩绘佛菩萨三尊像

右胁侍菩萨上身残，左协侍菩萨头戴宝冠，身着天衣，佩项圈，腹部饰蝴蝶状饰物。三尊像有莲瓣状背屏，背屏下部主尊两侧是高浮雕彩绘的双龙，口衔莲花、莲叶、莲蕾形成基座，托起两位协侍菩萨。背屏上部正中为一单层侧面塔，饰山花、蕉叶。塔两侧环绕飞天八身，四身托塔，二身舞蹈，二身分执排箫和钹。整个背屏展现出一派佛国世界的奇妙景象。

（二）北魏贴金彩绘菩萨像

北魏贴金彩绘菩萨像，拥有"东方维纳斯"之称。像高164厘米，为石灰石质，菩萨头戴贴金宝冠，宝缯下垂至肩，黑发顺肩而下，在肩部

图3.10.14 北魏贴金彩绘菩萨像

饰有两个圆形贴金发卡。面目凝重而慈祥，双眼细长，眉目清秀。颈佩贴金项圈，颜色保存完好，胸前悬挂璎珞，着长裙，腰间束带打结。长裙拖地并微微外侈。该像以红、蓝、绿三色装饰，下镶金边，裙摆的立体感和层次感表现得相当明显，赤足立于莲台上。

（三）北齐菩萨像

北齐菩萨像，像高136厘米，头戴透雕花蔓宝冠，黑发在前额梳成圆圈状。面部塑造得沉静而高贵，双眉舒展，眼睛微闭，脖颈细长，佩戴连珠状项圈，全身布满璎珞垂珠，跣足立于台座

图 3.10.15　北齐菩萨像

上。精美的璎珞，裙带富丽堂皇，华贵而不显繁缛。全像沉静的表情与端立的姿态十分协调，流溢出安谧、肃穆的气息韵律。龙兴寺佛教造像在造型和神态上与众不同，专家称之为"青州风格"。

十一、云门山概况 ☆☆☆

云门山是国家AAAAA景区青州古城旅游区的一部分，位于青州市城南2.5千米处，自古为鲁中名山，海拔421米，属于泰沂山脉。主峰大云顶，有洞如门，高阔过丈，南北相通，远望如明镜高悬，每逢夏秋时节，常有云雾缭绕，穿洞而过，如滚滚波涛，将山顶庙宇托于其上，若隐若现，虚无缥缈，宛若仙境，蔚为壮观，古人称此景为"云门"或"云门仙境"，云门山的名称也由此而来。2002年云门山被国务院审定为国家重点风景名胜区，2008年成为国家AAAA级旅游景区，2012年成为山东青州国家地质公园的重要组成部分，2017年晋升为国家AAAAA级旅游景区。北宋知青州卢士宗曾在《山路记》中记载："营丘，东秦旧服。周环众山，云门为之冠……"云门山风景秀丽，文物古迹众多，且历代文人墨客的题刻遍布山崖，可以说云门山本身就是一幅秀美的历史画卷。中国古代最大的摩崖巨"寿"天下第一，与望寿阁、长寿路、长寿坡等共同组成了独特的青州"寿"文化。精美

图 3.10.16　云门山

绝伦的云门山石窟造像群、三面聚气的道家圣地"望寿阁"、全石质无梁双拱建筑"天仙玉女祠"等宗教建筑更为它增添了许多神秘色彩。

十二、望寿阁 ☆☆

图 3.10.17　望寿阁

望寿阁是位于半山腰处的一座红墙院落。正门匾额上"望寿阁"三个大字是我国原书法协会主席启功所题写。望寿阁的正殿为四面透窗的高大建筑,殿内供奉的是福、禄、寿三星,门楣上的牌匾为三星共照。福、禄、寿分别象征着幸福、官禄和长寿。中国人认为五福寿为先,因此长寿乃人生第一福,人若无寿即为无福。而望寿阁为观赏天下第一寿的最佳角度,于是我们把望寿阁也作为是祝愿天下人健康长寿、幸福成功的一处风水宝地。

东殿为观音殿,供奉着送子观音、眼光奶奶和碧霞元君。碧霞元君俗称"泰山老母",明万历年间,孝定皇太后亲至泰山后,极力宣扬碧霞元君的灵验。从那时起,这位女神便享受了数百年兴盛不衰的香火。碧霞元君两侧的是送子娘娘和眼光奶奶。相传,古时候,那些有钱人若是求子得子,便铸个银娃娃献给送子娘娘,得眼疾又重见光明的,便铸个银眼珠献给眼光奶奶,以示对他们的谢意。

西殿为财神殿,里面供奉的是关公和文武财神。关圣帝君即关羽,关羽在宋代以后名声大振,因其为"忠、孝、义、节"的楷模而屡受皇帝褒封。关公两侧供奉的是文财神比干和武财神赵公明。

十三、天下第一"寿" ☆☆☆

"寿"字刻于山阴石壁上,是我国古代最大的摩崖巨刻"寿"字,有"寿比南山"的美好寓意。"寿"字端庄大方,结构严谨,通高为7.5米,宽3.7米,仅右下角的"寸"部就有2.30米高。所以在青州当地便有了"人无寸高"的戏语。"寿"字左上方刻有"大明嘉靖三十九年九月初九日衡府内掌司冀阳周全写"。据史料记载该字为衡王过寿时,一位负责"典膳"的内掌司周全所刻写。周全书法造诣颇高,在山上还能看到他的其他书法作品。

关于"寿"字的由来,在青州流传着这样一个传说:那年,衡王过寿,发出告示谁献的礼最珍贵，就可以坐到寿筵的首席首座。一时间，文武百官、豪绅贵族们为了讨好衡王，拼命地争富比贵，献上自己认为最厚重的礼物。可是到了寿筵的这一天，将近中午，仍没有人敢坐寿宴的首席首座，因为大家都不敢肯定自己所献的礼物是最珍贵的。就在大家等着衡王定夺时，从门外走来一个穿着破旧的老道士，名为雪蓑。相传雪蓑为半仙半道之体，有着非凡的能力。只见他大摇大摆，旁若无人地坐到了首席首座。大家都十分诧异，纷纷上前质问雪蓑："你究竟献的什么寿礼，敢坐这个位子！瞧你穿得这副穷酸样，能献什么好东西？"雪蓑

图3.10.18 天下第一"寿"

不慌不忙地站起来，对大家说："各位请随我来！"随后便带领大家走到了衡王的内院，站定后抬手往南边一指，只见南山上出现了一个金光闪闪的大寿字。衡王可高兴坏了，可又仔细一瞧，寿字下面的寸字少了一点。衡王忙问雪蓑是怎么一回事，雪蓑说："你只会以貌取人，不辨贤能，这一点就随他去吧！"衡王心里非常害怕，于是再三请求，雪蓑才让衡王拿来绸团，命文武百官一起磨墨，然后拿起绸团，往磨盘中一蘸，随手向南扔去，绸团向南飞了5华里，正好补上了这一点。随着这一点的形成，又是一阵强烈的金光闪耀。这神奇的现象让大家惊叹不已，雪蓑也在寿宴上出尽了风头，让文武百官、豪绅贵族们羡慕极了。酒足饭饱后，衡王带领大家浩浩荡荡地来到了南山上，一路上还暗自盘算雪蓑用了多少金子才铸成了这个寿字。可是到了寿字跟前一看，衡王才发现自己上当了，原来这个寿字是用红泥巴糊在山崖上，外面贴上一层麦秸皮，阳光照在上面一反射，让人误以为是金光闪闪的黄金。衡王恼怒之余，却又舍不得这个寿字，便找来了青州最好的石匠，把寿字刻在了山崖上，寿字是留住了，金光却永远消失了。

十四、云门洞 ☆☆

云门洞，位于山顶陡立的峭壁中间，高阔数丈，南北贯通。远望如高悬的明镜，近看似拱壁月门，因此得名"云门拱壁"，为"青州古八景"之首。夏秋季节，云门山南侧的"云窟"开闸放云，即时白云腾空而出，经云门洞冉冉升起，"云门"仙境如梦如幻。关于云门洞的来历，在当地还流传着一个"衡王招亲"的传说故事。明朝青州衡王有个女儿，才貌出众，人称"咏絮公主"。那年公主正值豆蔻年华，许多王孙公子都来攀亲，但衡王夫妇爱女如掌上明珠，不愿轻易许婚，公主也要自己挑选个品学兼优、有才能的如意郎君。于是她让父

图 3.10.19 云门洞

王发出告示：谁能在南山上挂一面能在王府的绣楼都能看清的镜子，她就嫁给谁，凡年龄在 16~25 之间的青年都可应试，那些王孙公子、富人子弟听到这一消息，都争先置办铜镜，有的竟不惜卖掉家产。铜镜铸造得如此之大，数十人才能抬到山上，令人悬挂山上，但终因相距太远，因为没有太阳光的反射，在王府难以看到，王孙公子、富人子弟纷纷败下阵来。这时，青州城西南井塘村的一个小石匠说他能办到，并说十天后来回话。小石匠带了锤钎、凿子工具来到云门山大云顶底部早已看好的地方凿了起来，他不分昼夜，终于在第十天的早上，打出一个南北贯通、高阔过丈的大洞，衬着山前的阳光，从衡王府邸望去，这个洞恰似一个高悬的明镜。小石匠聪明勤劳，坚韧不拔的毅力感动了公主，这位"咏絮公主"虽然出身名门，却心地善良，不重门第之分，她决定嫁给小石匠，衡王夫妇也因有言在先，拗不过女儿，就同意了这门婚事。公主下嫁后不靠婚资过活，与小石匠勤俭持家，至今仍是村中的一段佳话。

十五、云门山题刻 ☆☆

云门山历史悠久，文化底蕴深厚，历代名人题刻题记琳琅满目，云门洞南口是最为集中的地方。云门洞上方"云门山"三个篆体字，形象地体现出云门仙境名字的意境。此处题记为明朝正德年间（1506—1521）的官居礼部尚书、太子太保加少保的乔宇所留。正德庚午年（1510年）乔宇奉旨到沂山求雨，陈凤梧陪同，路过青州小住，因为他的书法名气，青州知府徐朴求他为云门山、驼山题写山名。于是乔宇提笔留下篆体"云门山"和正楷"驼山"。

"鬼斧神工""超尘离梦""玄之又玄"是雪蓑的题记。"超尘离梦"位于云门洞上方其内涵包含了更多的生命哲理，中国古代知识分

图 3.10.20 云门山题刻

子讲求"安身立命",提倡处世先立人,立人而后建功立业,经世济民。但许多名人在晚年却看破红尘,遁出世俗,谓之"超尘离梦"。表达了雪蓑对生命之感悟,对人生之感叹,展示了他欲驾九天祥云,乘风而去的潇洒情怀。

"吐纳风云"为清朝顺治进士吴六一的题刻。吐纳是道家打坐的一种调气方式,在此暗指此山为道家修行养生的胜地。

"云门山大云寺"为唐朝所保留下来,据《新唐书》载唐天授元年,青州云门山云门寺的法明和尚通过武则天的男宠薛怀义,献《大云经》给武则天,说武则天是弥勒佛下凡,应该主皇权、做皇帝,武则天非常高兴,诏令全国各地都要刻印学习《大云经》,各州县都要建大云寺,这个时候青州云门山的云门寺也就改成了大云寺,现在这个大云寺已经荡然无存了,只留下了这六个大字。

十六、云门山石窟造像群 ☆☆

云门山阳坡石壁上大小并排着5座石窟,石佛造像272尊,它与西边的驼山石窟造像群共同组成了青州石窟造像群,2013年晋升为全国重点文物保护单位。

云门山石窟造像群最珍贵的一窟开凿于北齐,在所有石窟中窟制最大。这一窟选择了石壁前尤为开阔的最佳位置,这是为了接纳更

图 3.10.21　云门山石窟造像群

多的修行者,来此做法事。这些特点,表明了这一龛在云门山造像中的重要性。为什么中间的主佛像是缺失的呢?在这请大家猜测一下,您认为主佛像是原本就没有还是后来被砸毁的?其实这里面本来就没有立主佛像,如果您近前仔细观察就会发现,这上面是刻有文字的,称为"壁龛"。

不同宗教中使用相同的词汇,这是常见的现象。如"道"字,道教用,佛教也用,但对道的内涵,却各有不同的规定。在这里,青州密教使用"壁龛"一词,同样也有自己的解释,这就是:于壁龛内不立佛像,唯留一段石壁。这样我们就知道,这一龛从它设计之初,就没有主尊佛像。

这一窟东侧菩萨的飘带上,刻有一男一女《双身法修图》。密教认为,男是禅定,女是智慧,只有禅定和智慧相结合,才能入大定入佛智。这表明,这一窟是最为规范、规格最高的密教造像。

知识问答：

1. 青州古城旅游区包括哪几个板块？

答：青州古城旅游区包括青州古城、青州博物馆、云门山三大板块。

2. 青州古城内有哪五大宗教和谐共生？

答：佛教、道教、伊斯兰教、天主教、基督教。

3. 自汉初至今，青州市境内先后建有哪六座古城池？现在我们所说的青州古城指的是哪座古城池的一部分？

答：分别是广县城、广固城、东阳城、南阳城、东关圩子城和满族旗城；现在我们所说的青州古城指的是古南阳城的一部分。

4. 天主教堂主教堂的外形是什么建筑风格？

答：西方哥特式建筑风格。

5. "偶园"内享誉海内外的四大奇石名称是什么？

答：福、寿、康、宁。

6. "偶园"内三峰假山的作者是谁？

答：张然。

7. 简单介绍"偶园"名称的由来？

答：冯溥在京城时，曾得元人之万柳园，园内因遍植柳树而得名。康熙二十一年，74岁的冯溥告老还乡，购得此园，取"无独有偶"之意，谓之"偶园"。

8. 赵秉忠殿试状元卷上"第一甲第一名"六个大字是谁写的？

答：万历皇帝朱翊钧。

9. 赵秉忠在试卷中用中肯的语言，深入浅出地分析了当时的社会矛盾，提出了哪三大论点？

答：实政说、实心说和天民说。

10. 春秋战国时期，青州地区使用的货币叫什么？

答：齐刀币。

11. 请列举至少三位目前青州范围内的状元名字。

答：文状元苏德祥、王曾、张唐卿、普颜不花、赵秉忠以及武状元丁殿祥。

12. 简单介绍北魏贴金彩绘菩萨像。

答：北魏贴金彩绘菩萨像，拥有"东方维纳斯"之称。像高164厘米，为石灰石质，菩萨头戴贴金宝冠，宝缯下垂至肩，黑发顺肩而下，在肩部饰有两个圆形贴金发卡。面目凝重而慈祥，双眼细长，眉目清秀。颈佩贴金项圈，颜色保存完好，胸前悬挂璎珞，着长裙，腰间束带打结。长裙拖地并微微外侈。以红、蓝、绿三色装饰，下镶金边，裙摆的立体感和层次感表现得相当明显，赤足立于莲台上。

13. 被誉为"改写东方艺术史及世界美术史的重大发现"的是青州博物馆的哪件文物？

答：龙兴寺窖藏佛教造像。

14. 龙兴寺佛教造像在造型和神态上与众不同，被专家称作什么风格？

答：青州风格。

15. 云门山"寿"字左上方的题记是什么？

答：大明嘉靖三十九年九月初九日衡府内掌司冀阳周全写。

16. 云门山"寿"字通高多少米？宽多少米？右下角的"寸"部有多高？

答：通高为7.5米，宽3.7米，仅右下角的"寸"部就2.30米高。

17. 云门山上有多少窟石窟造像？石佛造像共计多少尊？

答：5座石窟，石佛造像272尊。

18. "云门拱璧"指的是云门山上的哪个景点？

答：云门洞。

第十一节　威海华夏城景区

导学

威海华夏城景区，中国生态环保之"城"，位于山东省威海市环翠区龙山脚下，2017年成为国家5A级景区，是华夏文旅集团在修复威海龙山44处矿坑的基础上打造的人文景观。景区经过多年发展已逐步成为城市文化旅游综合体，包含威海华夏城景区、会跑的实景演艺——《神游传奇》秀以及威海神游海洋世界三大板块。

华夏城景区为废墟矿坑上崛起的山体景区，修复后的植被茂盛，地域开阔，人文景观资源丰富，注入华夏千年传统文化、胶东特色民俗文化元素，意境优美。

主要游览线路为：华夏第一牌楼—胶东特色民俗文化馆夏园—文化谷—《神游传奇》秀演艺剧场—太平禅寺—威海人民防空教育馆—禹王宫—传统演出表演场—三面圣水观音音乐喷泉广场—太平庵—龙王庙—景区一门岗出口。

会跑的实景演艺——《神游传奇》秀，是华夏城景区的灵魂之作，根植于中华优秀传统文化与地域特色文化，拥有自主研发的47项国家发明专利。演艺以修复后的自然山水舞台为背景，通过有冲击力的大舞美与剧情的结合，在矿坑里打造了一场会跑的实景演艺，彻底改变了一面观众、一面舞台的传统演艺模式。因演出场地和季节因素，每年5月至10月中旬为演出季。

威海神游海洋世界，刷新了国内其他海洋馆单纯动物观赏的单调展现方式，创造性的融入胶东民俗文化元素，动静结合，观赏与体验结合。

推荐游览路线：

鱼类世界—老渔村—地中海风情—关爱海洋科普长廊—蒸汽时代—珊瑚海—缤纷水母—《神游海空》动感影院—深海探秘—奇幻海底秀场—极地风光—欢乐海洋剧场。

华夏城景区在整体修复中创造的环保价值对世界修废利用具有示范作用，具有不可估量的人文意义，充分体现了"绿水青山就是金山银山"的理念。

导览图

图 3.11.1　华夏城导览图

一、威海华夏城景区概况 ☆☆☆

威海华夏城景区地处山东威海龙山南端，占地16.28平方千米，是华夏文旅集团在山东打造的华夏城城市文化旅游综合体的重要组成部分，崛起于废弃采石场之上。华夏文旅集团从2003年伊始历经10余年修复威海龙山的44处矿坑，将环境治理与旅游开发相结合，历经"愚公

图 3.11.2　威海华夏城一览

移山""凤凰涅槃"式的艰苦卓绝，在修复后的明山秀水中打造出大型生态文化之城，以胶东一带民间广为传播的历史人物、历史文化、民间传说为造景主题，对世界生态修复、修废利用具有示范作用。

现建成于各个采石场上的景点各具特色，有最全面展示尧舜禹时期历史文化的禹王宫，集中展示胶东民俗特色的夏园；有在矿坑里打造的地下工程——威海人民防空教育馆，矿坑上面覆土绿化，矿坑下面供游客参观；有依照矿坑地势而建的华夏第一牌楼、三面圣水观音以及丰富多彩的传统演出……

在矿坑里打造的会跑的实景演艺——《神游传奇》秀开创了自然景观与人文景观相结合的实景演艺先河，观众乘坐会跑的移动式看台坐不离席就可以欣赏到水、陆、空全方位的跨时空精彩演艺。

在华夏城景区北侧打造威海神游海洋世界，与依山傍水的自然美景相融合，是华夏城景区的重要组成部分。神游海洋世界区别于其他海洋馆的独特之处是以海洋文化和渔业文化为主题，从胶东放眼世界，通过深度还原胶东渔家百姓的生活场景、祭海等胶东渔家风俗，来展示胶东特色民俗文化，同时结合了世界海洋文化、群鱼表演、海洋科普知识宣传等项目，集观赏、参与、体验、科教、文化于一体，让游客全方位地感受神奇的海洋文化。

景区现为国家5A级景区、国家文化产业示范基地、山东省文化产业示范园区，是一处自然山水和悦生美、人文建筑相得益彰、民俗演艺璀璨生辉、吃住行游娱购全面发展的大型生态文化旅游新城。

二、华夏第一牌楼 ☆☆

图 3.11.3　华夏第一牌楼

朋友们，我们面前的华夏城牌楼是我们景区的标志性景点，它是在采石场修复的遗址上依势打造而成，也是景区的步行入园通道。

牌楼整体是仿明清牌楼风格，坐西朝东，属五间六柱式牌楼。整个牌楼南北跨度86米，高21米，顶部盖有琉璃瓦。琉璃顶之下是四角藻井，内藏彩绘麒麟、兔、莲花及人物等，纷繁绚丽。牌楼采取中间为大，两边附以四栋小牌楼，呈阶梯状，向两边自然下藏，流露出中国传统文化中的谦虚、内敛的特有品性。

牌楼正中牌匾上悬挂"华夏城"景区名字牌匾，柱子上题有三副对联，主联是"神州九万里厚德载物，华夏五千年自强不息。"侧门联为："龙腾凤舞驰宇宙，人杰地灵著春秋。"和"太平绘锦绣，盛世竞风流。"对联书写笔势飞动、大气磅礴，充分表现华夏儿女自强不息的奋斗精神，对联内容由著名词作家曲波老师撰稿，华夏文旅集团董事长夏春亭先生题写。

牌楼前有50级花岗岩石梯，级长60米，共分三层，寓意连升三级。广场两侧和正前方有三座汉白玉小桥，如同故宫前面的金水河美景。从牌楼进去景区后却有另外一番雅趣：飞瀑腾空、锦鲤成群、曲径通幽。

三、胶东特色民俗文化馆——夏园概况（水上景观民俗园主体）☆☆☆

现在我们即将参观的就是胶东特色民俗文化馆——夏园。此景点分为水上文化长廊区域和民俗馆两部分，整体建筑风格吸收了南北古建筑的精华，屋顶曲线或平缓，或坡度陡峭，翼角高飞，错落有致地分散在山水之间，既有北方的开朗大度之型，又有南方的细腻柔和之美。

水上文化长廊区域由夏园湖和水上文化长廊合体组成。夏园湖原是矿坑留下的沟壑，因周围山体都被开采了，山谷渣石成堆，寸草不生，面积广，修复难度高，华夏城景区在做好环境保护、生态维护的基础上，将其建成景

图 3.11.4 夏园

观，利用水面作美化，在充分利用低洼地储水造景的同时，创造性地将陆上建筑物与水体巧妙结合，便有了不是江南胜似江南的美丽景观。同时湖边栽种垂柳、桃树，镶砌景观石，搭设的休憩长亭，既美化了环境又打造了游客闲庭漫步的场所，保证了自然资源和建筑景观的和谐一致。

我们前面即将要参观的民俗馆为四合院式建筑，主展览馆高3层，民俗馆1层和2层以明代五朝元老夏原吉及威海夏姓始祖夏暹（xiān）的生平事迹为脉络，同时将胶东的市情风貌，胶东寻常百姓生活融入其间，芸芸众生，人间百态，充分展现胶东百姓民俗文化的独特魅力。华夏儿女中的夏氏，他们的远祖大禹是华夏民族在神州大地奠基立业的一位伟大先祖。他启皇极之图畴，定中邦之井牧，是中国第一个王朝——夏朝的开国之君、立国之祖。夏禹的后裔遍及全国各地及全世界，还涌现出了许许多多的杰出人士，创造出了无数辉煌的业绩。夏原吉和夏暹就是他们中的一员代表，他们遵从祖训，传承道德，以德治国，表现了华夏儿女代代传承、开拓进取、奋斗不息的情怀。民俗馆三层展示胶东极具特色的婚嫁、出海祭祀、生产劳作和技艺习俗，生动活泼，再现胶东劳动人民的勤劳、智慧。

游走夏园内，宛若穿越历史，回归自然，怡然身心。

四、胶东特色民俗文化馆——夏园（主馆1-3层）☆☆☆

民俗馆一展：夏原吉人物生平展示。

夏原吉是明代五朝元老（1366—1430）字维喆，祖籍江西德兴。明太祖洪武年间中举后，被选抄写文诰，受到朱元璋的赏识，破格提拔他担任户部四川司主事。他生活俭朴，廉洁自守，做事亲力亲为，根治江南浙西的水患，开导明

成祖取缔文字狱，筹措郑和下西洋数以万计的费用。明成祖之后，他相继辅佐仁宣（明仁宗朱高炽和明宣宗朱瞻基）之治，政绩卓越，是中国历史上记录在册的治世能臣之一。

图 3.11.5　夏原吉塑像

2016年3月18日在CCTV10科教频道《探索·发现》栏目首播的纪录片《大明管家》，由华夏文旅集团董事长夏春亭先生担任总策划，真实还原明代治世能臣夏原吉的一生，详细记述了夏原吉毕生的卓越政绩。该片在夏园和华夏城的禹王宫等地取景，选取了夏原吉少年时期、青年时期、中年时期最具代表性的历史事件还原其不凡的一生。

夏原吉生于1366年，父亲夏时敏，任湖南湘阴县教谕官，就在那里成家定居。夏原吉早年丧父，他致力于学问，来赡养母亲。在明太祖洪武年间中举后，夏原吉被推荐入太学（太学就是古代的大学）。当时正好赶上明太祖朱元璋挑选太学生充实朝廷，夏原吉被选中抄写文诰。同去的太学生对抄抄写写不感兴趣，在房内嬉笑喧闹，只有夏原吉在一丝不苟地抄写。朱元璋对他十分赏识，也常常赞誉夏原吉聪明多才。此场景展示的就是夏原吉在为朱元璋抄写文诰的场景。

明代洪武末年，作为太湖水入海通道的吴淞江下游严重淤塞，致使浙西连年遭受涝灾。朝廷十分重视水患治理，于永乐初年委派户部尚书夏原吉来到江南。他一方面将吴淞江上游引入浏河，直接出海以纾解淤塞之急；一方面开凿使黄浦之水截过吴淞江，北流直接入海。夏原吉布衣徒步，不辞辛劳地指导施工。终于大功告成，使太湖、淀山湖和浙西之水顺畅入海，解除了水患。促使上海形成更完善的内河网络，连接更广阔的腹地。此场景复原当时夏原吉治理黄浦江，奠基大上海的情形，展现其治理的才能和与民共苦的精神。

1402年，明成祖朱棣迁都北京，开始了长达18年的北京皇家宫殿建设，同时修会通河、疏浚运河以保粮草银钱贸易的南北畅通。当时的夏原吉负责筹资建造。

至明成祖时郑和下西洋时，夏原吉负责筹备数以万计的费用。

夏原吉先后经历了洪武、建文、永乐、洪熙、宣德五位皇帝，与当时的名臣"三杨"（杨士奇、杨荣、杨溥）、蹇义等一起，共同开创了明朝前期的繁荣局面。他为官识大体，顾大局，胸怀宽广，与人为善，一心为国，忠心耿耿，有古名臣风范，赢得了上至皇帝，下至同僚以及普通百姓的信赖、尊敬和爱戴。《明史》赞其为"股肱之任""蔚为宗臣"，称他的一生可"树人之效"。

民俗馆二展主要展示威海夏氏始祖夏暹的生平。

夏暹（1420.7—1495.3）字景升，夏禹王第一百三十二代传人，夏原吉的长孙，威海夏氏的始祖。夏暹自幼同祖父夏原吉一起生活，在爷爷的熏陶下，树立远大的理想并立志报效国家。此场景描述了夏原吉教授太子，让自己的长孙夏暹陪读的一个场景。

1449年，夏暹随父夏单苙，奉明朝第六位皇帝明英宗之命，到云南平叛戍边；1471年，夏暹在云南府参加殿试，中一甲进士；之后迁居威海卫。此场景主要展示其举家迁往威海卫的情形，沿途两旁的街道展现当时胶东的民俗建筑风格和民俗风情。

1471年，夏暹在威海卫城担任百户官职，上任不久就突发疾病卧床不起，怎么吃药也不见好。当地善良的渔夫马辰得知这一消息后便上山为他采药，服药后的夏暹很快就康复了。他心怀感激，常携家人去看望马辰夫妇。两年后，马辰夫妇因体弱多病相继去世，夏暹得知后悲恸欲绝，为报二老的救命之恩就在玉带顶山建了一座小山庙立碑纪念，后人称为"马庙"。他将每月俸禄积攒下来，在太平庵附近的马庙办了一座私塾，起名太平庵私塾，并抽空或让儿子夏庸前去教书。此场景展示夏暹指挥修建太平私塾的场景。

民俗馆二展内有复原的夏暹时期胶东半岛的民房旧居，借此展示当时胶东半岛民居家中的布置摆设以及民众多姿的生活；有复原的威海海草房，是深海的海草经大风大浪被卷到海边后，渔民用它盖房子，这种房子冬暖夏凉，是威海特有的，已被列入国家非物质文化遗产；有夏暹率领将士奋力抗击倭寇的场景和所使用的兵器；有渔业恢复后威海市井街市的叫卖场景、渔民在家中补织场景和商户们在贩卖各种海产品的场景。

民俗园三展内，主要展示了胶东婚嫁习俗、出海祭祀习俗；展示了酿酒小作坊、农业生产场景和使用的农具，展示了纺线、弹棉花、染布等胶东民间技艺。

五、龙山的修复之路 ☆☆☆

威海三面环海，一面接陆，威海的龙山，位于里口山南端，曾经绿树繁茂，风光秀丽。但历史的进程不总是尽如人意，20世纪70年代后期，因城市建设需要，这里成为采矿重灾区，30多年里涌入26家企业，在里口山的61个采石场中，龙山就占44个，累计占地达3767亩（约251公顷），面积占整个城中山的72%。当时开山采石不仅使完整的山峦支离破碎，还破坏土地，噪音不断，石渣乱撒，粉尘弥漫，严重影响当地百姓的生活，导致村民与采石者时常发生争端，但因为利益关系，持续性的争端始终没有得到顺利解决。

图3.11.6 修复后的龙山

华夏文旅集团为了保护老祖宗留下的青山绿水，要求停止开山采石，并自告奋勇"修山"。2003年，华夏文旅集团正式启动了浩大而艰辛的工程。北方各地大都为山体治理犯难，大多采用南方的喷涂法、客土喷播法，因区域差别不能从根本上解决问题。威海是我国有名的缺水区，年降水量仅比以色列高一点点，加上龙山矿坑最高断面107米，堆积矿渣矿粉40多米厚的现实情况，只能选择拉土回填方式。每填一个矿坑，运输车都需盘行而上。一座仅有150米高的山路，工程车需盘9道弯才能将土送到山顶。有些山沟周围的山体均被开采，山谷渣石成堆，只好将其建成水库利用水面作美化。有些采石场，因双面开采导致山体几乎被打透无法修复，最后将其规划为隧道，隧道上面覆土绿化，隧道下面通车行人。依照此法，一个景区内就建了4条隧道，总长度达405米。

修山期间，华夏文旅集团动用130多辆工程车共运土方5692.67万立方，修复矿坑44个，建造大小水库35个，取平一座绵延800多米约1530万立方的秃岭，共栽树1127万棵。为种植树木、维护山林，购置工程车几十辆，其中喷灌车就有9辆。因天旱缺水，只能租用水库，车辆需绕行7千米到水库买水浇灌树苗。

山体修复在全世界也有过先例，有"世界级休闲花园"之称的加拿大布查特花园是在占地180亩（12公顷）的矿坑上建起的一个大花园，修建、维护历时100多年。而华夏城的旧址，仅龙山破坏最严重的6个矿坑就占地936亩（约62.4公顷），是布查特花园的5.2倍，整个范围内44个矿坑累计占地达3767亩（约251公顷），为布查特花园的20.93倍。

如何在保护环境的基础上实现持续发展？华夏文旅集团经过多次考量、论证,决定做文化旅游,本着修复中开发的原则,将环境治理与旅游开发相结合,在几个采石场上建起了各具特色的景点,如集中展示胶东民俗特色的夏园、最全面展示尧舜禹历史时期文化的禹王宫等,特别是最具特色的威海人民防空教育馆,它是在矿坑里打造的长172米、宽93米的地下工程,矿坑上面覆土绿化,矿坑下面游客参观。馆内采用现代声光电技术、游客亲临其境可直接体验参与,堪称工程一绝,被授予国家人民防空教育基地及山东省防灾减灾宣传教育基地。为增加景区文化内涵,还在矿坑里打造一场会跑的室外实景演艺——《神游传奇》秀。该节目在2017年被中国演艺联盟评为"中国十大实景演艺",名列前三。如今山绿了,花红了,水清了,村也美了。村民的生活环境得到彻底改变,随后集团又把周边的村民组织起来,每年维护山林的人员达110多人,年解决周边村民就业473人。

2007年,在矿坑废墟上崛起的华夏城正式开放。它不但改造了环境,也带动了龙山周边经济的发展,被省、市政府授予先进企业、林业产业明星企业等称号,并被评为山东省文化产业示范园区、国家文化产业示范基地,各省市前来参观学习的考察团络绎不绝。

六、文化谷 ☆

前面我们即将参观的是一处通道景点——文化谷。谷内打造仿石崖壁,崖壁上共篆刻有47处、30余位中国古今名人大家的书法字词,是华夏城景区中打造的集中展现中华传统书法文化的景点。

文化谷景点有两点精妙之处:一是这是在矿坑沟里造景打造的通道景点,此处因采石,山体开挖,高低不平,华夏城

图 3.11.7 文化谷

景区在修复的过程中依据原有的地势做成通道,期间将篆刻的字词与铜像造景相结合,将胶东特色民俗文化馆——夏园与会跑的实景演艺——《神游传奇》秀剧场贯通,蕴含着华夏儿女修复生态的决心与坚韧。二是这里石崖壁篆刻有中国古今名人字词。名家们或行书或草书或篆书或楷书,闲庭信步其中,可以感受到中国书法文化的博大精深。

七、会跑的实景演艺——《神游传奇》秀☆☆☆

图 3.11.8 《神游传奇》秀

我们现在看到的就是晚间会跑的实景演艺《神游传奇》秀的演出场地,同样是修复矿坑,因地制宜的杰作,会跑的实景演艺——《神游传奇》秀,是"华夏城"城市文化旅游综合体的重要组成部分,也是威海华夏城景区的灵魂所在,由华夏文旅集团董事长夏春亭先生担任总策划、总编剧、总导演,置舞台于威海华夏城景区内的自然山水天地间,打破单一舞台演出模式,让会跑的看台带领观众去体验全新的视听感受。

《神游传奇》秀根据景区内原采石场及周边环境的具体情况,将会跑的移动式看台观众席设在了大型采石场上,将周边山体修复、打造成自然山水实景舞台。其中《凤凰涅槃》一幕中,在石窝外侧筑起大坝,坝外修一条水下隧道,坝上作为这一幕中的舞台,石窝最深处则设计为这一幕中的水下神龟,堪称水下舞美经典。在演出中,利用火山喷发装置实用新型专利打造火山喷发景象,配合演出的需要,天地轰鸣、岩浆四溅、场面震撼。《龙的传人》一幕中,在北侧的采石场矗立的山体断面就势修起了"之"字形舞台,在山体上方设置巨大水箱,演出时依托陡峭的山势打造"黄河之水天上来"的壮观景象,4000吨水瞬时宣泄而下,水雾腾空而起,场面宏伟、壮观,蜿蜒的游龙再现了中华文明的龙马精神。

整场演艺分为序幕和六章正篇,分别是天赐华夏、先祖部落、凤凰涅槃、八仙贺喜、东游求仙、龙的传人和天佑华夏。它以散文体为结构、华夏文明为主线,将后羿射日、大禹治水、嫦娥奔月等一系列人民群众耳熟能详的经典传说与现代化高科技舞美相结合,巧妙地运用华夏城景区环绕四周的真实景观,打造出一场如梦似幻的文化盛宴,充分展示了中华民族的优秀文化。

整场演艺使用40余项发明和实用新型专利,演出剧本也已申请版权保护。

资源拓展:

《神游传奇》

序幕:天赐华夏

盘古开天地,伏羲女娲艰辛中孕育华夏儿女。太阳古称金乌鸟,10只金乌一同出现在天空,怪兽肆虐,生灵涂炭,后羿为民除害,射下九日,战胜金乌。嫦娥奔月、仙女下凡,从此日月有序,一轮太阳每天从东方升起,点燃了人类文明的火种。

第一幕:先祖部落

华夏五千年文明初始,先民们聚居一起过着祥和的农耕生活。部落混战,平静被打破,轩辕黄帝力战群雄,征服战神蚩尤,统一各部落,点燃了民族团结的篝火,轩辕黄帝也被尊崇为中华文明的先祖。

第二幕:凤凰涅槃

大禹是华夏的初祖,是家喻户晓的治水英雄,从劈山开岭,治理水患,到踏遍江河,三过家门不入。身为帝王,他巡视长江水情,茅屋为舍,野菜为粮,躬亲劳苦,殉于途中,葬于绍兴。四千年古树长青,禹王庙遍布神州。大禹治理水患,安定九州,凤凰涅槃,在华夏大地上建立第一个王朝,让民族在部落的纷争中浴火重生,从此中华民族屹立东方,古国文明世代流芳。

第三幕:八仙贺喜

"八仙过海"是发生在胶东半岛的神话传说,流传千古。八仙与龙王本是冤家对头,但传来传去就传成了好朋友,恰逢龙王嫁女,喜气盈门、宾客满堂、敲锣打鼓、欢声笑语,本来龙宫喜庆的场面已经闹翻了海,而八仙也赶来凑热闹,同喜贺喜,好戏连连。

第四幕:东游求仙

公元前221年,秦始皇统一中国,执掌秦朝政权短短11年,为彰显神威,6次巡游全国,3次踏上齐鲁大地,多次派方士求神问仙,烟台、威海均留下了秦始皇的足迹,秦始皇派徐福带三千童男童女东渡日本的传说流传至今。

第五幕:龙的传人

华夏儿女是龙的传人,龙是华夏民族的图腾,而鼓是华夏民族力量的象征。骏马奔腾,穿越时空,黄河之水奔腾不息,在激流中的战鼓已经擂响,响天动地,震耳欲聋,迎接着中华民族的伟大复兴。

第六幕:天佑华夏

华夏古城,一城故事,太平禅寺,满院仙气。太平公主曾亲赐洪智法师在此地修建太平禅寺，一千三百年时光肆意荏苒，悠扬古钟长鸣，笑佛笑口常开，佛佑你我，一生快乐，天佑华夏，平安吉祥！

八、威海人民防空教育馆☆☆

图3.11.9 威海人民防空教育馆

威海人民防空教育馆又名"走进未来战争馆"，于2012年开工建设，在2013年5月12日的"防灾减灾日"正式开馆。该馆依势而建，因地制宜，是在矿坑里打造的长172米、宽93米的地下工程。矿坑上面覆土绿化，矿坑下面游客参观。该馆作为普及国防教育、防空防灾和公共安全知识的综合性科普展馆，被授予"国家人民防空教育基地""山东省防灾减灾宣传教育基地""山东省国防教育基地""山东省人民防空宣传教育基地"等称号。

馆内有上下两层，一层主要有中国防空发展史展示、自然灾害体验区、空降场景、海防战油画场景、走进战争4D影院。

公元1898年英国强租威海，1937年卢沟桥事变，1938年日本再次侵占威海，空袭场景通过声光电等表现方式再现了20世纪30年代日军轰炸威海的场景。20世纪60年代中期，中国面临美苏核武器的威胁，毛主席指示："深挖洞，广积粮，不称霸"，使中国劳动人民发挥艰苦奋斗的精神，挖开了一条条人民防空洞，防空洞里设施一应俱全，有食堂、紧急医院、粮仓、指挥所、夜校等。

新中国成立后，历届领导人都高度重视人防工程，并做了重要批示，习总书记说："坚持推进防空防灾一体化建设，把人民防空应急机制与处置公共事件相衔接，做到平战结合，资源共享。"

人防馆二层分为世界防空、中国防空以及核生化防护等版块进行展示。

（1）世界防空：防空与空袭之间的对抗，已经经历了百年历史。飞机是空袭的首要武器，防空因空袭而产生，展示区内通过全息投影的技术展示出各种不同的机型。1914年爆发第一次世界大战，人类便开始了灾难性的空中轰炸。

（2）中国防空：中国防空起始于中华民国政府时期，1937年曾经颁布了中国第一部《防空法》，并组建了一支以防空为主的空军。新中国成立以来，防空建设有了飞速的发展。1951年春，中国志愿军发动第五次战役，在铁山与美军进行抗衡，经过艰苦的决斗，我军共消灭美军2.5万人。

（3）人民防空：国外称"民防"，是国防的重要部分，从新中国成立以来到1957年曾取得过辉煌成就的空军司令员，其中有两位就是从威海走出去的空军司令——王海和张积慧。王海同志在1988年我军恢复军衔制后第一次授衔中，被第一批授予空军上将军衔。张积慧（1927年—）山东省荣成市人，空军授予他"一级战斗英雄"荣誉称号，他们为抗美援朝做出了突出的贡献。

（4）城市防空：运用多媒体技术播放威海人防的相关知识，及应急物品发放的场景。

（5）核生化防护：核武器、化学武器和生物武器具有大规模杀伤力。多媒体设备播放当时原子弹袭击日本广岛长崎的影像资料（1945年8月6日上午，美军向日本广岛投下一颗代号为"小男孩"的原子弹，3天后，美军又将代号为"胖子"的原子弹投在日本长崎，造成10万余人伤亡和失踪，全城60%的建筑物被毁）。

（6）防灾减灾：我国是世界上自然灾害最为严重的国家之一，灾害种类多，前面墙壁上是通过近几年发生的一些自然灾害，警示人们要爱护环境，与自然和谐相处。

九、三面圣水观音音乐喷泉广场 ☆ ☆

各位游客，我们现在已经来到最能震撼人心灵的景区——三面圣水观音音乐喷泉广场。这里是来访游客的必观景点之一，可同时容纳3000余人观看演出。整个广场由观音音乐喷泉主体、千米连廊、观音湖组成，地势开阔，环山抱水，远观可见百米长寿廊小瀑布，信步于连廊中，美景唾手可得。

三面圣水观音水系充分体现了矿坑修复中利用水面进行美化的举措，湖底渣石成堆，顺势注入自然水体，将观音水域与坝上龙湖水域相通，形成活水，不但打造了湖景，还改善了生态环境。水域经过多年的修复，现已成功繁育了多个淡水鱼品种，锦鲤成群，悠然自得，形

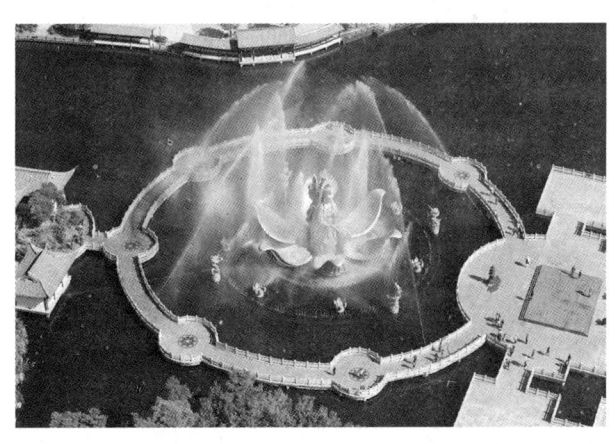

图 3.11.10　三面圣水观音音乐喷泉广场

成了良好的生态系统。同时湖边栽种紫槐、金银花、绣球等植被,花开之时花景分层,清香怡人,配以青松、灌木,整个广场春意盎然。

三面圣水观音主体显圣于圣水宝莲之上,是目前中国独一无二的三面观音同时水中显圣的大型动态景观,由观音主体、荷花瓣、四大龙王组成。三面圣水观音由如意观音、持莲观音、杨柳枝观音合为一体,慈眉善目、悯怀众生,如意观音菩萨右手持如意,象征事事如意,立于莲花上,安定普天下人心;持莲观音菩萨两手持莲花,内心世界平静自然,远离欲望;杨柳枝观音菩萨右手持杨柳枝,左手握净瓶,把圣水洒向人间,救苦救难,慈悲为怀。观音大士吉祥人间,慈悲天下,而且每一种观音显圣都昭示人间独特美好的吉祥。

观音主体建设耗资巨大,历时三年,由纯铜精心铸造而成,重78吨,每次显圣约18分钟。演出开始时,伴随着悠扬的梵音,雾气弥漫,在气势恢宏的佛教音乐声中莲花瓣慢慢盛开,三面观音从花瓣中缓缓升起,喷泉随音乐节奏变幻出各种水型。三面观音主体融入现代高科技的升降旋转技术(已申请国家专利),三面依次旋转,面面示人,最高升至9.8米。持柳观音手中净瓶圣水洒向人间,生动演绎了古老的佛教文化,与修复后的山水相得益彰,宁静悠远,涤荡人心。

十、威海神游海洋世界概况 ☆☆☆

威海神游海洋世界,位于华夏城景区北侧,是国家5A级景区威海华夏城的重要组成部分,与依山傍水的自然美景相融合,形成山海相融的景观。

场馆外观以纯净蓝色和白色为主色调,蓝白相间,形成波浪的美感,象征海洋世界的神圣与幽谧。馆内主要包括鱼类世界、老渔村、地中海风情老街、"关爱海洋"科普长廊、蒸汽时代、珊瑚海、缤纷水母、神游海空、奇幻海底秀场、深海探秘、极地风光、欢乐海洋剧场等展区。

除了展示常规类的海洋生物外,神游海洋世界区别于其他海洋馆的独特之处就在于以海洋文化和渔业文化为主题,从胶东放眼世界,展示胶东特色渔村文化,构建充满异域风情的地中海文化观赏区,打造潜水艇观赏舱,

图 3.11.11　神游海洋世界

再现了欧洲蒸汽时代海洋文化，同时结合了群鱼表演、海洋科普知识宣传等项目，集观赏、参与、体验、科教、文化于一体，让游客全方位地感受神奇的海洋文化。

神游海洋世界是威海市首家海洋馆、威海首家海洋科普教育基地，同时也是威海市水生野生动物救护中心，先后救助了娃娃鱼三条、鳄龟六只，为水生、野生动物的救护工作贡献一份力量。

十一、老渔村☆☆☆

俗话说靠山吃山，靠海吃海，胶东沿海地区的先民们自古就以打鱼为生，海上捕捞、水产贸易、养殖都是他们营生的手段。渔民日夜面对大海，形成胶东当地崇尚海洋的文化。老渔村展区通过版块式的构景将胶东渔村民俗文化与透明观赏视窗融合起来，游客们可以边感受胶东民俗文化边体验大海鱼类世界的美妙。

图 3.11.12　老渔村

（一）老渔村牌坊

老渔村牌坊属于北方典型的标志性牌坊，还原了胶东早期村头的牌坊，大方古朴，仿木质的风格，柱身还原最原生态的独木柱，通过龟裂的木纹，可以感受到牌坊年代的久远，更可以体验到胶东老渔村古朴沧桑的历史感。牌坊顶部两端微微卷起，有祥云的图案，寄予了平安如意的美好寓意。

（二）渔村风貌

胶东半岛地区村落道路坡度大，弯曲多，为防止雨水冲刷，多用块石堆砌垫平，过去渔家百姓们由于建房条件限制，就地取材，用土坯砖、石块、木材、稻草、海草等，根据地势建造房屋，自前向后，步步登高，这些材料不仅原生态，而且廉价容易弄到，充分显示出老百姓的聪明智慧。渔村风貌展示的就是威海当地最具特色的海草房，海草房一种非常独特的民居，用海草铺屋顶，用乱石来垒墙。屋面使用当地前海特有藻类，新鲜时呈褐色，随着时间越久逐渐变为灰白色。草顶的铺砌上陡下缓，上厚下薄，呈现一种厚实又连绵的效果，冬暖夏凉，已被列入省级非物质文化遗产名录。

（三）渔人码头

甲午战争结束后，帝国主义掀起瓜分中国的狂潮。拥有最大在华利益的英国于1898年7月1日强租威海卫。期间对威海港实行自由港政策，自由港是不属于任何一个国家管辖的港口或海港地区，外国货物可以免征关税进出港，并可以进行加工买卖、储藏装卸和重新包装，目的是吸引外国船只或货物过境，从中赚取相应的搬运、加工等费用。早期的自由港一般设在地处交通要道的殖民地，如马耳他、新加坡、直布罗陀、香港等地，威海名列其中，这无疑决定了英租时期威海表现出强烈的殖民化经济特点。渔人码头场景展示的是一艘远洋而来的英国商船停靠在渔人码头港口，从大西洋远航而来的商人与当地的渔民进行货物交换。

（四）渔家光景

威海卫原为滨海渔村，汉初时，称"石落村"，元朝称"清泉夼"。1398年，为防倭寇侵扰，设立威海卫，取威震海疆之意。威海卫的进出口贸易因免收关税，至此吸引了不少外地人前来经商，形成了商号云集、渔业兴盛、码头卸货一派繁荣的景象。渔民们世代在这里生活，每天出海打鱼，与阳光、沙滩、海岸、岛屿完美有机结合，形成了一道最原生态的迷人渔家光景。

（五）悬空玻璃栈道

悬空玻璃栈道是连接渔人码头通往渔家劳作场景展示的通道，3.2厘米厚的双层夹交胶玻璃与不锈钢龙骨架巧妙结合，不仅带给您惊险刺激的感觉，更让您近距离亲近这些奇妙的海洋生物。

十二、渔家劳作☆☆☆

胶东老渔村依山傍水，村内村民大多从事渔业捕捞，渔家劳作场景形成了胶东民俗独特的风景。这个展区主要选取了胶东当地老渔村最具代表性的生活场景来向游客展示渔村民俗文化。

（一）码头整理渔网

出海打鱼是渔村老百

图3.11.13　渔家劳作场景

姓赖以生存的职业，这个场景展示的就是打鱼归来，渔家在自家的舢板小船上整理渔网，把捕获的鱼分类。生产和生活是同时进行的，姑娘就在码头自家的小岗房里煮饭，通常是将刚打到的鱼进行简单处理，直接下锅烹调，味道非常的鲜美。

（二）修补渔船

在捕鱼淡季的时候，渔民们不出海就利用这段时间从事修补渔船、检修设备等准备工作。本场景展示的就是渔民在检修渔船，为开海捕捞做好准备。

（三）农家小院

胶东农家的小户小院都充满了生活的气息，窗外挂满了晾晒的玉米、辣椒，农家姑娘们坐在自家的炕头说着家常、掰着玉米。她们梳着两条大辫子，都穿着旧时胶东最具代表性的服装，朴素平实。房间里摆放着日常生活用到的炕桌、簸箕、炕柜等生活用具。

（四）渔具展示，晾晒渔网

水产渔业作为胶东沿海地区的主要产业，当地的渔民不仅出海打鱼，有的也以专门织渔网为生，这个场景展示的就是渔家老汉和自己的姑娘在整理织好的渔网。

（五）祭海

这个微缩版的场景就是展示胶东小渔村，人们进行隆重的祭海仪式。

胶东祭海活动已有500余年历史，是欢送渔民出海、预祝渔业丰收的原生态民俗活动，体现了人与自然界和谐相处的理念，祭海节同时也拉开了渔民一年海上生产劳作的序幕。

相传，农历正月十三，是胶东沿海地区民俗中海龙王的生日。为纪念这个特殊的日子，沿海渔民都会举行传统的"祭海"活动，期盼风调雨顺，祈求丰收、平安，幸福吉祥。日出前，渔民们在庙前摆上供品，燃放香烛、鞭炮，表达崇拜、敬仰之情。当太阳从海上冉冉升起的时候，隆重的祭海仪式正式开始。人们抬起贡猪、大鱼、饽饽等供品，

图 3.11.14　地中海风情老街

打着彩旗，敲着锣鼓，扭着秧歌，一路欢歌，一路鞭炮，从自家的院落涌向渔港码头。祭海的渔民们纷纷登上自家的渔船祭祀海神，祈求新的一年鱼虾满舱，平安发财。

十三、地中海风情老街☆☆

地中海风情老街区域是世界海洋文化展示的窗口，也是地中海码头风情的浓缩，幽静的小巷，远处的蓝天、碧海、停靠的快艇和渔船，休闲的港湾，街上布满了一些特色纪念品商店和舒适时尚的小酒吧，还有各种风味独特的小餐馆，清新明朗的地中海风情在这里一览无余。该区域精选了四个最具代表性的生活场景让游客近距离感受世界海洋文化风情。

情景一：街头的鲜花店，金发女郎正在整理展示出售的鲜花。出海归来

图3.11.14　地中海风情老街

的年轻水手们会在这里买上一束鲜花送给自己的爱人。

情景二：布置精致的小餐馆里，一对青年男女正在谈天说地，听着小提琴的美妙音乐，准备享用一顿丰盛的午餐。

情景三：新鲜的海产品被打捞上岸之后也会被商人直接收走送到渔港码头大大小小的餐厅，这个场景展示的就是餐厅的厨师正在一展厨艺，烤海鲜的香气将为他们招揽更多出入码头的商人和游客。

情景四：欧式酒吧文化渗透在渔港小镇的每个角落，风格各异的酒吧氛围几乎可以迎合每一个酒吧爱好者的需要。不用花太多的钱，就可以买一杯啤酒、矿泉水或可乐。这里也是水手们最喜欢的地方，他们既可以一个人静静地品味酒吧文化，也可以与朋友一起桌边畅谈、解放身心。这个场景展示的就是酒吧伙计在门口倒酒，招揽顾客。

这个具有浓郁西方风情的小桌吧是大家休闲歇脚的好地方。您可以坐着小船造型的休闲座椅，置身海洋生物环绕的世界，边品尝美味的烤海鲜和西式餐点，边慢慢欣赏神奇的海底世界，来一次视觉与味觉相遇的盛宴。

十四、《神游海空》动感影院 ☆ ☆

《神游海空》动感影院是裸眼 5D 悬空式球幕动感影院，配置有直径达 22 米的悬挂式球形屏幕、高科技电脑智能控制技术等现场特效，影院分一号影院和二号影院，可同时容纳 440 人同时体验。整个影片长 8 分钟，神游海洋世界的萌宠形象——神龙小威带领游客去游览华夏城景区和世界风光。

图 3.11.15 《神游海空》动感影院

体验时，游客只需要找座位坐下，不需要戴上笨重的 5D 特效眼镜，真正实现裸眼动感效果。观众跟随影片乘坐华夏一号宇宙飞船到海底、太空和世界各地去游览：美丽的海底，悠然起舞的水母、五彩斑斓的珊瑚、一望无际的鱼群、血盆大口的鲨鱼，仿佛就在你的眼前。之后威海的华夏城、山东的泰山、中国的故宫、法国的埃菲尔铁塔、埃及的狮身人面像、金字塔，我们或俯视，或直上，或飞绕，从不同角度，真实经历俯冲、高空坠落、急速下降、飞机冲击、鲨鱼冲镜的感觉，充分体验科技的魅力。

整个观影过程中，观众席会垂直升空，上下跳动，惊险刺激，让游客充分感受心脏的零点跳动，是神游海洋世界最受欢迎的体验区域之一。为了保障老年人和 1.2 米以下儿童的观影体验，动感影院特为这群特殊的游客准备了不动的座椅，充分体现人文关怀，同样感受视觉的冲击。

十五、深海探秘 ☆ ☆

深海探秘是神游海洋世界内主体鱼群的主要观赏区，位于馆内一层，主要包括两个拱形海底隧道和一个圆形中心主池。拱形海底隧道通过拱形的通道将人们带入海底，透过环绕于头顶和四周的透明拱形长廊，海底隧道创造了一种"人在内、鱼在外"的观赏方式，游客获得了一双潜水员的眼睛，却远比潜水员要轻松自如。280 度的观赏视窗让我们仿佛置身于神奇、美妙的大海中，整个主池中千余种海洋生物环绕在我们身边，让大家触手可及。身躯扁平的魔鬼鱼，鲜亮活泼的黄金鲹，成群结队的快乐遨游，让人目不暇接。豹纹鲨、燕尾鳐在海洋深处欢腾,大家可以尽情观赏它们的优美姿态。

深海探秘区域是神游海洋世界的中心区域,承担着全馆的绝大多数水体,保障馆内鱼类的正常生活,所采用的透明"玻璃"是一种名叫"亚克力"的化工产品,厚度有6厘米。透过"亚克力",经过光学折射,我们看到的景象都比实体稍小,潜水员看上去就像是个小孩子,而实

图 3.11.16　深海探秘

际上鲨鱼和海龟也比看上去的要大上一圈。

馆内的海水全部采用纯天然海水,经过多次探索神游海洋世界建立了一套独特的维生系统。通过过滤、分离、杀菌、加温控制和生化过滤使管内海水不断循环净化,创造出一种源自天然而更胜于天然的生态环境,让这些可爱的海洋动物能够在这里健康成长、幸福安家。

十六、极地风光 ☆☆

晶莹雪白的极地风光是威海神游海洋世界里的特殊区域,汇聚了企鹅、海豹、海象、海狗、白鲸等珍稀动物。

地球上的两极终年白雪覆盖大地,气温非常低,几乎没有植物生长,最大的特征就是昼夜长短随四季的变化而改变,冬天时在极地几乎看不到太阳,称为极夜;而夏天时就算到了午夜,太阳则还是在地平线上,不会下山,称为极昼。其环境的特殊性汇聚了在极地生活的一群特殊的动物,最具代表性的就是企鹅、海豹等,他们憨态可掬,对人类也非常友好。

图 3.11.17　极地风光

神游海洋世界里极地风光展区吸取极地元素，通过白色冰凌造景、极光色调打造了一个纯粹的冰雪世界，同时高度还原了极地动物的生活环境，极地动物汇聚一堂在这里安了一个新家。

资源拓展：

（一）海狮

神游海洋世界里的海狮是南美海狮，来自乌拉圭。南美海狮是聪明的杂耍明星，是海兽表演家庭的幽默大师，在驯养师的严格训练下，能表演"握手"、亲吻、问候、套圈及高难度的"顶球""单手倒立""一狮两球"等精彩节目。

（二）海象

顾名思义，即海中的大象，它身体庞大，皮厚而多皱，与陆地上的大象不同的是，它的四肢因为适应水中生活已退化成鳍状，不能像大象那样步行于陆上，仅靠后鳍脚朝前弯曲。海象非常聪明，模仿能力也很强，对人类非常友善。

（三）海狗

馆内的海狗品类是北海狗又叫阿拉斯加海狗、海熊等，雄海狗的身体魁梧，壮大；雌海狗非常的娇小，有时雄兽和雌兽体形大小的差异有时达5倍以上，在动物中是较为罕见的。北海狗非常擅长潜水，游速也快，时速大约可达27千米。其潜水速度之快也是令许多动物望尘莫及的，甚至超过鲸类和海豚。

（四）企鹅

神游海洋世界里的企鹅是巴布亚企鹅，又名白眉企鹅、金图企鹅，它眼睛上方有一个明显的白斑，嘴细长，眼角处有一个红色的三角形，显得眉清目秀。因其模样憨态有趣，犹如绅士一般，因而俗称"绅士企鹅"。神游海洋世界共饲养了20余只巴布亚企鹅，每年的10月份到次年3月份进行繁殖。企鹅和其他许多鸟类一样，都是搭窝繁殖后代的。企鹅的窝是石头子儿搭建的，所以企鹅"盖房子"非常不容易，经常为了一个小石子来回地寻找，或者拆了邻居的东墙补自己的西墙，甚至和"邻居"大打出手，非常有趣。同时他们又是企鹅家族中最快速的泳手，在馆内可以近距离地欣赏到他们的飒爽泳姿。

（五）白鲸

神游海洋世界里的白鲸来自俄罗斯，有着永远面带微笑的面庞，被称为"水中的冰美人"。它的皮肤不是生下来就是白色的，而是随年龄的增长变得白亮。白鲸的额头上有一块额隆，看起来就像老寿星一样，这块额隆是由脂肪构成的，可以靠它来接收信息，并且还可以通过脂肪的活动发出几百种不同的声音，是海洋中出色的歌唱家，所以它也被人们誉为"海中的金丝雀"和"海洋中的口技专家"。

（六）海豚

神游海洋世界里的海豚是宽吻海豚又叫尖嘴海豚、瓶鼻海豚。吻较长，嘴短小，嘴裂外形似乎总是在微笑，非常亲和友善。海豚除了有美妙的歌声，还有很强的表演天分，既是呼啦圈高手，又是跳跃高手，为游客们带来精彩演出。

知识问答：

1. 威海华夏城景区包括哪三大板块？

答：威海华夏城景区包含威海华夏城景区、会跑的实景演艺——《神游传奇》秀以及威海神游海洋世界三大板块。

2. 华夏城牌楼属于什么风格和建筑形式？

答：华夏城牌楼是景区的标志性景点，整体是仿明清牌楼风格，属五间六柱式牌楼。

3. 华夏城文化谷景点有哪两点精妙之处？

答：一是这是在矿坑沟里造景打造的通道景点；二是这里石崖壁篆刻有中国古今名人字词。

4. 华夏城《神游传奇》演出包括哪几部分？

答：整场演艺分为序幕和六章正篇，分别是天赐华夏、先祖部落、凤凰涅槃、八仙贺喜、东游求仙、龙的传人和天佑华夏。

5. 华夏城夏园包含哪两个部分？

答：此景点分为水上文化长廊和民俗馆两部分。

6. 夏原吉为何被称五朝元老？

答：夏原吉先后经历了明朝洪武、建文、永乐、洪熙、宣德五朝，被称为五朝元老。

7. 威海人民防空教育馆又名"走进未来战争馆"，它有哪些称号？

答：威海人民防空教育馆作为普及国防教育、防空防灾和公共安全知识的综合性科普展馆，被授予"国家人民防空教育基地""山东省防灾减灾宣传教育基地""山东省国防教育基地""山东省人民防空宣传教育基地"等称号。

8. 威海神游海洋世界主要由哪些展区组成？

答：威海神游海洋世界主要包括：鱼类世界、老渔村、地中海风情老街、"关爱海洋"科普长廊、蒸汽时代、珊瑚海、缤纷水母、神游海空、奇幻海底秀场、深海探秘、极地风光、欢乐海洋剧场等展区。

9. 神游海洋世界的萌宠形象是什么？

答：神龙小威。

第四章
导游规范

第一节　团队导游服务的程序与标准

1. 请问地陪导游员的工作职责有哪些？

答：

（1）安排旅游活动；

（2）做好接待工作；

（3）导游讲解；

（4）维护安全；

（5）处理问题。

2. 请问全陪导游员的主要职责是什么？

答：

（1）实施旅游接待计划联络工作；

（2）组织协调工作维护安全；

（3）处理问题；

（4）宣传、调研。

3. 简述地陪的工作流程。

答：

（1）准备工作；

（2）接站服务；

（3）入住酒店服务；

（4）参观游览服务；

（5）餐饮等其他服务；

（6）送站服务；

（7）善后服务。

4. 请问地陪服务准备工作有哪些？

答：

（1）业务准备；

（2）语言和知识准备；

（3）物质准备；

（4）形象准备；

（5）心理准备。

5. 旅游团队抵达前，导游员应落实哪些接待事宜？

答：

（1）落实旅行车辆；

（2）掌握联系电话；

（3）落实住房及用餐；

（4）了解不熟悉景点的情况。

6. 上团前，导游员物质准备的主要内容有哪些？

答：

（1）上团前，导游员要按照该团旅游者人数领取门票结算单、预支费用、旅游宣传衣帽和导游图等；

（2）带好接待计划、导游证、导游旗、接站牌等必备物品。

7. 导游员在形象准备上应注意哪些方面？

答：

（1）导游员的着装要符合导游人员的身份，要方便导游服务工作；

（2）衣着要整洁、大方、自然，佩戴首饰要适度，不浓妆艳抹；

（3）导游员上团时，必须佩戴导游证。

8. 地陪在旅游团抵达前的服务安排有哪些？

答：

（1）确认旅游团所乘交通工具抵达的准确时间；

（2）与旅游车司机联络；

（3）提前抵达迎接地点；

（4）再次核实旅游团抵达的准确时间；

（5）持接站标志迎候旅游团。

9. 旅游团抵达后，地陪接站的一般程序是什么？

答：

（1）认找旅游团；

（2）核实人数；

（3）集合登车。

10. 地陪在接团时如何认找旅游团？

答：

（1）导游员站在明显的位置上举起接站牌，以便领队、全陪（或客人）前来联系；

（2）主动从旅游者的特征、衣着、组团社的徽记等方面分析判断或上前委婉询问，主动认找自己的团队；

（3）问清该团来自哪个地区（国家）、客源地组团社名称、领队及全陪姓名等；

（4）如该团无领队和全陪，地陪应与该团成员核对团名、国别（地区）及团员姓名等，一切相符后才能确定是自己应接的旅游团。

11. 地陪欢迎词应包括哪些主要内容？

答：

（1）代表所在旅行社、本人和司机热忱欢迎客人到本地观光游览；

（2）介绍本人和司机的姓名及所属旅行社；

（3）表示自己为客人提供服务的诚挚愿望和希望得到合作的意愿；

（4）预祝大家旅游愉快顺利。

12. 地陪首次沿途导游主要介绍什么？

答：

（1）城市概况介绍；

（2）风光导游；

（3）介绍下榻的饭店。

13. 在入店服务中，地陪应如何带领旅游团用好第一餐？

答：

（1）旅游者进入房间之前，导游员要向旅游者介绍饭店内的就餐形式、地点、时间及餐饮的有关规定；

（2）客人到餐厅用第一餐时，地陪应主动引领要将领队介绍给餐厅经理或主管服务员，告知旅游团的特殊要求。

14. 导游员带团游览出发前应该做好哪些工作？

答：

（1）导游必须至少提前10分钟抵达出发地点；

（2）站立车旁，礼迎旅游者上车；

（3）核实、清点实到人数；

（4）提醒注意事项；

（5）开车前再次清点人数。

15. 赴景点途中，地陪应如何做好途中导游？

答：

（1）重申当日活动安排；

（2）风光导游；

（3）介绍游览景点；

（4）活跃气氛。

16. 游览前，导游员应向旅游者交代哪些注意事项？

答：

（1）抵达景点时，下车前地陪要讲清并提醒旅游者记住旅行车的型号、颜色、标志、车号和停车地点、离开时间；

（2）在景点示意图前，地陪应讲明游览路线、所需时间、集合时间、地点等；

（3）地陪还应向旅游者讲明游览参观过程中的有关注意事项。

17. 在游览返程途中，导游员一般应做哪些工作？

答：

（1）回顾当天活动；

（2）风光导游；

（3）调节气氛；

（4）宣布次日活动日程。

18. 导游员旅途服务的主要内容有哪些？

答：

（1）旅途生活服务；

（2）旅途讲解服务；

（3）上下站联络与服务再确认；

（4）旅途安全服务。

19. 在餐饮服务方面，导游员应注意哪些问题？

答：

（1）导游员要提前落实本团当天的用餐；

（2）用餐时，导游员应引导旅游者入座，介绍餐厅；

（3）告知领队、全陪用餐地点及用餐后全团的出发时间用餐过程中，导游员要巡视旅游团用餐情况用餐后，与餐厅结账，并索要正规发票。

20. 导游送行前应做好哪些工作?

答：

（1）核实交通票据；

（2）商定集合、出发的时间；商定叫早和用早餐时间；

（3）协助饭店结清与旅游者有关的账目；

（4）及时归还证件；

（5）如有旅行社负责人送行，要认真做好欢送的具体组织工作。

21. 导游员在送站服务中，为保证团队不误班机或火车，应履行什么样的时间规范?

答：

（1）带团到达机场（车站、码头）必须留出充裕的时间，以保证旅游者能按时抵达送站地点，从而避免误机（车、船）事故的发生。

（2）到达送站地点的时间规范为：出境团队和散客旅游者应提前180分钟抵达机场，国内团队旅游者应提前120分钟抵达机场，抵达火车站、码头的时间为提前60分钟。

22. 欢送词的内容主要应包括哪几个方面?

答：

（1）回顾旅游者在本地的旅游活动；

（2）对领队、全陪和旅游者的合作表示感谢；

（3）表达友谊与惜别之情；

（4）诚恳征求旅游者对接待工作的意见和建议；

（5）若旅游活动中有不顺利或旅游服务有不尽如人意之处，地陪可借此机会向旅游者致歉；

（6）表达美好的祝愿，欢迎再度光临。

23. 全陪在各站服务中主要承担哪些工作?

答：

（1）与地陪积极配合；

（2）监督各地接待计划的实施和服务质量；

（3）留意旅游者的动向；

（4）做好提醒工作，处理突发问题和事件；

（5）当好旅游者的购物顾问；

（6）做好联络、协调工作。

24. 全陪在途中服务环节中主要承担哪些工作？

答：

（1）提醒地陪落实交通的票据，核实离站的准确时间；

（2）做好上下站联络工作；

（3）协助领队、地陪做好行李的清点、交接工作；

（4）协助旅游者办理行李托运手续及入关登机手续；

（5）核实地陪交给的行李票据，并妥善保管好；

（6）认真填写好结算单据，与地陪双方签字。

25. 全陪日志有哪些主要工作？

答：

（1）旅游团的基本情况；

（2）旅游日程安排及交通情况；

（3）各地接待质量（指旅游者对食、宿、行、游、购、娱等各方面的满意程度）；

（4）对发生的问题及事故的处理经过；

（5）旅游者的反馈及改进意见。

第二节　散客导游服务的程序与标准

1. 散客旅游与团队旅游有哪些区别？

答：

（1）旅游行程的计划与安排不同；

（2）付费方式不同；

（3）价格不同；

（4）自由度不同；

（5）旅游人数不同。

2. 请问散客旅游得以快速发展的主要原因是什么？

答：

（1）游客旅游经验越来越丰富，独自出游的能力越来越强；

（2）现代通信、互联网技术及私家车的普及；

（3）人们的旅游需求越来越追求个性化。

3.接待自驾车散客旅游时,导游员的服务内容包括哪些方面?

答:

(1)向导服务;

(2)安全服务;

(3)生活提醒服务。

4.简述导游到机场车站等地迎接散客的基本流程。

答:

(1)通过电话、短信等联系客人,并与司机在不同出口易于被乘客发现的地方举牌等候,以便客人前来联系,也可根据游客特征主动上前询问;

(2)确认迎接到该接的游客后应主动问候,并致欢迎词;

(3)询问散客在机场火车站是否还有要办理的事情,并给予必要协助;

(4)询问行李件数,清点后帮助其提取行李。

5.导游员去机场(车站、码头)接散客,但没有接到,请问如果你是该导游员应该如何处理?

答:

(1)询问机场(车站、码头)的工作人员,确认本次航班(列车)的游客确已全部进港和在隔离区内已没有出港的游客。导游员要与司机配合,在尽可能的范围内寻找(至少20分钟);

(2)若确实找不到应接的散客,导游员应打电话同计调部或散客部联系,报告迎接的情况,核实该散客或旅游团抵达的日期或航班(车次、船次)有无发生变化。当证实迎接无望时,经计调部或散客部同意方可离开机场(车站、码头)。

(3)导游员回到市区后,应到所接散客下榻的饭店前台,询问该散客是否已入住饭店。如果已入住,必须主动与游客联系,并表示歉意。

6.导游员在接待散客和散客旅游团时,在安排入住饭店环节应提供哪些服务?

答:

(1)帮助办理住店手续;

(2)确认日程安排;

(3)确认机票;

(4)推销旅游服务项目。

7.请问导游员应如何做好散客送站准备工作?

答:

（1）必须在送站前 24 小时与散客或散客小包旅游团确认送站时间和地点；

（2）备好散客的机（车）票；

（3）同散客部或计调部确认与司机会合的时间、地点及车型、车号；

（4）掌握好送站时间，提前进站。

第三节　旅游事故的防范和处理标准

1. 旅游者因故需缩短或取消一地的游览时间，应如何处理？

答：

（1）导游人员应尽量抓紧时间，将计划内的活动内容安排完。如有困难，应选择最具代表性、最具特色的重点旅游景点，以求游客对本地的旅游景观有基本了解。

（2）适当给予物质补偿。在征得旅行社领导同意后，给予适当的物质补偿或请领导出面表示歉意，尽可能让游客高兴地离开。

（3）地陪应通知计调部门或有关人员办理相关事宜。减少一地游览时间（一般超过半天）或取消一地游览时间时，全陪需将情况报告组团社，由组团社做出决定并通知有关地方接待社，地陪要通知下一站的接待社。

2. 旅游者因故需延长一地的游览时间，应如何处理？

答：

（1）导游人员应与旅行社有关部门联系，重新落实团队用餐、住房、用车的安排事宜。

（2）迅速调整活动日程。适当延长在主要景点的游览时间，经组团社同意后，酌情增加游览景点，或可适当安排文体活动或市容游览，力求使游客感到充实、愉快。

（3）提醒接待有关人员通知下一站该团的日程变化。

（4）地陪要征求领队和全陪的建议及要求，共同商量，取得他们的理解和支持。与领队、全陪商量如何向团内游客解释说明，取得谅解与支持。

3. 旅游团因故被迫取消某一原定旅游活动，由另一活动替代。遇到这种情况应如何应对？

答：

（1）实事求是地向游客说明情况，求得谅解。

（2）提出替代项目，与游客协商。

（3）以精彩的介绍和热情的服务激起游客的游兴，使游客愿意前去游览替代的景点。

4. 漏接事故的原因有哪些？

答：

（1）导游的主观原因

A. 看错接待计划；

B. 抵达时间变更，导游未掌握；

C. 未掌握新时刻表；

D. 因故迟到接站地点；

E. 站错接站位置而未发现游客。

（2）客观原因

A. 地接社未接到上站通知；

B. 接到通知单位告知地陪；

C. 司机迟到；

D. 交通原因导致迟到；

E. 航班提前到。

5. 如何做好漏接的预防？

答：

（1）认真阅读计划、加强信息传递管理；

（2）强化责任心，全面掌握相关信息；

（3）与司机协调，确保提前半小时抵达接站地点。

6. 说说漏接处理的一般流程。

答：

（1）认真对待

得知旅游团已抵达后，导游人员须尽快与旅游团会合，实事求是地说明情况，表达诚挚歉意，以求旅游者谅解；

如果是外来因素造成的漏接，地陪要认真解释，消除误解。

（2）提供高质量的服务

导游人员要更加热情周到地为旅游者服务，提供更精彩的导游讲解，更优质地完成旅游接待任务，尽快消除旅游者因漏接造成的不快。

（3）支付必要费用

旅游者因等不到导游人员而乘坐出租车或其他交通工具前往下榻的饭店，导游人员应主动支付相应的费用。

7. 发生空接的原因是什么？

答：

地陪按原计划前往接站，但飞机没有抵达，没有接到旅游者。造成此类现象的原因是：

（1）气候的突然变化或机械故障，飞机没有起飞或滞留在途中某地，因上一站旅行社不知道，因此也就无法通知本站接待社。

（2）上一站旅行社知道，但因应对突发事件，无暇顾及通知本站；已经通知本站，但接待社没能及时通知导游人员。

8. 地陪处理空接的一般流程。

答：

（1）排除漏接：飞机、火车准时抵达，导游人员接不到旅游团（者）时，首先应排除漏接的可能，与旅游团下榻的饭店联系，核实旅游团是否自行到了饭店。

（2）立即与地接社联系，请其查明原因。

9. 如何预防错接的发生？

答：

（1）提前到达接站地点；

（2）认真核实相关事务；

（3）提高警惕，防止他人错接自己的旅游团。

10. 说说错接处理的一般流程。

答：

（1）查找原因

一旦发现错接，地陪应马上查找错接的原因，并了解清楚错接是发生在同一家旅行社接待的两个旅游团，还是另外一家旅行社的旅游团。

（2）及时处理

A. 尽快与错接的旅游团导游人员取得联系；

B. 若错接发生在同一家旅行社接待的两个团时，导游人员应立即向领导汇报。经领导同意后，地陪可不交换旅游团，但地陪要互通信息，把各自原来要接的团的接待计划及注意事项与对方沟通；但若是全陪接待的入境旅游团，则应交换。

C. 若错接的是另外一家旅行社的旅游团，地陪应立即向接待社领导汇报，请求帮助寻找要接的旅游团，并设法尽快交换旅游团。

D. 地方陪同导游人员还要处理好饭店、餐厅、行李等问题。

E. 要向客人赔礼道歉，并实事求是地说明情况，请求旅游团（者）的原谅。

11.误机事故发生的原因有哪些?

答:

(1)客观原因:

A.游客走失、不听安排;

B.遇到交通事故、严重堵车、汽车发生故障等突发情况。

(2)主观原因:

A.导游员或其他人员工作差错;

B.导游员未核实交通票据;

C.班次已变更,但旅行社有关人员未及时通知导游员等。

12.误机事故处理的一般流程是怎样的?

答:

(1)导游员应立即向旅行社领导及有关部门报告,请求协助;

(2)地陪和旅行社尽快与机场(车站、码头)联系;

(3)稳定旅游团(者)的情绪;

(4)及时通知下一站,对日程做调整;

(5)向旅游团(者)赔礼道歉;

(6)写出书面报告。

13.如何预防误机事故的发生?

答:

(1)导游员提前做好旅游团离站交通票据的落实工作;

(2)临行前不安排旅游团到范围广、地域复杂的景点参观游览,不安排旅游团到热闹的地方购物或自由活动;

(3)保证旅游团按规定时间提前到达离站地点。

14.谈谈游客丢失护照的一般处理流程。

答:

(1)安抚失主的情绪,请他(她)回忆是否在商场丢失,并帮助寻找。必要时陪游客和商场保安一起到商场所在辖区公安局报案;

(2)报告接待社,由接待社开具遗失证明;

(3)地陪陪同失主持旅行社开具的证明去当地公安局报失,由公安局开具证明;

(4)游客持公安局开具的证明,随身携带照片去新加坡驻华使领馆申办新护照;

(5)领到新护照后,再到当地公安局出入境管理处办理签证手续;

（6）失主的所有费用自理；

（7）如果出境前案件未破，请游客留下地址、电话等以便联系；

（8）事后地陪应写出事件处理报告。

15. 发生游客景区内走失该怎么办？

答：

（1）发现游客走失时，地陪应首先了解情况，分析走失者可能在何时、何地走失；

（2）迅速组织全陪寻找，但不能让游客参与寻找，必要时请求景区帮助，如广播找人；

（3）地陪照顾其他游客并继续游览；

（4）如长时间找不到，地陪应打电话回下榻酒店询问客人是否已自行回到酒店；

（5）游客安全返回或找到后，不可进行指责或训斥，应问清情况，给予安慰；

（6）如事态严重，全陪同时应向旅行社报告这一情况，并请求帮助，事后要写出书面报告。

16. 旅游当中如果有游客突发疾病，导游应该如何应对？

答：

（1）应立即拨打急救电话，送医治疗；

（2）要求医生照顾好病人，并由全陪在医院照顾病人，旅游团中如有其亲属或好友、同事，应一起陪同病人，等待其家属的到来。

（3）如需手术，应待其亲属到来后签字，紧急时可由团内亲朋老友或同事领导等签字；

（4）患者经过治疗病情稳定后由其家属陪同或接回居住地。

（5）应注意保留患者诊断、抢救、手术等的全过程，并及时与患者家属沟通联系，及时通报；

（6）住院期间地接社可派人慰问；

（7）地陪应做好其他游客的游览组织；

（8）患者住院及医疗费用，由病人自理。

17. 如何预防旅游当中游客生病的情况发生？

答：

（1）旅行社招徕游客时应注意了解游客身体状况，劝阻身患重病或有重大基础性疾病的游客单独参团，应由家人陪同；

（2）导游应提前了解接待计划，知晓游客的特殊情况，并注意观察游客身体状况；

（3）日程安排做到劳逸结合，防止过度劳累；

（4）做好提醒和预报工作，根据天气状况和日程安排，提醒游客做好防护，在衣着、饮食、旅游强度等方面多加注意，防止生病和发病。

18. 如果在旅游途中发生因交通事故导致个别游客受伤的事故，导游应如何处理？

答：

（1）导游应尽快组织抢救受伤游客，按照先人后物、先重后轻的原则予以施救；

（2）注意保护现场，并拨打120、110急救医院电话，通知保险公司；

（3）迅速报告旅行社，必要时派员协助处理，并派出其他车辆接替事故车辆保障其他游客的游览；

（4）做好其他游客的安抚工作，继续组织其他游客的游览工作；

（5）做好受伤游客的治疗和善后工作，协助游客向保险公司索赔；

（6）对事故本身、处理过程、经验教训等进行书面总结报告。

19. 导游带团途中，发现个别外国游客有窃取敏感地理坐标等涉嫌违法的可疑行为时应该怎么办？

答：

（1）首先应该判断，该外国游客的行为是否可疑；

（2）如其行为高度可疑，导游应立即警告并制止其行为；

（3）导游应尽快向旅行社和国安或公安等部门报告，并配合有关部门搜集证据、查清真相、依法处理；

（4）做好其他游客的接待和服务工作。

第五章
导游应变能力

第一节 导游带团服务中常见问题处理技巧

1. 发生错接后,导游员应该如何处理?

答:

(1)立即向旅行社领导及有关人员报告,查明情况再做处理。

(2)若错接发生在同一家旅行社接待的两个旅游团时,导游人员应立即向领导汇报。经领导同意,地陪可不再交换旅游团,全陪应交换旅游团并向旅游者道歉。

(3)若错接的是另外一家旅行社的旅游团时,导游人员应立即向旅行社领导汇报,设法尽快交换旅游团,并向旅游者实事求是地说明情况并诚恳地道歉。

(4)若旅游团被其他人接走,应立即与酒店联系,看客人是否已经抵达酒店,并向旅行社报告。

2. 接到团队后,有游客提出不随团旅游,导游员应该怎么处理?

答:

(1)境内旅游,可根据具体情况,满足游客要求,但要提醒客人注意安全,已产生费用不予退还。

(2)出境旅游,一般不允许脱团单独行动,如果是探亲访友,可向游客建议在一天行程结束后,让其亲友前往酒店看望。

(3)入境旅游,尽量劝其随团旅游,如果有特殊情况,先将客人护照收回后允许其自由活动,并了解客人自由活动的安排,必要时提供帮助(例如提供乘车路线、中文便条等),但如果外宾要求进入不对外国人开放的地区探游,导游员应郑重说明中华人民共和国相关法律法规,劝阻其行为,并要求其随团活动。

3.游客在来华途中丢失了行李，导游员应该怎么办？

答：

（1）带失主到机场失物登记处办理行李丢失和认领手续。

（2）行李未找到之前，应协助客人购置生活必需品。

（3）离开本地前行李还未找到，导游员应帮助失主将接待旅行社的名称、全程旅游路线、各地饭店名称及电话转告航空公司有关部门；若行李确系丢失，失主可向有关航空公司索赔。

4.游客在中国境内旅游期间丢失行李，导游员应该如何处理？

答：

（1）冷静分析情况，找出差错的环节。

（2）主动做好失主的工作。

（3）经常与有关方面联系，询问查找进展情况。

（4）如果找到行李，及时归还。

（5）如果确定行李已经丢失，帮助失主根据惯例向有关部门索赔。

5.离站时，旅游团乘坐的班机晚点，导游员应该如何处理？

答：

（1）问明原因及确实起飞时间，并向客人解释。

（2）若晚点时间不长，可依据客人情况，就地组织一些合适的活动。

（3）如耽搁时间较长，组织游客配合航空公司的安排。

（4）及时通知下一站旅行社做好变更接待事宜。

6.一旦发生误机事故，导游员应该如何处理？

答：

（1）及时向旅行社及有关部门报告，并恳求协助，安排游客尽快离开本站。

（2）稳定游客的情绪，安排好食宿、游览事宜。

（3）及时通知下一站，对行程作相应的调整。

（4）向旅游者赔礼道歉。

（5）写出书面报告，查清事故的原因和责任。

7.旅游途中发生交通拥塞，导游员应该如何处理？

答：

（1）与司机磋商，估量恢复交通的时间和离目的地的间隔，可能的话绕道行驶或步行前往。

（2）若梗阻时间很长，立刻请示领导，安排就近目的地派车来接旅游团；

（3）做好旅游团全部成员的安抚工作。

8. 旅游团抵达酒店后，有游客提出更换房间，导游员应该如何处理？

答：

（1）若由于客房没有清洁或设施无法使用，应与酒店协调尽快更换。

（2）若客人对朝向、楼层不满意要求换房，如不涉及费用，在酒店有房的情况下，可以予以满足。

（3）若客人要求更换高于规定标准的房间，如酒店有房的情况下，可以予以满足，但所产生的费用由客人自理。

9. 发现有游客在半途站下车后未能遇上火车，该如何处理？

答：

（1）迅速与列车长联系，讲明情况，要求帮助。

（2）将该游客的姓名、特点以及该旅游团的名称、下一站的接待社名称、全陪姓名、入住饭店名称及电话等通知停车站，请求帮助寻找，并协助安排客人乘下趟车赶赴目的地。

（3）若是国际游客，可请该停车站协助安排客人在该站等待，由全陪在前方停车站下车返回接回客人。

（4）接到客人后要表示愉快，不可过于责备，同时做好恰当提醒。

10. 游客不慎遗失交通票据，导游员应该如何处理？

答：

（1）旅游团队的交通票据通常由全陪或地陪保存，如游客使用交通票据后不慎遗失，应立即向航空港（车站、港口）票务管理部门报告，出示团体购票凭证，请求准予登机（车、船）。

（2）假如不获许可，要立刻补票，费用由遗失票据的游客承担。

11. 因为客观原因，旅游团要提前离开某地，导游员应该如何处理？

答：

（1）尽量放松时间，将计划内的参观游览实现。若有困难，应选择本地最具代表性、最具特点的旅游景点。

（2）向旅行社报告，及时办理退房、退餐、退车事宜。

（3）及时通知下一站，做好变更接待计划安排。

12. 游客自由活动时，导游员应提供什么服务？

答：

（1）提醒注意安全，尽量不要去道路较远和情况比较复杂的地方和场合；

（2）提醒外出时，带上饭店名片，以应急用；

（3）提醒外出时，最好不要一个人独自行动，外出前和返回后跟领队或全陪打个招呼；

（4）提醒返回饭店不要太晚，也不要随意带陌生人回来。

13. 旅游景点游客太多时，导游员应该如何处理？

答：

（1）安排游览时，最好想法避开景点人流高峰时段。

（2）若确实无法避开，要把讲解好景点和防止游客走散作为工作的重点。

（3）导游员事先把景点概况、应该注意的问题等向游客交代清楚。

（4）旅游车到达景点后，导游员要再次向游客交代清晰停车地点、车牌号、车型、集合时间以及下一个游览景点的名称。

（5）在景区行走要尽量避免走入十分拥挤的通道。

（6）下车后，导游员要高举社旗，行走速度要快慢得当，每隔一段时间就要清点人数。

14. 旅游团即将离站，但游客对当地的接待服务表示出非常不满时，导游员应该如何处理？

答：

（1）首先表示歉意，并欢迎大家提意见。

（2）认真听取游客的意见，并且做好记录。

（3）将游客的意见和不满如实地向旅行社汇报，并把自己的见解和观点与旅行社进行交流沟通。

（4）尽快对游客提出的意见予以反馈。

（5）将游客的意见和不满加以汇总，通知下一站接待社予以注意。

15. 游览过程中，旅游景点门票价忽然上调，导游员应该如何处理？

答：

（1）马上向旅行社报告，核查旅游合同中对于旅游点门票的规定，所有按划定办。

（2）如确实需要增收门票费时应先向领队，后向游客说明情况，争取他们的理解和支持，做好补收门票差价的工作。

（3）若个别游客不同意付钱，导游员可以再次向他们作耐心的解释工作，同时要向旅行社汇报，按旅行社指导操作。

（4）导游员要更好地带好团、讲解好，不要为了一点小事而影响整个旅游团的情绪。

第二节　导游带团服务中突发问题处理技巧

1. 遇到火灾时，导游员应该如何处理？

答：

（1）立即报警，组织游客撤离至安全区域。

（2）判断火情，引导旅游者自救。

（3）协助救助受伤人员。

（4）向旅行社领导及有关人员报告。

（5）协助处理善后事宜，写出书面报告。

2. 游客在游览活动中走失，导游员应该如何处理？

答：

（1）了解情况，迅速寻找。

（2）寻求公安、景区及相关部门的帮助。

（3）与饭店联系，确认客人是否已返回酒店。

（4）向旅行社及相关人员报告。

（5）做好善后工作，写出书面报告。

3. 游览中如果有游客中暑，导游员应该如何处理？

答：

（1）立即将患者移至阴凉处，平卧并解开衣扣，通风降温。

（2）饮用一些凉开水，可用酒精擦拭身体降温。

（3）若患者出现昏迷，可掐其人中穴或合谷穴，以促其苏醒，同时应尽快送往医院。

4. 如果在前往旅游景点的途中，旅游车发生了交通事故，导游员应该怎么处理？

答：

（1）立即组织抢救。

（2）保护现场，立即报案。

（3）迅速向旅行社汇报。

（4）做好全团游客的安抚工作。

（5）写出书面报告。

5. 在旅游过程中，遇到治安事故，导游员应该如何处理？

答：

（1）保护游客的人身、财产安全。

（2）立即报警。

（3）及时向旅行社领导报告。

（4）安抚游客的情绪。

（5）协助做好善后工作，写出书面报告。

6. 如果所带的旅游团发生了食物中毒事故，导游员应该如何处理？

答：

（1）设法催吐，让食物中毒者多喝水以加速排泄，缓解毒性。

（2）立即将患者送医院抢救，让医生开具诊断证明。

（3）迅速报告旅行社并追究供餐单位的责任。

7. 在旅游过程中，如有游客溺水，导游员应该如何处理？

答：

（1）拉出舌头，迅速清除口鼻内的污物，保持呼吸畅通。

（2）将其置于俯卧位，头朝下，按其背部使脏水流出。

（3）人工呼吸，饮热糖水，送医院治疗。

8. 旅游团在室内遇到地震，导游员该如何处理？

答：

（1）掩护头部最主要，利用身边的软坐垫、毛毯、枕头等盖住头部。

（2）就近躲到床下、桌子下等"安全角"或卫生间、厨房等小开间内。

（3）切不可跳楼，也不可乘电梯。

（4）及时撤退室外，跑到空阔的地方。

（5）安抚游客，等待救援。

（6）及时与旅行社领导汇报。

9. 因自然灾害，旅游团被困野外，导游员应该如何处理？

答：

（1）保持冷静，稳定游客情绪。

（2）迅速报告灾害现场的地理位置，并确认自然灾害类别。

（3）立刻向接团社和现场有关治理部门报告并请求救助。

（4）组织全体游客自救。

10. 遇到山洪时，导游员应该如何处理？

答：

（1）保持冷静，迅速断定周围环境，选较高处且离洪道较远的地方休息、呼救。

（2）带上食品、火种等必需品并保存好。

（3）不要沿着行洪道方向跑，而要向两侧疾速躲避。

（4）切不可涉水过河，特别不可在水已到腰深的水中行走。

（5）一旦被洪水冲走，要坚持相对沉着，尽量使头部露出水面，维护呼吸和身体平衡。

（6）要尽力冲出水面，抓住岸边的树枝、石头、水中沉没物等。

11. 在旅游途中，游客不慎跌伤，导游员应该如何处理？

答：

（1）先急救。包扎，上夹板临时固定。

（2）急救后应尽快送医治疗。

12. 游客在国外旅游期间遗失护照、签证，领队应该如何处理？

答：

（1）请当地导游协助在接待社开具遗失证明。

（2）协助失主持遗失证明到当地警察机关报案，并取得警察机关开具的报案证明。

（3）协助失主持当地警察机关开具的报案证明和有关材料到我国驻该国使、领馆领取新护照。

（4）协助失主持新护照到当地移民局重新办理签证。

13. 游客出现晕机（车、船）时，导游员应该如何处理？

答：

（1）提醒客人出发前不要喝酒和吃太多食物。

（2）请晕机的客人在出发前20分钟适量服用晕车药。

（3）安排会晕机（车）者坐到机（车）的前、中部座位上，晕船者坐到船舱后部座位上。

（4）告诉游客眼光朝远处看，以缓解不适症状。

14. 景点游览过程中，有小贩向游客强拉强卖，导游员应该如何处理？

答：

（1）给游客打好"防备针"，告知游客不要受骗上当。

（2）若游客被小商小贩缠住，导游员要上前阻挡。

（3）必要时向当地有关部门报告。

（4）进一步警诫，及时提醒游客注意安全。

第三节　导游带团服务中的个性化服务技能

1. 客人要求转递物品，导游员应该如何处理？

答：

（1）问清何处，若是应税物品，应促其纳税。

（2）若是贵重物品，一般要婉拒，无法推托时，应请客人书写委托书，注明物品名称和重量并当面点清，签字并留下详细通讯地址。

（3）收件人收到物品后要写收条并签字盖章，导游人员将委托书和收条一并交旅行社保管。

（4）若有食品，婉言拒绝，请其自行处理。

2. 旅游团中有客人在活动结束后，要求继续留在中国，导游员应该如何处理？

答：

（1）若因伤病，导游应为其办理有关手续，还应前往医院探视，并帮助解决生活上的困难。

（2）活动后，若不需要延长签证，一般可满足。

（3）活动后，若需延长签证，原则上应予以婉拒；若特殊情况，导游人员应请示旅行社，为其提供必要的帮助，陪同其办理好相关的证件及手续。

3. 旅游团中有游客要探访亲友，导游员应该如何处理？

答：

（1）若客人知道亲友的姓名、地址，导游员应协助联系，并向客人讲明具体乘车路线。

（2）若只知道姓名或某些线索，但地址不详，导游员可通过旅行社请公安户籍部门帮助寻找，找到后，及时告知旅游者并帮其联系。

（3）若旅游期间没有找到，可请客人留下联系的地址和电话号码，待找到其亲友后通知他。

4. 游客吃饭时看到别的餐桌上有酒水而自己没有，投诉导游员，应该如何处理？

答：

（1）若是合同所列明的项目，导游应无条件予以满足，并向游客表示歉意。

（2）若不是合同中所列明的项目，可向游客耐心解释；若游客需要，可协助，并告之费用自理。

5. 游客要求加菜，导游员应该如何处理？

答：

（1）向客人说明超过合同规定尺度的费用应由要求者现付。

（2）协助客人与餐厅联系，尽量满足要求。

（3）若不能满足，应向客人说明原因，表示歉意。

6. 游客由于室友睡觉打鼾要求换房，导游员应该如何处理？

答：

（1）首先应请领队在团内进行调整。

（2）调整不成时，可与酒店联系解决。

（3）若重开单间，应当时说明房费由提出要求者自理。

7. 旅游者酗酒时，导游员应该如何处理？

答：

（1）导游员要及时劝阻并注意方式。

（2）提醒酒店楼层服务员关照酗酒旅游者，发现情况立即报告。

（3）如果酗酒者闹事，请领队协助制止，事态严峻时要请有关人员采取坚定手腕予以制止，尽可能不要让事态扩展。

8. 游客请导游员在自由活动时间陪同购物，导游员应该如何处理？

答：

（1）若时间允许，又不影响为其他游客服务，可陪同前往。

（2）若不能陪同前往，可为其写好便条，注明商店位置和欲购物品名称。

（3）如商店较远，可帮助客人叫出租车，并向司机交代有关服务事宜。

（4）提醒客人注意安全和及时返回。

9. 游客想单独留在酒店休息而不随团活动，导游员应该如何处理？

答：

（1）了解原因，尽量劝其随团活动。

（2）如客人身体不适，应通知餐厅安排膳食，并提供送餐服务。

（3）告诉客房服务员注意照料客人。

（4）游览结束后，应去探访客人，以示关怀。

10. 游客请求购买古玩或仿古艺术品，导游员应该如何处理？

答：

（1）应带其到文物商店购置，买妥物品后要提示其保留发票，不要将物品上的火漆印（如有的话）去掉，以便海关查验。

（2）游客要在地摊上选购古玩，导游人员应劝阻，并告知我国的有关规定。

（3）若发现个别游客有走私文物的可疑行动，须及时报告旅行社和有关部门。

11. 游客提出到附近海滨游泳时，导游员应该如何处理？

答：

（1）耐心劝阻游客不要到自然水域游泳。

（2）建议游客到泳池游泳，并提醒客人注意安全。

12. 如果游客对社会主义进行言论攻击，导游员应该如何处理？

答：

（1）严正驳斥，驳斥要理直气壮、观点鲜明、立场坚定。

（2）必要时报告有关部门，查明后严肃处理。

13. 宗教团队在旅游期间要过礼拜，导游员应该如何处理？

答：

（1）导游员可答应先与宗教和公安部门联系后答复。

（2）取得相关部门同意后，方可安排前往指定教堂或场所。

（3）若游客散发宗教宣传品，应及时劝阻，并宣传中国的宗教政策。

（4）对不听劝阻者，应迅速与有关部门处理。

14. 游客提出计划外品尝风味餐，导游员应该如何处理？

答：

（1）向旅行社有关部门报告，了解餐标。

（2）先收餐费，再安排订餐。

（3）用餐时向游客介绍风味餐的特点和有关典故。

（4）用餐时，非游客邀请，导游员不可参加。

（5）受邀参加时，注意处理好宾主关系，不能喧宾夺主。

15. 在即将用餐时，客人想推迟用餐，导游员应该如何处理？

答：

（1）向客人说明酒店有固定用餐时间，不便调整。

（2）若客人坚持，可以和餐厅联系，视餐厅情况具体安排。

（3）推迟用餐要向客人说明超出费用需要自理。